Rheinhold Günther

Weib und Sittlichkeit

Studien und Darlegungen

Rheinhold Günther

Weib und Sittlichkeit
Studien und Darlegungen

ISBN/EAN: 9783743657717

Hergestellt in Europa, USA, Kanada, Australien, Japan

Cover: Foto ©Suzi / pixelio.de

Weitere Bücher finden Sie auf **www.hansebooks.com**

Weib und Sittlichkeit.

Studien und Darlegungen

von

Dr. Reinhold Günther.

Also sprach Zarathustra:
„In eurer Liebe sei eure Ehre!"

Berlin W. 35.
Carl Duncker's Verlag
1898.

Vorwort.

Das vorliegende Werk, die Frucht mehrjähriger Studien will auf dem Boden der Sittengeschichte die moralischen Anschauungen schildern, welche verschiedene Zeiten und verschiedene Völker von der »Weiblichkeit« hegten.

Das Thema hat es mit sich gebracht, dass sehr viele Thatsachen berührt werden mussten, die einmal nicht allgemein bekannt sind, dann aber auch einer gewissen Drasticität nicht entbehren. Aber, man kann über die Sittengeschichte nicht ernsthaft discutiren, wenn man nicht auch — und zwar vorzugsweise — diejenigen Kapitel von ihr berührt, welche so gerne von gewissen Historikern mit dem dichtesten Schleier verhüllt und mit dem tiefsten Stillschweigen gestraft werden.

Wahrheit und Erkenntniss der Dinge fordert unser naturwissenschaftliches Zeitalter mit Recht. Die Geschichtsschreibung darf sich diesem Verlangen nicht entziehen; denn nicht durch die Verschleierung oder die

Beschönigung der Thatsachen, sondern durch ihre nackte Darstellung erfüllt sie den Zweck, den sie verfolgen muss, wenn sie der Menschheit wirklich einen Spiegel vorhalten will.

Ich habe mich nach meinen Kräften bemüht dieses Ziel zu erreichen und hoffe die Anerkennung zu finden, welche keiner ehrlichen Arbeit versagt bleibt.

Grono (Graubünden) Schweiz.
Am 1. April 1898.

Reinhold Günther,
Dr. phil.

Inhaltsangabe.

	Seite
Vorwort	VI
Einleitung	1
Moralität und Jungfräulichkeit	23
Moralität in der Ehe	67
Moralität in der weiblichen Tracht	129
Moralität und Weiblichkeit im sozialen Leben	164
Moralität und Emancipation	230

Einleitung.

Durch die Art ihrer Lebensführung — wie sie sich aus dem natürlichen Berufe als Gattin und Mutter ergiebt — haben die Frauen von jeher nur einen geringen Einfluss auf die äussere culturelle Entwicklung der Völker ausgeübt. Desto mehr beeinflussten sie die Ausgestaltung der Sitten! — Bis zum heutigen Tage ist nicht eine einzige der grossen Erfindungen und Entdeckungen aus der Stille der Frauengemächer hervorgegangen. Niemals trat bisher das weibliche Geschlecht bahnbrechend auf den Weg des Fortschritts. In der Geschichte erscheinen zwar häufig genug Frauen, welche eine eigenartige Rolle spielten und deren Namen sich innig mit einem Zeitabschnitte voll grosser Gedanken und kühner Thaten verknüpften. Aber sie alle vermochten der Beihülfe des »starken« Geschlechtes nicht zu entrathen.

Dagegen sehen wir die Frauen zu allen Zeiten als die Wächterinnen der guten Sitten auftreten und dadurch zu Trägerinnen aller heiligen Grundlagen der Cultur werden.

Das Schriftthum, die Gesetzgebung, die Ueberlieferungen und die Geschichte der gesammten Menschheit weisen dem weiblichen Geschlechte diese Thätigkeit zu.

Jene Völker, deren Frauen der guten Sitte leichtfertig den Rücken kehren und es versuchen, über die ihnen von der Natur gesteckten Grenzen hinauszutreten, die ihre Freiheit darin erblicken, dass sie mit den Männern wetteifern in Schamlosigkeit und üppig-sinnlicher Genusssucht, sind dem endlichen Verfall preisgegeben, selbst wenn sie anscheinend die höchste Macht in sich verkörpern.

Andererseits wird die moralische Kraft eines Volkes nach den ethischen Auffassungen zu bemessen bleiben — und zwar in erster Linie — die sich gegenüber der Stellung der Frauen geltend machen.

Die ideale Cultur fordert zwar eine sittliche Menschheit, diese ist aber niemals zu gemeinsamen Einverständniss über den Begriff der Sittlichkeit gelangt. Denn die Sitten an sich entsprechen nur in wenigen Fällen dem sonst erreichten Culturstande. In vieler Hinsicht bergen sie noch heute Anklänge an barbarische Zeiten. Manche von ihnen, welche uns im Augenblick so harmlos erscheinen, sind lediglich Reste der einstigen Wildheit. Schliesslich ist alles, was wir Cultur heissen, in Wahrheit nur ein dünner Firniss, eine blasse Tünche, durch die uns die ursprüngliche Rohheit erschreckend deutlich entgegenblickt. So rühmen wir so gerne unser Jahrhundert als dasjenige der allgemeinen Culturentfaltung. Sehen wir jedoch etwas schärfer hin, so bemerken wir bald, dass es mit der viel gerühmten Gesittung nicht gar weit her ist, dass neben der höchsten Cultur die tiefste

Uncultur, neben der erhabensten Aufklärung der bösartigste Aberglauben, neben einer geforderten Sittlichkeit unergründliche Schlammströme der Unsittlichkeit in die Erscheinung treten.

Zu allen Zeiten gab es nur eine Cultur, sie ist unwandelbar und wird sich immer gleich bleiben; denn sie ist nichts anderes als die reine Menschlichkeit. Stets sind es jedoch nur wenige Einzelwesen, die sich in den verschiedenen hinter uns liegenden Perioden zur wahren Humanität aufzuschwingen vermochten. Der übergrosse Rest der sprachbegabten Wesen, welche mit eitler Selbstüberhebung so gerne und so laut von sich behaupten, dass sie Vernunft besitzen, diese gewaltige Masse kennt jene Cultur nur vom Hörensagen und wenn sie sie auch gerne im Munde führt, so trägt sie sie doch keineswegs im Herzen. Die gesammte Geschichte lehrt uns in ihren flammenden und blutigen Zügen, dass Unmenschlichkeit die treibende Feder für die grösste Zahl der Handlungen abgab, welche man später mit schönem Wortgeklingel als culturelle Errungenschaften bezeichnete.

Das Sittliche hat überhaupt kein System; denn es bleibt immer von den Forderungen einer Zeit abhängig und umfasst niemals das gesammte menschliche Handeln. Die Ansichten über das Sittliche verändern sich fortdauernd und sind zudem bei den verschiedenen Völkern, ja selbst in ihren einzelnen Klassen und Ständen niemals genau die nämlichen. Es giebt keine natürliche Moral; denn diese kann schon aus dem Grunde nicht existiren, weil alles Sittliche seinem Inhalte nach positiv erscheint und weil sie schliesslich nur von Leuten verkündet wird.

die immer unter dem Einflusse bestimmter Ansichten stehen.

Die Empfänglichkeit für sittliche Gefühle wohnt wohl in allen Menschen, aber sie macht sich in sehr verschiedener Stärke bemerkbar. Sittliche Affecte und Leidenschaften treten gewöhnlich in solch ausgeprägter Einseitigkeit auf, dass die aus verschiedenen sonst in einander klingenden sittlichen Gefühlen zusammengesetzte Gesammtheit der Sittlichkeit zur Unsittlichkeit wird.

Die Moralisten rechneten von jeher die Heuchelei zu den Aeusserungen der Unsittlichkeit; thatsächlich schützt die heuchelnde Menschheit stets einen sittlichen Affect vor, wenn sie über die Immoralität der Welt die Hände ringt und die Augen verdreht. Jene schmutzigen Asketiker der lybischen Wüste, welche ihren Leib allen nur denkbaren Kasteiungen unterzogen, »um das Fleisch abzutödten«, waren ebenso unsittliche Menschen wie die bekannten indischen Büsser. Die Volkssage hat sich denn auch in dichterischer Form über diese Sittlichkeits-Fanatiker recht herzlich lustig gemacht. Man erinnere sich u. A. nur an die indische Legende vom heiligen Kandus und der Nymphe Pramnotschà (im »Brahmawaiwarta-Puranam«), an die vielen Beziehungen der Wüstenheiligen zu den schönen Teufelinnen und an die entsprechenden Novellen des Boccaccio.

Wahre Sittlichkeit ohne Anerkennung der Gebote unermesslicher Mächte ist für den Menschen undenkbar. Für den Inhalt des Sittlichen kann demnach kein sachliches Princip aufgestellt werden. Die göttliche Autorität, welche der Menschheit durch den Mund ihrer irdischen Stellvertreter, der Priester, die sittlichen Gebote verkündet, wandelt sich eben dadurch in eine von allgemeinen, von persönlichen und zeitlichen Anschauungen abhängige Macht um. Der einzelne denkende Mensch bildet sich gerne selbst seine sittliche Autorität und unwillkürlich verschmilzt er sein »Ich« mit derselben; er gelangt also im sittlichen Handeln zur Selbstachtung und zur Ataraxie, in welcher die antike Philosophie das höchste Glück erkannte. Dieser von Kant als die »Autonomie der Vernunft« bezeichnete Zustand wird jedoch nur von sehr wenigen, wenn überhaupt zu erreichen sein. Die Menschheit bleibt ihrer überwiegenden Mehrzahl nach sittlich unmündig und bedarf deshalb zu ihrer moralischen Stütze heteronomer Autoritäten — mag man diese nun als Religion, als Sittengesetz oder als Erziehung bezeichnen. Die öffentliche Moral beruht durchaus nicht auf der Autonomie der Vernunft, sondern wesentlich auf praktischsozialen Forderungen. Und nicht weil die Sittlichkeit der Masse der sogenannten civilisirten Menschheit in Fleisch und Blut überging, sondern weil die Energie Einzelner diese oder jene Moralgesetze verkündet und so lange es eben geht, aufrecht erhält, und weil die wenig oder gar nicht thatkräftige Menge vor den Strafen zittert, welche auf der Uebertretung der Gebote ruhen, werden diese gehalten. Die Lust sie zu verletzen ist bei dem Einzelnen in irgend einem Zeitpunkte seines Lebens stets vorhanden. Kommt es nun dazu, dass bei vielen Individuen aus diesem oder jenem äusseren Grunde, das Streben sich bemerkbar macht, ein beliebiges im Staate giltiges Moralgesetz zu übertreten und in der

Folge aufzuheben, so wird sich ein Kampf mit den Mächten entspinnen, die aus praktischen Rücksichten das betreffende Gebot aufrecht erhalten wissen wollen. Im Verlaufe dieses Streites beschuldigen sich die Gegner wechselseitig der »Unsittlichkeit« und der Sieger endlich verkündet urbi et orbi mit klangvollen Posaunenstössen, dass er die »Sittlichkeit« wieder einmal gerettet habe.

Man erinnere sich nur an die parlamentarischen Schlachten, welche in den verschiedenen europäischen Ländern allein um die Civilehe und die Ehescheidung geführt worden sind und noch geführt werden.

Es fehlt nicht an Stimmen, welche dem Manne allein Selbständigkeit auf sittlichem Gebiete zuweisen wollen, aber ihre Behauptungen schiessen dabei über's Ziel hinaus.

So sagt Eduard von Hartmann:[1] »Der Mangel an Rechtlichkeit und Gerechtigkeit macht das weibliche Geschlecht als Ganzes zu einem moralischen Parasiten des männlichen. Erst die männliche autonome Sittlichkeit ist der Grundstock, an dem die weibliche sich entfalten kann, und ohne die erstere würde es mit der autonomen Sittlichkeit in der Welt überhaupt schlimm bestellt sein. Auf der Grundlage der autonomen Vernunftmoral, die es dem männlichen Geschlecht entlehnt, entfaltet nun aber das weibliche den Blätter- und Blüthenschmuck seiner Gefühls- und Geschmacksmoral, und eilt in diesen beiden dem Manne fast ebenso weit vorauf, als es in der Vernunftmoral hinter ihm zurück bleibt. . . . . Das

---

[1] Ed. v. Hartmann. Phänomenologie des sittlichen Bewusstseins. S. 526 ff.

Grundgerüst der Sittlichkeit ist beim Weibe viel mangelhafter entwickelt als beim Manne, wird aber durch reichere Entfaltung des sittlichen Gefühls- und Geschmackslebens ausgeglichen«.

»Der Mann hat die autonome sittliche Selbstständigkeit der Vernunftmoral voraus, aber sie bleibt wegen mangelhafter Auskleidung durch Gefühls- und Geschmacksmoral meist hart und ungefällig stehen, das Weib besitzt, was dem Manne fehlt, aber das Gerippe ist grösstentheils gefälscht (d. h. Pseudomoral). Es ist entweder nicht sein eigen, sondern entliehenes Gebein, d. h. Heteronomie, oder es ist moralisch übertünchter Egoismus. Das vollendete Menschenthum ist nicht auf der Seite eines Geschlechtes zu suchen, nur in der Vereinigung, polarischen Ergänzung und innigen Wechselwirkung zweier Individuen verschiedenen Geschlechtes wird durch dauerndes Ineinanderleben erstens eine Abschleifung der entgegengesetzten Einseitigkeiten und zweitens eine zusammengehörige Totalität erzeugt, aus welcher das Bild des vollendeten Menschenthums freilich nicht als individuelle Einzelexistenz, sondern als ideales Bild der sich ergänzenden Zusammengehörigkeit gegensätzlicher Typen — hervorleuchtet. Da dieses völlige Ineinanderleben aber nur bei dauernder, unzertrennlicher Vereinigung möglich ist, so ist auch die Ehe die Vorbedingung für die gemeinsame Verwirklichung der Sittlichkeit in ihrer vollendeten Gestalt, und schon aus diesem Grunde würde die Beseitigung der Ehe die Realisirung der sittlichen Idee in nicht wieder gut zu machender Weise schädigen. Das weibliche Geschlecht würde, als der sittlich unselbständigere Theil der Menschheit, zugleich derjenige Theil sein, der bei einem solchen Umsturz unmittelbar am meisten verlöre, und das klarere oder dunklere Gefühl dieser Wahrheit ist es, was gerade die Weiber (soweit sie nicht übergeschnappt sind) zu den eifrigsten und beredtesten Verfechtern eben jener Institution der Ehe macht, welche sie selbst auf der anderen Seite nicht müde werden, für die in ihrem Geschlechtscharakter begründete Unselbständigkeit verantwortlich zu machen.

Die weibliche Sittlichkeit wird also vom Standpunkte der Ehe aus und damit auch in Rücksicht auf die rein sexuellen Beziehungen der beiden Geschlechter zu einander bemessen.

Gewiss erscheint die Idealehe als ein durch und durch moralisches Institut. Aber, es bleibt doch zu ermessen, was denn in That und Wahrheit die Ehe für eine Form haben soll. Die Ansichten hierüber schwanken ebenso sehr bei den einzelnen Personen, wie bei den verschiedenen Völkern.

Der Orientale nennt uns Abendländer unsittlich, weil wir öffentlich an der Monogamie festhalten und insgeheim die bekannten gastlichen Häuser neben der Strassen-Prostitution besitzen. Wir werfen dagegen dem Morgenlande die Polygamie als eine unsittliche Einrichtung vor und bemühen uns zu beweisen, dass der Harem der Ausgangspunkt aller geschlechtlichen Ausschweifungen sei und jede Thatkraft tödte.

Die die Monogamie vertheidigenden Culturhistoriker belehren uns, dass der philosophische Mythus Platon's, Jakob Böhme's und so manchen anderen Denkers, dass in dem Urmenschen Mann und Weib in einer Person vereinigt gewesen sei, seine praktische Deutung in der Ehe finde.«[1]) Die Anthropologen dagegen, welche uns mit dem Leben der Naturvölker vertraut machen, erklären, dass »zwei Hauptzüge als charakteristisch auftreten, die allen gemeinsam sind, nämlich die Sklaverei des Weibes als des schwächeren Theiles und die Polygamie als deren natürliche Folge« . . . . und dass »die Rückwirkung der Vielweiberei auf das Familienleben jedenfalls nicht allgemein eine so verderbliche zu sein scheint, als man gewöhnlich annimmt.«[2]) Physiologen werfen die Behauptung hin: »Die Natur hat den Mann polygam gemacht; es ist die erhabene Mission des Weibes, ihn monogam zu machen.«[3]) Die christlichen Theologen standen jeder geschlechtlichen Vermischung und folgerichtig auch der Ehe zumeist recht feindlich gegenüber. Luther selbst, der es nicht für möglich erachtete, sich des Weibes enthalten zu können, so wenig wie des Essens und Trinkens,[4]) erklärte andererseits: »Die Ehe und Hurerei sind einander so gleich, was das Werk belanget, dass man sie kaum unterscheiden kann; denn Beischlafen ist einerlei, Kinderzeugen ist einerlei.«[5]) Die Staatsrechtslehrer endlich meinen: »Die Monogamie hingegen bildet ein harmonisches, wohl abgewogenes

---

[1]) W. H. Riehl. Die Naturgeschichte des Volkes. Haus und Familie. II, 113.
[2]) Waitz. Anthropologie der Naturvölker. 2. Aufl. 353—356.
[3]) P. Mantegazza. Die Physiologie der Liebe. 398.
[4]) Luther. Tischreden. IV. Abth. 49.
[5]) Derselbe. Tischreden. IV. Abth. 98.

Familienverhältniss, auf welches eine tüchtige Staatsverbindung allein gegründet werden kann. Nur hier ist Freiheit und Gleichheit der Rechte so möglich, wie die Natur es verlangt; der physische Zweck ist mit dem geistigen, mit echter Liebe und Gemeinschaft in Uebereinstimmung gebracht und für die Kinder wohl gesorgt. Die gesammte Geschichte bezeugt die höhere Vollendung der Völker, welche monogam waren.«[1]) Die Philosophen endlich fragen: »Wo giebt es denn wirkliche Monogamisten? Wir alle leben, wenigstens eine Zeit lang, meistens aber immer, in Polygamie.«[2]) Oder sie entscheiden sich dahin, »dass der Instinkt des Mannes Polygamie, der des Weibes Monogamie fordert.«[3])

Die Ehe und vorzüglich die Monogamie sind Producte einer innigen Verbindung von Sitte und Recht wie denn der Jurist erklärt: »Die Ehe gehört nur zur Hälfte dem Rechte an, zur Hälfte der Sitte, und jedes Eherecht ist unverständlich, welches nicht in Verbindung mit dieser seiner nothwendigen Ergänzung betrachtet wird.«[4])

Aus der Ehe, mithin aus der Familie ist der Staat erwachsen — auf der Ehe, gleichviel in welcher Form sie uns entgegentritt, beruht das gesammte gesellschaftliche Leben, ihr wenden sich seit den ältesten Zeiten die

---

[1]) Friedrich von Raumer. Ueber Ehe und Familie. Histor. Taschenbuch, 1883. 331.

[2]) A. Schopenhauer. Parerga und Paralipomena. Ueber die Weiber. S. 383.

[3]) E. von Hartmann. Die Philosophie des Unbewussten. 201.

[4]) Savigny. Der Beruf unserer Zeit zur Gesetzgebung. 9.

Arbeiten der Gesetzgeber zu, sie wird von jeher als die heilige Grundlage jeder höheren Ordnung aufgefasst und mit dem Aufwande aller Kräfte als eine göttliche Einrichtung gepriesen.

Und dennoch hören wir, dass der Ehebruch eben so alt ist wie die Ehe in ihrer rechtlichen Auffassung besteht, und dass auch die grausamsten Strafen ihn niemals beseitigten, weder für den Mann noch für das Weib.

Daraus allein ergiebt sich schon, dass die Ehe eine wesentlich praktische Einrichtung ist und nur in den seltensten Fällen zur idealen Gemeinschaft zwischen zwei Menschen verschiedenen Geschlechtes wird. Der Staat und seine Gesetzgebung haben aber bei dieser idealen Gemeinschaft gar Nichts zu thun, sondern lediglich die Zuneigung, die Freundschaft oder die Gleichgiltigkeit gegen seelische Beeinflussungen durch Drittpersonen, welche letztere sich bei anderen eben nicht gleichgiltigen Individuen als heisse Leidenschaften äussern und bei bestimmten, zusammenfallenden Momenten sicher zum Ehebruche des betreffenden Gatten führen.

Es taucht vielfach die Behauptung auf, dass, weil die thatsächliche geschlechtliche Liebe monogam ist, die Einehe einen unverbrüchlichen Bund darstelle. Die Monogamie besteht freilich immer so lange die Leidenschaft in ihrer ganzen Gluth anhält zwischen zwei Wesen verschiedenen Geschlechtes, sie schwindet in dem Augenblick wo die Flamme zusammensinkt und von diesem Punkte bis zum vollendeten Ehebruche, laufe er nun auf Polygamie oder Polyandrie hinaus, bleibt lediglich ein kleiner Schritt zu thun.

Denn »wer ein Weib ansiehet, ihrer zu begehren, der hat schon mit ihr die Ehe gebrochen in seinem Herzen.« Hiob versichert uns zwar: »Ich habe einen Bund gemacht mit meinen Augen, dass ich nicht achte auf eine Jungfrau« — aber, er bildet eine Ausnahme, welche lediglich die volle Giltigkeit der Regel bestätigt.

Selbst der moderne Staat fordert von den Eheleuten, indem er die Scheidung sehr erschwert, dass ihre gegenseitige Liebe ausdauere bis zum Tode und jene Schriftsteller, welche sich eins fühlen mit der staatlichen Vernunft, versichern uns, dass es nur an den Individuen selbst liegt, das schöne Princip aufrecht zu erhalten. Aber auch sie müssen anerkennen, dass die treue Liebe eine lange Reihenfolge oft sehr verschiedener Leidenschaften sei, die deren Existenz beleben und dauernd erneuern.[1] Wie nun aber, wenn diese Kette von Leidenschaften plötzlich ein Ende erreicht? Da nützt es wenig, anstatt die Frage klar und nett zu beantworten, mit schönen Reden aufzuwarten. Etwa wie: »Aber die Natur hat dem vorgesehen. Die Frau verwandelt sich unaufhörlich in ihrer Erscheinung; eine Frau hat deren tausend. Dazu kommt, dass die Phantasie des Mannes leicht den Gesichtspunkt verrückt.«[2]

---

[1] Michelet. L'Amour 30.

[2] Michelet. L'Amour 30. — Aber Michelet kann sich eine »dauernde« monogamische Ehe nur dann denken, wenn die Gatten der Arbeit leben, also allen äusseren Einflüssen entrückt sind, ein sehr mässiges Auskommen haben, was von vornherein jeden »Sprung ins Ungewisse« ausschliesst und wenn schliesslich die Frau sieben bis zehn Jahre jünger ist wie der Mann.

Durchblicken wir die Auffassungen der verschiedenen Völker in alter und neuer Zeit, welche sie über die Ehe und ihren Bruch gewonnen hatten und haben, so tritt uns überall der Gedanke entgegen, dass der Mann als Ehebrecher weniger strafbar erscheine, wie das im nämlichen Falle befindliche Weib.

Warum dem so ist und warum es so sein muss, hat Schopenhauer klar auseinander gesetzt, wenn er sagt: »Zuvörderst gehört hierher, dass der Mann von Natur zur Unbeständigkeit in der Liebe, das Weib zur Beständigkeit geneigt ist. Die Liebe des Mannes sinkt merklich von dem Augenblick an, wo sie Befriedigung erhalten hat: fast jedes andere Weib zeigt ihm mehr als das, welches er schon besitzt, er sehnt sich nach Abwechslung. Die Liebe des Weibes hingegen steigt von eben jenem Augenblick an. Dies ist eine Folge des Zwecks der Natur, welche auf Erhaltung und daher auf möglichst starke Vermehrung der Gattung gerichtet ist. Der Mann nämlich kann bequem über hundert Kinder im Jahre zeugen, wenn ihm eben so viele Weiber zu Gebote stehen; das Weib hingegen könnte, mit noch so vielen Männern, doch nur ein Kind im Jahre (von Zwillingsgeburten abgesehen) zur Welt bringen. Daher sieht er sich stets nach anderen Weibern um; sie hingegen hängt fest dem einen an: denn die Natur treibt sie instinktmässig und ohne Reflexion, sich den Ernährer und Beschützer der künftigen Brut zu erhalten. Demzufolge ist die eheliche Treue dem Manne künstlich, dem Weibe natürlich, und also Ehebruch des Weibes, wie objectiv, wegen der Folgen, so auch subjectiv, wegen der Naturwidrigkeit, viel unverzeihlicher als der des Mannes.«

Obwohl die Jurisprudenz — wenigstens seit der mittelalterlichen Verballhornung des römischen Rechtes und der daraus entstandenen labyrinthischen Irrgänge in der Wissenschaft — mit den Forderungen der Natur auf einem höchst gespannten Fusse lebt, hat sie diese ihr freilich mehr oder minder unbewussten Grundsätze stets anerkannt. Ueberdies sind alle Gesetze, also auch diejenigen, welche die Ehe betreffen, von Männern entworfen und berathen worden. Die Beeinflussung des Gesetzgebers durch das andere Geschlecht ist jedoch in der gesammten Geschichte der Jurisdiction, betreffend die Ehe, überall dort nachzuweisen, wo eben das monogamisch veranlagte Weib einmal Gelegenheit zu derlei Aeusserungen — hinter den Coulissen — fand. Die sogenannte Kirchenverbesserung oder Reformation und ihre Zeit mit den bekannten drakonischen Bedrohungen des Ehebruchs, liefert dafür einen geradezu klassischen Beweis. Damals war es, dass die Frauen seit Jahrhunderten wieder zu einem Ausdruck ihrer Meinung, ihres natürlichen Wollens gelangten und weil ihnen die eheliche Treue immanent ist, forderten sie deren gesetzliche Anerkennung. Der Legislator sträubte sich zwar zunächst — Luther erlaubte ja unter Umständen sogar die Doppelehe — aber je mehr er in finsteren Puritanismus versank, der seinerseits wiederum direct dem weiblichen Einflusse entspross, desto schneller gelangte er dazu, die Ehe als heilig, ihren Bruch als eines der schwersten Verbrechen zu betrachten.

Noch im XVIII. Jahrhundert erlaubte das Schweizerische Kriegsrecht den Soldaten, jeden auf frischer That ertappten Ehebrecher oder Ehebrecherin, sofern diese letztere die Gattin oder Tochter (Schwiegertochter) des Beschädigten war, kurzer Hand zu tödten — »so hat er dessen keine Verantwortung und bleibt mit aller Straff verschonet«. Andererseits sollte Jeder — und wäre er auch nur vierzehn Jahre alt — den Kopf verlieren, wenn er mit einer Verheiratheten und zwar bei Kenntniss ihres Civilstandes, Ehebruch getrieben hätte.[1]) Noch jetzt bestrafen einzelne Schweizer Cantone den Ehebruch mit Gefängniss und zwar ohne formellen Antrag des geschädigten Theiles.

Diese Bestimmungen sind die Reflexe eines Zeitalters, das mit der Polizei und dem Henker den natürlichen Verlauf der Dinge hindern wollte.

Heute sind wir »humaner« geworden, weil Polizei und Henker nicht mehr hinreichen würden, um der staatlich anerkannten Moral einen ernsten Hintergrund — keine allgemeine Anerkennung — zu verschaffen. Dafür bemühen sich die verschiedensten Autoren, uns zu verkünden, dass der jetzt polygame Mann einst monogam werde.

So Campbell wenn er erklärt; — — — »Die geringste Kenntniss der Sociologie, um mich auf nichts Höheres zu berufen, macht es offenbar, dass die Monogamie die einzige Form einer geschlechtlichen Verbindung ist, die mit dem socialen Fortschritt vereinbar bleibt; die Instinkte des Mannes müssen sich dem Wohle des

---

[1]) Schweitzerisches Kriegs-Recht (wie selbiges von denen Loblichen Cantonen in alle Fürsten-Dienste den Herren Officieren mitgegeben) und allezeit practicirt wird. Frankfurt 1704. § 111 und 121.

Kindes beugen. — Wird dieses Missverhältniss zwischen dem Instinkt zur Polygamie und der Nothwendigkeit der Monogamie immer bestehen? In der heutigen Zeit befindet sich der Mann, soweit sein Geschlechtstrieb in Betracht kommt, nicht im vollkommenen Gleichgewicht mit seinen Verhältnissen. Die sociale Entwicklung fordert von dem Einzelwesen fortwährend ein Verhalten, das von seinen instinktiven Neigungen abweicht; darin liegt auch gar nichts Erstaunliches. Die organische Entwicklung besteht im wesentlichen in einer beständigen Anpassung des Individuums an eine in der Richtung grösserer Verwicklung sich immer verändernde Umgebung. Manchmal ist diese Veränderung der Umgebung plötzlich, manchmal allmählig: in demselben Maasse, wie die Veränderung plötzlich ist, giebt es sozusagen einen Zusammenstoss des Individuums mit seiner Umgebung; dieser Zusammenstoss — dieser Mangel an Gleichgewicht zwischen den Beiden — führt entweder zur thatsächlichen Vernichtung oder zu einer allmähligen Wiederherstellung des Gleichgewichts. So sieht sich der civilisirte Mann, der Abkömmling einer langen Reihe polygamer Ahnen, mit seinen mächtig auf ihn einwirkenden polygamen Instinkten von starken Einflüssen umgeben, die ihn zur Monogamie drängen, und zweifellos entwickelt sich demzufolge allmählig ein monogamer Instinkt bei ihm. Die zur Monogamie neigenden Individuen haben nun augenscheinlich die Tendenz, eine zahlreichere Nachkommenschaft als Erben der gleichen Neigung zu hinterlassen, als die polygam veranlagten, insofern als die letzteren im Ganzen weniger wahrscheinlich heirathen. Man muss jedoch zugeben, dass viele höchst polygame Individuen heirathen und in einem Zustande polygamer Monogamie leben.«[1])

Eine bekannte und immer wiederholte aber nichts desto weniger grundfalsche Behauptung spricht davon, dass die Monogamie durch die Natur selbst bedingt werde, weil ebenso viel Männer wie Frauen auf Erden lebten. Thatsächlich ist das nicht der Fall. In allen europäischen Ländern, mit Ausnahme von Griechenland, Italien, Rumänien und Serbien, überwiegt das weibliche Geschlecht und dies zum Theil in bedenklichem Maasse. So zählen mehr Frauen auf je tausend Männer: Belgien fünf, Dänemark fünfzig, Deutschland vierzig, Frankreich sieben, Grossbritannien und Irland sechzig (!), Niederlande zweiundzwanzig, Oesterreich vierundvierzig, Ungarn fünfzehn, Portugal vierundachtzig (!!), Russland neun, Schweden fünfundsechzig (!), Norwegen einundsiebzig (!!), Schweiz einundvierzig und Spanien neununddreissig.

Wo bleibt also die Gleichheit in der Geschlechtszahl?

Die gesammte Frauenfrage wäre niemals so brennend geworden, wenn nicht eben das weibliche Geschlecht und zwar in Folge seiner numerischen Ueberlegenheit in umfassenden Maasse, zur Ehelosigkeit verdammt wäre.

Gerade aus der ungeheuren Stärke des Heeres der weiblichen Unverheiratheten erklären sich eine gute Anzahl der Uebertretungen, welche Frauen in Rücksicht auf die in Staat und Gesellschaft giltigen Moralgesetze begehen.

---

[1]) Campbell. Differences in the Nervous Organisation of Man and Woman. 212/213.

In Wahrheit wird es jedem Weibe unendlich schwer, die Keuschheit zu verlieren. Diese und die Mutterliebe sind ja gerade die ausgeprägtesten weiblichen Gefühle; denn sie bilden die natürlichsten. Es bleibt nicht zu vergessen, dass die Keuschheit bezw. die Jungfräulichkeit ebensowohl physiologisch wie psychologisch mit dem Weibe und mit ihm ganz allein verbunden ist. Einen »jungfräulichen« Mann können wir uns selbst ideell gar nicht vorstellen, abgesehen davon, dass er auch in Rücksicht auf den anatomischen Bau unmöglich erscheint. Ist es ferner nicht eigenthümlich, dass die Zerstörung des Hymens, wie das bei der Defloration geschieht, das einzige Beispiel einer nur durch mechanische Gewalt hervorgebrachten physiologischen Vernichtung eines Organes darstellt, und dass der Hymen wirklich gar keinen anderen Zweck hat, als das Palladium virginitatis darzustellen? — Angesichts dieser Thatsache darf wohl die Behauptung aufgestellt werden, das Weib sei von Natur aus zur Pflegerin und Vorkämpferin der Keuschheit bestimmt.

Was der Mann für Sinnlichkeit an irgend einer ihm auffälligen Frau erachtet, ist nichts anderes als Coquetterie und zwar meist eine recht unschuldige; denn jede Coquetterie verlangt vor allem die grösste Unbefangenheit in Rücksicht auf sexuelle Beziehungen. Gerade die Uebersittsamen, die etwa bei der leisesten Anspielung auf den Unterschied der Geschlechter erröthen und welche wie jene sagenhafte Engländerin die Tischbeine verhüllen, um jede Unanständigkeit aus ihrer Nähe zu verbannen, eben diese Heuchlerinnen sind gegebenen Falles zu den grössten Ausschweifungen geneigt. Dass es Frauen giebt, welche in jeder Prostituirten eine todeswürdige Verbrecherin sehen, indess sie selbst sich vor innerlichem Feuer verzehren, darf nicht geleugnet werden. Aber wir wissen nicht, wieviel dabei auf Rechnung der Erziehung und des dauernden gesellschaftlichen Umganges zur Erklärung solcher Anomilitäten gesetzt werden muss. Dass es Jüngerinnen der Sappho so gut wie Nachfolgerinnen der Messalina auch unter den Nicht-Prostituirten giebt, wollen wir — gerne zugeben — aber wir müssen bei ihnen je und je eine tiefgehende Störung des Nervensystems annehmen. Dass eine solche seelische Störung endlich bei den Prostituirten vorhanden ist, ward längst auf das Schlagendste erwiesen. Wir wissen aber auch, dass die Prostituirten ausnahmslos einen oft nicht unansehnlichen Rest von Scham besitzen, und dass sie mehr oder minder unter der allgemeinen Verachtung, die ihnen zu Theil wird, insgeheim bitter leiden. Endlich sind uns allen schon im Leben Frauen begegnet, die nach einer stürmisch verlebten Jugend würdige Matronen, wenn nicht geradezu Heilige im Sinne der Kirche wurden. Das bekannte drastische Sprichwort des Volkes spielt in der Weise auf diese Sinnesänderungen an, dass wir versucht sind, sie alle für Dictate der Heuchelei zu erachten. Das ist jedoch keineswegs immer der Fall.

Dem Manne ist keine Mauer zu hoch, kein Graben zu tief, kein Wasserlauf zu breit, kein Preis zu ungeheuerlich, um seiner Sinnlichkeit Genüge zu leisten. Er wird gegebenen Falles ein Vermögen verschwenden, seine Lebensstellung vernichten, seine Ehre und seinen guten Namen aufopfern, Verbrechen begehen oder Heldenthaten verrichten, um seiner geschlechtlichen Lust eine immerhin gewöhnlich recht kärgliche Befriedigung zu verschaffen.

Auch das Weib begeht Verbrechen aus Liebe, aber eben nur und immer nur aus Liebe, die sexuelle Lust, welche diese bringt, steht dabei für die Schuldige stets in letzter Linie und vor ihr kommen die Eifersucht, der Neid, das Streben nach dem Alleinbesitz des Geliebten. Aus Liebe wird auch das Weib zur Verschwenderin, aber niemals aus Sinnlichkeit.

Wäre das Weib nicht von Natur aus kalt und unempfänglich gegen die grobe Sinnenlust geschaffen worden, die Menschheit hätte niemals auch nur die ersten Stufen auf der Bahn der Gesittung zurücklegen können. Von vorne herein hätte der wildeste Taumel alle Thatkraft, alle edlen Regungen erstickt und die Ausschweifungen würden die »Krone der Schöpfung« schon vor Jahrhunderttausenden entblättert haben.

Der Mann ist jedoch stets bemüht gewesen, die Schuld, den »Sündenfall« von sich abzuwälzen. Dies beweisen die literarischen und theilweise auch die künstlerischen Schöpfungen aller Völker, die entweder mit der höchsten poetischen Kraft oder mit der gröbsten und zugleich langweiligsten Unsittlichkeit das Thema vom Apfelbiss behandeln. Das zeigt nur, wie wenig von jeher das männliche Geschlecht sich Mühe gegeben hat, das weibliche zu verstehen, ja überhaupt nur oberflächlich kennen zu lernen. Wie oft sind wir nicht z. B. mit dem Gemeinplatz bei der Hand: Sie hat ihn verführt! Und wenn wir dann den betreffenden Fall genau studiren, so wird sich immer und immer wieder ergeben, dass die

Verführerin nichts anderes war, als der zwar auf natürlichen Grundlagen beruhende, dann jedoch durch innere oder äussere Dispositionen auf das schärfste zugespitzte Trieb des Mannes, das fragliche Weib zu besitzen.

Die Heuchelei, welche nun einmal unzertrennlich ist von den menschlichen Anschauungen und Handlungen hat jene Begriffsverwirrung verschuldet, welche Keuschheit und gesunde Sinnlichkeit als Gegensätze auffasst. Beide gehören aber zusammen — wie Mann und Weib kraft des Naturgesetzes zusammen gehören. Es giebt nur eine Art von Liebe, die nämlich zwischen Mann und Weib, alles Uebrige was wir »Liebe« heissen, ist nichts anderes als Freundschaft, oder scharf ausgeprägte Anhänglichkeit, oder Mitleid, oder nothwendiges Empfinden. Die Liebe ist ganz und gar untrennbar mit den geschlechtlichen Beziehungen zweier Vertreter der beiden Geschlechter zu einander verbunden. Diese sexuellen Beziehungen sind natürlich, sie sind der Ausdruck des Lebensprincipes, da durch sie allein die Fortpflanzung ermöglicht wird. Ob nun aber durch den vom Winde fortgeführten Blüthenstaub ein Pflanzenkelch befruchtet, oder ob durch die innige Umarmung zweier menschlicher Individuen eine Schwangerschaft hervorgerufen wird, das bleibt angesichts der Natur ein vollkommen identischer Vorgang. Die Befruchtung an sich vollzieht sich bei der Pflanze ebenso keusch, wie beim Thiere oder beim Menschen; lediglich weil sie dem blöden Auge hier auffällt, dort aber sich anscheinend verbirgt, gilt sie uns im letzteren Falle für derart ärgerlich, dass wir aus reiner Keuschheit nicht einmal daran zu denken wagen. Darum haben wir Alles, was an solchen Vorgang direct erinnert, seit langen Zeiten als unästhetisch, als unsittlich, als unkeusch betrachtet und selbst in wissenschaftlichen Abhandlungen, welche dieses Thema besprechen, benutzen wir verschleiernde Ausdrücke und verhüllende Wendungen.

Das ist menschlich und darum schliesslich auch natürlich.

Der gesunden Sinnlichkeit steht folgerichtig die ungesunde gegenüber, d. h. die Immoralität. Auf dem ihr so günstigen und allein zuträglichen Nährboden der Heuchelei wuchernd, hat die Unsittlichkeit in jeder Form, vorzüglich aber die sexuelle seit jeher bestanden und sie wird sich erhalten, so lange die Menschheit überhaupt athmet. In ihrer Art ist sie demnach auch natürlich. Aber, ihre Natur gleicht den verheerenden Katastrophen, welche der Menschen Werke ohne Erbarmen zerstören. Wie wir Alles thun, um der Gewalt der Elemente zu entgehen, ebenso müssen wir unsere ganze Kraft einsetzen, um uns vor der jedes Ideal zerstörenden Immoralität zu schützen. Leider sind wir uns nur über die Nothwendigkeit der Abwehr einig, aber nicht über die dafür zu treffenden Maassnahmen. Vielleicht, ja wahrscheinlich wird dieser Meinungsunterschied bis zum Ende aller Tage dauern wie er immer bestanden hat seit wir nur historische Nachrichten von unsern Vorfahren im engern und weiteren Sinne besitzen. Denn, wir Menschen sind und bleiben — Menschen! —

Moralität und Jungfräulichkeit.

Die Werthschätzung der jungfräulichen Reinheit ist allen Völkern der Erde gemeinsam. Sie findet sich unter den »Wilden« so gut wie bei den Civilisirten und sie tritt uns im Alterthum in nämlicher Kraft entgegen wie im Mittelalter wie in der Neuzeit. So lautet die landläufige Ansicht und selbst Ploss behauptet: »Der Begriff der Jungfernschaft ist ein ethischer, der von der Annahme ausgeht, dass die sexuelle Unberührtheit des Mädchens einen ganz besonderen sittlichen Werth habe. In solcher Werthschätzung der weiblichen, intakten Individualität kommt culturgeschichtlich unter den Völkern ein Naturalismus und ein Idealismus zur Erscheinung«. Er will aber die bezüglichen »ethischen Regungen« nur durch die Civilisation ermöglicht wissen, während er andererseits erklärt, dass bei den Naturvölkern »zumeist ein Naturalismus der gröbsten Sorte ihre Auffassung leitet und zugleich in schroffen — unsere Gefühle verletzende — Formen zu Tage tritt. Nichts Sinniges, vielmehr nur Sinnliches ist zumeist das Motiv, welches die eifersüchtige Männerwelt bei niedrigem Culturgrade veranlasst, das deflorirte Mädchen zu missachten und vom Ehebette zurückzuweisen«.[1]) Sehen wir, was an dieser Behauptung wahr ist.

Blicken wir zurück in die Geschichte der alten Reiche des Morgenlandes, so finden wir dort Gebräuche, die uns am ehesten die tiefe Stellung verrathen, welche das weibliche Geschlecht überhaupt im Oriente einnimmt.

Herodot erzählt nämlich über Babylon: »Was nun ihre Gebräuche anbelangt, so ist der weiseste von allen meiner Meinung nach, den auch, wie man mir erzählt hat, die Eneter in Illyrien haben, folgender. In jedem Dorfe wird alle Jahre einmal also gethan: Wenn die Mädchen mannbar geworden, so mussten sie alle zusammengebracht und alle auf einen Haufen geführt werden. Ringsumher stand die Schaar der Männer. Sodann hiess der Ausrufer eine nach der andern aufstehen und versteigerte sie. Zuerst die allerschönste; dann, sobald diese um viel Geld erstanden war, rief er eine andere aus, welche nächst dieser die schönste war, aber alle unter der Bedingung, dass sie geehlicht würden. Was nun die Reichen unter den Babyloniern waren, die da heirathen wollten, die überboten einander, um die schönste zu bekommen; was aber gemeine Leute waren, denen es nicht um Schönheit zu thun war, die bekamen die hässlichen Mädchen und noch Geld dazu. Wenn dann der Ausrufer alle schönen Mädchen verkauft hatte, so

---

[1]) Ploss. Das Weib in der Natur- und Völkerkunde. I. 298/299.

muss die hässlichste aufstehen, oder wenn ein Krüppel darunter war, und nun rief er diese aus, wer am wenigsten haben wollte, wenn er sie zur Frau nähme, bis sie dem Mindestfordernden zugeschlagen wurde. Das Geld aber kam ein von den schönen Mädchen, und auf diese Art brachten die schönen die hässlichen und Krüppel an den Mann. Keiner durfte seine Tochter verheirathen, an wen er wollte; so auch durfte der Käufer sein Mädchen nicht mit nach Hause nehmen ohne Bürgen, sondern musste solche stellen, dass er sie wollte zur Frau nehmen, und dann konnte er mit ihr gehen; schliefen sie aber nicht bei einander, so musste er sein Geld wieder herausgeben. Es stand auch Leuten aus anderen Dörfern frei, hinzukommen und zu kaufen. Das also war ihr weisester Gebrauch. Doch jetzt ist es nicht mehr so, sondern sie sind in neuern Zeiten auf etwas Anderes gefallen, damit ihren Töchtern kein Leid geschähe und sie nicht fortgeführt würden in andere Dörfer. Denn als Babylon erobert worden und die Leute in Elend und Armuth gerathen, lassen die gemeinen Leute, denen es an Lebensunterhalt fehlt, ihre Töchter Hurerei treiben«.[1])

Ein solcher Brauch ist natürlich nur dort denkbar, wo die grössere Zahl der Bewohner völlig rechtslos bleibt und die Frauen insbesondere gleich einem Stück Vieh geeignet werden. Interessant ist es dabei, dass der fein gebildete Hellene des perikleischen Zeitalters diesen Sklaven- oder Viehmarkt für eine weise Einrichtung erachtet, und dass er mit solcher Behauptung sicherlich

---

[1]) Die Geschichten des Herodotos. Klio (I), 196.

Beifall fand; denn sonst wäre sie schwerlich in dem Texte stehen geblieben. Dies wirft endlich auch auf die ethischen Anschauungen, welche das Culturvolk der Griechen über die Weiblichkeit hegte, ein sehr trübes Licht und bezeugt deutlich, dass die Hellenen darin Orientalen geblieben waren.

»Nun aber kommt der hässlichste Brauch bei den Babyloniern. Jedes Weib des Landes muss einmal in ihrem Leben bei dem Tempel der Aphrodite sich niedersetzen und von einem Fremden sich beschlafen lassen. Viele, die sich mit den anderen nicht wollen gemein machen, weil sie sich auf ihr Geld etwas einbilden, fahren nach dem Heiligthum in bedeckten Wagen und haben hinter sich eine zahlreiche Dienerschaft. Die meisten aber thun also: Sie sitzen in dem heiligen Hain der Aphrodite, und haben einen Kranz von Stricken um den Kopf, eine Menge Weiber; denn die kommen und andere gehen von dannen. Und mitten zwischen den Weibern durch gehen schnurgerade Gassen nach allen Richtungen. Da gehen denn die Fremden und suchen sich eine aus. Und wenn ein Weib hier einmal sitzt, so darf es nicht eher wieder nach Hause, als bis ein Fremder ihr Geld in den Schoss geworfen und sie beschlafen hat ausserhalb des Heiligthums. Wenn er das Geld hinwirft, so muss er sprechen: Im Namen der Göttin Mylitta; Mylitta heisst nämlich bei den Assyriern Aphrodite. Das Geld mag nun so viel sein wie es will: Sie darf es nicht verschmähen; das ist verboten, denn das ist geweihtes Geld. Und mit dem ersten besten, der ihr Geld hinwirft, mit dem muss sie gehen und darf keinen abweisen. Wenn sie sich nun hat beschlafen lassen und sich dadurch der Göttin geweiht, so geht sie wieder nach Hause und fortan kann man ihr noch so viel bieten, sie thut es nicht wieder. Die nun hübsch aussehen und wohl gewachsen sind, die kommen bald wieder nach Hause; die hässlichen aber müssen lange Zeit da bleiben und können das Gesetz nicht erfüllen, ja manche bleiben wohl drei bis vier Jahr. An einigen Orten auf Kypros herrscht ein ähnlicher Brauch.[1])

Diese sacrale Prostitution war bei allen vorderasiatischen Völkern, durchweg gang und gäbe und wurde von den Phönikiern auch in ihre Colonien verpflanzt. Der Grundzug der eigenartigen Opfersitte ist nicht etwa die Gastlichkeit, welche man Fremden gewährt, indem die Jungfrauen diesen allein ihr Palladium überliefern, sondern hängt enge mit dem Naturcultus zusammen. Adonai, der befruchtende Gott verkörpert sich in den aus fernen Ländern herbeikommenden Männern und ihm schenkt man zu Ehren der Mylitta das höchste weibliche Gut. Der Brauch an sich ist lediglich bei einem Volke denkbar, das den Hymen als einen höchst überflüssigen Körpertheil erachtete. In der That erfahren wir, dass gerade in Vorderasien die Jungfräulichkeit auch sonst wenig Werthschätzung fand.

Das mosaische Sittengesetz ist ebenfalls ein Beleg dafür; denn wenn es auch verbot die Tochter zur Prostitution anzuhalten (3. B. Mose 19. 29.) und die einer Priesterfamilie entstammende Hure mit dem Feuertode

---

[1]) Die Geschichten des Herodotos, Klio (I). 199.

bedrohte, weil »sie ihren Vater geschändet« (3. B. Mose 21. 9.), so geht doch aus dem 5. Buch Mose 22 deutlich hervor, dass die Erhaltung der Jungfräulichkeit von den Hebräern rein naturalistisch aufgefasst ward.[1])

Wurde eine junge Frau von ihrem Ehemann beschuldigt, sie habe ihr Hymen vor der Brautnacht verletzen lassen, »so sollen der Vater und Mutter der Dirne sie nehmen, und vor die Aeltesten der Stadt in dem Thor hervorbringen der Dirne Jungfrauschaft.« Erwies sich die Behauptung als falsch, so sollte der Verleumder gezüchtigt und um hundert Sekel Silber gebüsst werden zu Gunsten des Schwiegervaters. Erbaulich ist auch die weitere Bestimmung, dass der beregte Ehrenmann die Unglückliche »soll zum Weibe haben und dass er sie sein Lebenlang nicht lassen möge.« War die Beschuldigung aber thatsächlich richtig, so sollte das Weib zu Tode gesteinigt werden, »darum, dass sie eine Thorheit in Israel begangen, und in ihres Vaters Hause gehuret hat.«

Nothzucht, begangen an einer Verlobten zog die Todesstrafe nach sich. Die Verführung eines anderen freien Mädchens büsste der Hebräer mit fünfzig Sekel Silber an den Vater der Jungfrau und mit der Verpflichtung die Geschwächte zu ehelichen ohne ihr jemals den Scheidebrief reichen zu dürfen.

---

[1]) Höchstens könnte man dafür, dass ideale Auffassungen sich geltend machten, das mosaische Gebot anführen (3. B. Mose 21. 7. 13. 14.)' welches den Priestern gebot nur Jungfrauen zu ehelichen, um nicht »den Samen zu entheiligen.« Aber, das war lediglich ein Gesetz, um die Priester von vorne herein auch in ihren Eheverhältnissen als höhere Menschen auftreten zu lassen.

Aber, alle diese Gesetze kamen doch höchstens gegen das weibliche Geschlecht in Anwendung.

So erzählt Eusebius, dass noch bis zu Konstantins des Grossen Zeiten, in Phönikien der Brauch es erfordert habe, dem Gastfreunde die Töchter als Bettgenossinnen zuzuweisen. Wie es etwa bei den Hebräern gehalten wurde, verräth uns das alte Testament zu wiederholten Malen. Als die Sodomiter Lot's Haus bedrängen, geht der Vater hinaus und sagt zu der tobenden Menge:

»Siehe, ich habe zwei Töchter, die haben noch keinen Mann erkannt, die will ich herausgeben unter euch, und thut mit ihnen, was euch gefällt.«[1)]

[1)] 1. B. Mose 19. 8. Eine ähnliche Geschichte wird in Richter 19, 22—27 erzählt: Der Gastfreund in Gibea macht den Benjamiten, die päderastische Gelüste zeigen, den Vorschlag:

»Siehe, ich habe eine Tochter, auch eine Jungfrau und dieser ein Kebsweib; die will ich euch herausbringen, die mögt ihr zu Schanden machen, und thut mit ihnen, was euch gefällt u. s. w. Da fassete der Mann sein Kebsweib, und brachte es zu ihnen heraus. Die erkannten sie und zerarbeiteten sie die ganze Nacht, bis an den Morgen« u. s. w. Das unglückliche Weib starb an dieser schrecklichen Misshandlung.

Und Angesichts solcher Belegstellen will man noch den Versuch machen, von einer Werthschätzung der Jungfräulichkeit bei den alten Hebräern zu reden?

Von der bekannten Salomé-Geschichte darf dabei füglich abgesehen werden; denn sie ereignete sich an einem völlig corrumpirten und nach alexandrinischer Moral lebenden Hofe.

Dagegen erfahren wir aus dem 2. B. Mose, 21. 7—11, dass der Vater seine Tochter als Kebsweib verkaufen durfte und dass der »rechtmässige Besitzer« seine Beischläferin zwar fortjagen aber nicht »unter ein fremdes Volk verkaufen« sollte. Dies war demnach in älterer Zeit vorgekommen.

Von den Persern wissen wir, dass die Jungfrauen aus den vornehmsten Familien an den zügellosesten Orgien Theil nahmen. Herodot erzählt uns ferner aus Aegypten die Sage von dem Diebstahl, der am Schatze des Rhampsinit begangen wurde und meldet dabei, dass der König, um den kühnen Uebelthäter zu entdecken, seine Tochter preis gab und ihr befahl, Jeden anzunehmen.[1]) Dem Cheops sagt er nach, dass er seine eigene Tochter in ein lüderliches Haus gebracht habe, damit sie dort eine Beisteuer zum Bau der grossen Pyramide gewänne.[2]) Wenngleich wir diese Geschichtchen in Rücksicht auf die betreffenden Personen unglaubwürdig finden wollen, so müssen wir ihnen andererseits doch einen Kern von Wahrheit zuerkennen. Jedenfalls bezeugen sie, dass die asiatisch-ägyptische Antike über die Werthschätzung der Jungfräulichkeit erhaben war.

Euripides lässt einen seiner Helden den gewichtigen Ausspruch thun: »Im Volke sich zu zeigen, ziemt Jungfrauen nicht.«[3])

Der Lustspieldichter Philemon dagegen erklärt an einer Stelle seiner verschollenen »Delphier«: »Solon, du warst der Wohlthäter der Nation. Auf dem von dir geschaffenen Dicterion ruht der Segen und das Glück des Volkes.«

Diese beiden Aussprüche lassen zur Genüge erkennen, dass vor Solon, der zur »Verbesserung der Sitten« öffentliche Häuser errichtete und sie von Staatswegen mit

---

[1]) Euterpe (II) 121.
[2]) Euterpe (II) 126.
[3]) Orestes, 108.

jungen Sklavinnen bevölkerte, in Athen die Verführung von Jungfrauen und die Verletzung der Ehegemächer an der Tagesordnung war und dass nach der Zeit des grossen Gesetzgebers das weibliche Geschlecht vor jeder Berührung mit der Aussenwelt möglichst abgeschlossen wurde.

Was wir von den athenischen ehrbaren Frauen im Gegensatz zu dem Thun und Treiben der Hetären wissen, umfasst verhältnissmässig wenige und vor allen Dingen im Sinne der Humanität recht unerfreuliche Daten. Insbesondere bleibt daran festzuhalten, dass man die Jungfräulichkeit von der Verlobten nur deshalb forderte, weil sie in der Ehe legitime Erben hervorbringen sollte. Die Athenerin aus vornehmen Geschlechte tritt uns so gut wie rechtlos entgegen. Ihr Leben lang blieb sie unter der Vormundschaft, erst ihres Vaters, ihres Bruders, dann ihres Gatten und selbst noch als Wittwe unter jener der männlichen Familienglieder des Verstorbenen. Sie musste sich bis in die kleinste Einzelheit ihr Verhalten in der Oeffentlichkeit vorschreiben lassen: Ehrbare Frauen und Mädchen durften nur im Festgewande und mit all' ihrem Schmucke ausgestattet auf der Strasse erscheinen; zur Nachtzeit sollten sie einzig im Wagen, bei hellem Fackelschein und wohl gehütet durch Begleiterinnen das Haus verlassen. Kamen die Gäste des Gatten zum Besuche, so verschwanden die weiblichen Mitglieder der Familien in den Gynäceen. Es begreift sich leicht, dass unter solchen Umständen die Mädchenerziehung einzig darauf Rücksicht nehmen durfte, gleichmüthige oder besser gesagt stumpfsinnige Hausverwalterinnen heran zu ziehen,

die in dem eintönigen Wechsel zwischen Arbeit u[nd]
Schlaf ruhig ihr Leben verbrachten und innerhalb d[er]
vier Mauern ihre Welt fanden.

Diese ehrbaren Athenerinnen waren jedenfalls ebens[o]
keusch wie dumm. Ihre intakte Jungfräulichkeit unterla[g]
aber einer rein naturalistischen und ganz und gar nic[ht]
idealen Werthschätzung.

Das Mädchen, welches sein Magdthum ausser de[r]
Ehe verlor, hatte keinen Anspruch mehr darauf »Edles
gebären zu dürfen.[1]) Sie wurde zur Hetäre, auf welcher
Laufbahn ihr zum Ersatz für verlorene Pseudorechte, die
grösste Freiheit, die ausgesprochenste Werthschätzung
ihrer Individualität winkte.

Dass in Sparta nicht gerade wesentliche Unterschiede
gegenüber der athenischen Auffassung bestanden, wollen
wir im folgenden Abschnitte ausführen.

Im alten Rom sind die jungfräulichen Vestalinnen
die höchsten Priesterinnen im Staate. Sie büssten die
Verletzung ihres Palladiums mit dem Tode. Seit Tarquinius Priscus sollen die Opfer der Verführung lebendig
auf dem Campus sceleratus begraben worden sein, indess
der Verführer todtgeprügelt ward. Im Ganzen werden
etwa ein Dutzend Paare erwähnt, welche von solchen
Strafen ereilt wurden, weil ihr Vergehen zur öffentlichen
Kenntniss gelangte. Jedenfalls genossen die Vestalinnen
in der späteren Kaiserzeit in Rücksicht auf die Verfügung über ihre Jungfräulichkeit, eine weitgehende Frei-

---

[1]) Nach den Worten, die Leonidas an seine Gemahlin Gorgo vor dem Auszuge zum Kampfe an den Thermophylen richtete: »Heirathe Edle und gebäre Edles«.

— 33 —

zeit, sofern sie den Bruch des Keuschheitsgelübdes nicht allzu deutlich erkennen liessen. Von dem sittenlosesten der Cäsaren, Elegabalus wird übrigens berichtet, dass er die Vestalinnen ebenfalls für seinen Harem in Anspruch nahm. Aber selbst damals, in einem Zeitalter, das den ethischen Gesetzen wahrlich nur sehr wenig Beachtung schenkte, fand dieser Vorgang eine entschiedene Verurtheilung.

Es darf nicht geläugnet werden, dass gerade das altrömische Volk die reinste Auffassung von dem Werthe der Jungfräulichkeit besass. Geistige wie körperliche Keuschheit wollte die alte Republik bei ihren Töchtern bis zum Beschreiten des Ehebettes, unter allen Umständen aufrecht erhalten wissen. So stiess der ältere Cato den Manilius aus dem Senate, weil er sich soweit vergessen hatte, sein Weib in Gegenwart der erwachsenen Tochter zu küssen.[1]) Um die weibliche Ehre nicht zu gefährden, durften Frauen weder mit Gewalt vor den Richter geschleppt werden, noch sollten unberührte Mädchen den Tod erleiden. Männer, welche vor Jungfrauen unanständige Worte führten oder gar Geberden voll immoralischen Inhaltes gebrauchten, verfielen den härtesten Strafen. Der tragische Tod der Lucretia zog ein gewaltiges politisches Ereigniss eben so gut nach sich wie das schreckliche Ende der mit Entehrung bedrohten Verginia. Noch Plinius, der grösste römische Naturkundige glaubte, dass alles Ungeziefer auf dem Felde sterbe, welches eine ehrbare Frau nackend um-

---

[1]) Plutarch. Cato Major 17. Ammian. Marcell. XXVIII. 4.

Günther, Weib und Sittlichkeit. 3

wandelt habe und dass die weiblichen Leichen bei der höheren sittlichen Reinheit ihres Geschlechtes stets auf dem Antlitz schwämmen.[1)]

Während der Christenverfolgungen wurden, gerade weil dies wider den sonst in Rom allgemein beobachteten Brauch verstiess und weil der verhassten und verachteten Secte gegenüber jedes Recht als aufgehoben betrachtet wurde, die jungfräulichen Opfer den ärgsten Gewaltthaten überliefert.[2)] Oeffentlich wurden sie entkleidet, nackt in die Arena gesendet oder endlich nicht selten zum Lupanar verdammt. Zudem lag der Gedanke nahe, die Christen, welche man der grössten Unsittlichkeit bei ihren geheimen Versammlungen zieh, die Wohlthaten der Gesetze zu verweigern, welche für ehrbare Mädchen bestanden.

Die grosse und wirklich ideale Werthschätzung der Jungfräulichkeit durch die römische Welt, gewann noch an Ausdehnung bei den ersten Christen. Im Morgenlande und vollends in Alexandrien hätte die Forderung der absoluten Keuschheit niemals entstehen oder aufrecht erhalten werden können. Ihr Ursprung ist in Rom zu suchen wie denn auch der gesammte Marienglauben weit mehr romanischer und nicht orientalischer Herkunft ist.

[1)] Plinius. Hist. Nat. XXVIII, 23 und VII, 18.

[2)] »Immaturatae puellae, quia more tradito nefas esset virgines strangulari, vitiatae prius a carnifice, dein strangulatae« — berichtet Sueton. Augustinus aber braucht die Trostworte: »Die Jungfräulichkeit liegt im Körper, die Schamhaftigkeit in der Seele, diese bleibt wenn auch die Jungfräulichkeit geraubt wird.« Und Ambrosius erklärte: »Eine Jungfrau kann prostituirt aber nicht besudelt werden.«

Andererseits darf wohl als festgestellt gelten, dass die Keuschheitslehre der ältesten Christen sehr rasch wieder verschwunden wäre, sofern nicht die Germanen sie aufrecht erhalten hätten.

Die ursprüngliche Strafgesetzgebung der Kirche richtete sich fast ausschliesslich gegen die Verletzung der Keuschheit. Kuppler sollten grausam getödtet werden, Entführer eine martervolle Hinrichtung erleiden und das nämliche Schicksal bedrohte die Entführte, wenn sie mit der That einverstanden gewesen.

Die Askese wurde bald als das gottgefälligste Werk angesehen!

So gedachte der h. Hieronymus »mit der Axt der Jungfräulichkeit den Wald der Ehe niederzuhauen« und wenn er sie schliesslich als eine Art thierischen Zustandes bestehen lassen musste, so geschah das nur »weil sie Jungfrauen erzeugte.«[1] Zu Oxyrinchos in Aegypten sollen im IV. Jahrhundert zwanzigtausend Nonnen gelebt haben und es kam die schöne Sitte auf, dass Jungfrauen und Priester zusammen schliefen, um ihre Keuschheit zu beweisen.[2] Evragius berichtet von dem »vortrefflichen und göttlichen Leben der Mönche in Palästina,« welche »unbeschadet der Keuschheit« mit Frauen zusammen badeten; »denn unter den Männern wollten sie Männer, unter den Frauen aber Frauen sein.«[3] Die natürliche Folge dieser Art von »Austreibung des bösen unsauberen

---

[1] Hieronymus, Epist. XXII.
[2] »Nobiscum dormias ut frater, non ut maritus.«
[3] Hist. Eccl. I, 21.

Geistes« ergiebt sich aus der Warnung des h. Gregor von Nyssa vor den Pilgerfahrten in das heilige Land; »weil dort der Tugend so viele Schlingen gelegt würden und das Laster so viele Reizmittel besässe.« Besonders die Pilgerinnen aus England waren ob ihrer üblen Sitten dem h. Bonifacius ein Dorn im Auge.[1]) Diese Damen scheinen übrigens noch zu des Boccaccio Zeiten auf den nämlichen schlimmen Pfaden gewandelt zu sein.

Der Keuschheitswahnsinn der Asketen Aegyptens forderte auch die vollständige Vernachlässigung der Körperpflege. So bestand z. B. ein von hundertunddreissig Nonnen bewohntes und von der h. Euphraxia geleitetes Kloster, dessen Insassinnen sich niemals die Füsse wuschen und zusammenschauderten, wenn sie nur das Wort »Baden« hörten. Ein kaum zwölf Jahre altes Mädchen Asella, erzählt der h. Hieronymus sah keinen Mann an und besass schliesslich in Folge des beständigen Kauerns im Gebete, so harte Kniee wie »ein Kameel.«

Die unnatürliche Askese brachte jedes menschliche Gefühl zum Schweigen. Ambrosius berichtet, dass die Verwandten eines jungen Mädchens diesem Vorwürfe darüber machten, dass es in ein Kloster eintreten wolle und dabei die Frage stellten, ob der verstorbene Vater das wohl gerne gesehen haben würde. Darauf gab die künftige Himmelsbraut die unglaublich herzlose Antwort: »Vielleicht geschah es gerade zu dem Zwecke, dass er

---

[1]) So schrieb Bonifacius anno 745 an den Erzbischof von Canterburg: »Perpaucae enim sunt civitates in Longobardia vel in Francia aut in Gallia in qua non sint adultera vel meretrix generis Anglorum, quod scandalum est et turpitudo totius ecclesiae vestrae.«

starb, damit er mir kein Hinderniss in den Weg legen sollte.« Nicht genug mit diesem; der »unbesonnene Frager« fiel gar noch unmittelbar darauf todt zu Boden und solch' unerwartetes aber »offenbares Strafgericht« bewog die Verwandten die junge Heilige zu bitten, schnell ihre Absicht auszuführen.

Gregor von Tours erzählt sogar von einer gallischen Jungfrau, die dem reichen Injuriosus von Avern die Hand zum Bunde reichte, ihn aber zu bestimmen wusste indem sie ihm unter anderm »einen Theil der Morgengabe« zusicherte, dass er »der fleischlichen Lust sich enthielt.« »Viele Jahre ruhten sie danach auf einem Lager, aber stets in rühmlicher Keuschheit, wie sich bei ihrem Heimgange erwies.«[1])

In cultur- und sittengeschichtlicher Hinsicht hat die natürliche Lehre von der Heiligkeit des enthaltsamen Lebens zwei Thatsachen geschaffen, welche schlimmer als alle übrigen Verirrungen das gesammte Abendland beeinflussten: Das sind die priesterliche Ehelosigkeit und vor allem der Hexenwahn. Die Lehre, dass das Weib, durch welches die »Erbsünde« überhaupt in die Welt gekommen von Anbeginn an ein »Gefäss der Unreinigkeit« sei und allen teuflischen Einflüssen bei weitem mehr unterliege wie der Mann, schuf den zweiten Eckstein zu dem scheusslichsten Aberglauben, welcher jemals die Menschheit plagte und immer noch, wenngleich in etwas

---

[1]) W. Giesebrecht. Geschichtsschreiber der deutschen Vorzeit. VI. Jahrh. 4. Bd. Gregorius von Tours I. 47 (42).

abgeschwächter Form beherrscht. Die Ehelosigkeit der Priester jedoch lässt uns in einen Pfuhl von Sittenlosigkeit blicken und die ersten Schläge, welche überhaupt gegen das Gebäude der Kirche geführt wurden, fallen mit dem Kampfe gegen das Cölibat zusammen.

Unter den Frauenklöstern, die doch gerade gegründet worden waren, um die Jungfräulichkeit bei möglichst vielen weiblichen Individuen aufrecht zu erhalten, fanden sich bald eine ansehnliche Zahl, welche nichts weniger als einen guten Ruf besassen. In Italien und besonders in Frankreich scheinen sie von jeher gerne lockeren Sitten gefröhnt zu haben. Aus England wird schon im VII. Jahrhundert durch Beda berichtet, dass dortige Nonnen die Weberei kunstvoll betrieben, um ihren Liebhabern schöne Gewänder wirken zu können. Zwischen dem VII. und dem XII. Jahrhundert wollte man übrigens nur solchen Mädchen den Eintritt in ein Kloster gestatten, welche das fünfundzwanzigste Jahr überschritten hatten und demnach als »alte Jungfern« über die Anfechtungen der Fleischeslust bereits hinaus waren oder wenigstens vor ihnen gefeit sein sollten. Man machte jedoch damals wenig Aufhebens davon, wenn Nonnen ihr Gelübde brachen und sich in fröhliche Hausfrauen verwandelten. Nur, wenn sich gar zu tolle Dinge in den Nonnenklöstern ereigneten schritt man ein ohne aber viel damit zu erreichen. Die grosse Zahl der in diesen Angelegenheiten sich vorfindenden Erlasse, Klagen, Anekdoten u. s. w. bestätigen das. Carl der Grosse gebot, »dass die Klosterfrauen sich nicht mehr der Unzucht und Völlerei ergeben sollten.«¹) Ebenso verbot er (789) den Nonnen Liebeslieder abzuschreiben und umher zu schicken.²)

Wie es während und nach den Kreuzzügen in den italienischen Frauenklöstern zuging, mag man aus einzelnen Novellen des Boccaccio entnehmen. Vielleicht wird die Behauptung aufgeworfen, dass der spottlustige Florentiner in seinen Schilderungen zu starke Farben aufgetragen habe, aber wir haben Daten, die noch aus dem XVII. Jahrhundert stammen, welche ahnen lassen, dass die italienischen Nonnen jener Zeit alles Andere waren, nur nicht jungfräuliche Wesen. Es mag u. A. an die Geschichte des Klosters Sta. Margarita zu Monza erinnert werden, wo sich im ersten Jahrzehnt des XVII. Säculums die grauenhaftesten Dinge abspielten.³) Und das geschah im Erzbisthum Mailand, kurz nachdem der h. Karl Borromacus dort im Sinne der strengsten Gegenreformation gewirkt hatte.

Von Venedig hören wir aus dem XVII. und XVIII. Jahrhundert: »Weil der grössere Theil der Töchter der Nobili, um ihre Familie nicht arm zu machen, unvermählt blieb, sowie auch nur die jüngeren Söhne standesmässig vermählt wurden, hatte der Staat den adeligen Jungfrauen reich ausgestattete Klöster eröffnet, in denen die Damen geheim oder ohne öffentlichen Scandal in verbuhlten Neigungen für unfreiwillige Entsagung sich entschädigten. Die berühmtesten dieser Klöster waren das auf der Insel

---

¹) Baluze. Capitul. I, 342 de mist. Talatii.

²) »Wineleodos scribere vel mittere.«

³) Ausführlich hierüber: Friedrich Bülau. Geheime Geschichten u. s. w. Die Signora von Monza. (Reclam's Universal-Bibliothek Nr. 3706.)

S. Georgio, vom Marcusplatze durch einen breiten Canal getrennt, und das zu S. Lorenzo auf Murano, in denen jedem wohl siebzig adelige Nonnen ohne Schleier mit dem Titel Excellenza ausserhalb kirchlicher Zucht lebten (Keysslers Reisen II. S. 1127, 1155), in ihrem vergitterten Sprachzimmer nach Belieben Gesellschaft empfingen, sogar dort Maskenbällen beiwohnten und in ihren Ergötzlichkeiten und Liebeshändeln so wenig Zwang sich anthaten, dass sie wohl eher dem Patriarchen droheten, lieber das Kloster in Brand zu stecken, als Einschränkungen sich zu beugen. Mit den schönen Vestalinnen verbotener Liebe zu pflegen, schien daher den wüsten Ausländern der Gipfel der Romantik.«[1])

Noch eigenartiger ging es in den toskanischen Klöstern zu, wo selbst die jüngsten Novizinnen und die den Conventen zur Erziehung anvertrauten Mädchen an den tollsten Orgien und an allen möglichen Liebesabenteuern betheiligt waren. Aehnliches wurde übrigens auch vor einigen Jahren aus einem von den vornehmsten Familien begünstigten neapolitanischen Frauenkloster berichtet, dessen Aebtissin aus der Prostitution der ihr anvertrauten Elevinnen ein grosses Einkommen bezog.

In Deutschland mischte sich die Mystik mit dem weltlichsten Treiben und schuf für die Nonnen den Begriff des »Seelenbräutigams«. Schon die Unsitte, dass, wie Luther erzählt, die Klosterfrauen sich geschnitzte Jesusfiguren nächtlicher Weile als Bettgenossen zulegten,

---

[1]) F. W. Barthold. Die geschichtlichen Persönlichkeiten in Jakob Casanova's Memoiren I. 107/108.

erscheint fast unglaublich. Der Reformator, dem wir aber wohl trauen dürfen, da seine liebe Käthe ebenfalls eine Nonne gewesen war, meint denn auch: »Sie sahen sich aber nach andern umb, die da lebeten und jenen besser gefielen.« Sehr häufig kam es vor, dass schamlose Wüstlinge in den Frauenklöstern Orgien feierten und »die Klosterwände dann von Kindern beschrieen wurden.« In den schweizerischen Städten, so in Zürich, steckten sich die Nonnen gerne zur Carnevalszeit in Narrenkleider; 1433 that dies die Aebtissin des Züricher Fraumünsterstiftes, um mit ihrer Magd durch die Gassen zu schweifen. Kurz vor der Kirchenverbesserung verübten einige Junker in Zürich arge Ausschweifungen in einem Frauenkloster. Poggio Fiorentino sah um 1415 in den Bädern zu Baden im Aargau Nonnen, welche ihm wie »floralische Jungfrauen« erschienen. Auch soll gerade dort der Brauch geherrscht haben, dass die frommen Schwestern während des Badeaufenthaltes die Ordenstracht mit weltlichen Kleidern vertauschten. Das Frauenkloster Interlaken stand kurz vor seiner Aufhebung durch die Reformation mit dem dortigen Mönchskloster in ebenso öffentlicher wie ärgerlicher Verbindung. In Söflingen bei Ulm fand der Bischof bei seiner Untersuchung des Nonnenklosters (1484) laut dem dem Papste erstatteten Berichte »in den Zellen Liebesbriefe höchst unzüchtigen Inhalts, Nachschlüssel, üppige weltliche Kleider und die meisten Schwestern in gesegneten Leibesumständen.«

Der Orden der Beguinen oder Trumpelnunnen beförderte die schlimmsten Ausschweifungen. Papst Clemens V. erklärte sich (1311) von Vienne aus sehr scharf über diese Entartung.[1]) Als die Reformation in den deutschen Städten die Frauenklöster aufhob, kam es nicht allzu selten vor, dass deren ausgetriebene Bewohnerinnen geraden Weges in die öffentlichen Häuser eilten, um dort Quartier zu nehmen.

»Dass es in den Nonnenklöstern nicht sittsamer zuging, ist eine Sache, die sich von selbst versteht. Hier, wo jeder Offenheit der Eintritt durchaus versagt war, wo Kutten und Schleier verdeckten, was die Mäntel der Weltlichen nicht immer decken konnten, liebten sich Mönch und Nonne ungestört . . . Weil die Offenhäuser sich geweigert, Kaiser Friedrich II. auf seiner Heerfahrt ins heilige Land zu begleiten, wurden sie verurtheilt, ein Nonnenkloster für zweiundsiebzig Jungfrauen an der Quelle der Lauter zu bauen. Ihm ward der Name Gnadenzell. Die Herren von Lupfen, Nachbarn und Wohlthäter des Klosters, gebrauchten selbes förmlich zur Einkehr von der Jagd, zu Trinkgelagen und Tänzen. Diese Besuche blieben nicht ohne Folgen für die Klosterjungfrauen; denn ein Brief des Grafen Hans von Lupfen (1488) schilt die Priorin gar hart, dass sie »etlich armen Jungfrawen« nicht eher aus dem Kloster entfernt, und den Nachbarn nicht Anlass zum schlimmen Leumund geben, »dass die Klosterwände von Kindern beschrieben wurden«. Vergebens mahnte der Bischof, vergebens der Graf von Württemberg als Schirmvoigt . . . Bei andern Nonnen

---

[1]) Wie die Beguinen es trieben, zeigt u. A. die Stelle des betreffenden Breve: »Mulieris osculum cum ad hoc natura non inclinet, est mortale peccatum; actus autem carnalis, cum ad hoc natura inclinet, peccatum non est, maxime cum tentatur exercens.

zu Kirchheim unter Teck war ein Württemberger, der
jüngere Eberhard, Sohn Ulrichs und Elisabeths von Landshut,
selbst ein Verderber, so dass ihm sein Vater 1476
darüber zuschrieb: »Vor kurzem bist Du nach Kirchheim
kommen, und hast einen Tanz angefangen im Kloster,
zwo Stunden vor Mitternacht . . . und habt ein solches
Tanzen darin gehabt und Schreien, dass, wenn es im
offenen Frauenhaus geschehen wäre, so wärs doch
zu viel«. (Hormayr Tschb. 1842, S. 86 ff.) . . . In Strassburg
behaupteten im Jahr 1454 die Mönche von der
Kanzel, dass eine Klosterjungfrau, die ihr Keuschheitsgelübde
nicht halten könne, weniger sündige, wenn sie
mit einem Geistlichen als mit einem Laien Unzucht treibe.[1]«

Das war das Resultat der widernatürlichen Askese,
welche die Kirche immer empfohlen hat! —

Die älteste christliche Kirche hatte zwar der Mutter
ihres Stifters grosse Verehrung bezeugt, aber niemals
daran gedacht, sie als Himmelskönigin anzubeten. Noch
Tertullian verglich Maria mit der jüdischen Synagoge,
Origenes hatte Mancherlei an ihrem Benehmen auszusetzen
und Chrysostomus hielt sie für durchaus nicht heilig.
Nur sehr langsam gelangte die fromme Speculation dazu,
eine Jungfrau zu konstruiren, welche so keusch und rein
wie Eva vor dem Sündenfalle, von Gott ausersehen
wurde, das Werkzeug seiner Menschwerdung darzustellen.
Hand in Hand damit ging die allgemeine Neigung zur
Askese und aus ihr erwuchs — da man die Keuschheit
für die höchste Tugend erachtete — die Werthschätzung

---

[1] J. Scheible. Das Kloster. XII 896—800.

des Magdthums der Maria. Als ferner das Dogma von der Gottgleichheit auf der allgemeinen Kirchenversammlung zu Nicäa (325) die Anerkennung der nicht-arianischen Bischöfe fand, bedurfte es nur eines kleinen Schrittes, um Maria zur »Gottesgebärerin«, zur »Mutter Gottes« zu erklären. Immerhin fand dies vorerst einen lebhaften Widerstand. Der h. Epiphanias, Erzbischof von Salamine (405), Nestorius, Bischof von Konstantinopel (428) und eine weitere Anzahl Geistlicher wollten lediglich von einer Mutter Christi reden; die Synode von Ephesus (431) erklärte sich jedoch gegen diese Ketzereien. Nestorius starb in der afrikanischen Wüste, seine Gegner, die marianischen Glaubensschwärmer behaupteten das Feld.

Der römische Bischof Sextus III. weihte wenige Jahre nach den ephesischen Vorgängen die auf dem esquilinischen Hügel gelegene Basilika des Liberius ausdrücklich der jungfräulichen Gottesmutter. Es war der erste ihr gewidmete Tempel.

Wie der germanische Geist noch Jahrhunderte später sich das Verhältniss von Gottvater zur Mutter des Heilandes dachte, erhellt aus der bekannten Strophe von Reinmar von Zweter (gest. um 1270):

»Durch Minne ward der Alte jung,
»Der immer war ohn' Ende,
»Vom Himmel that er einen Sprung
»Herab in dies Elende;
»Ein Gott und drei Genende,

empfangen von einer Magd Jugend. Das geschah durch Minne«.

Die ersten Spuren des Mariendienstes lassen sich in Deutschland im Laufe des IX. Jahrhunderts nachweisen. Der »Heliand« ein allitterirendes Gedicht in altsächsischer Sprache, das der frommen Sage nach einem Bauern im Schlafe eingegeben ward und das die gesammte christliche Lehre in germanischem Sinne und Auffassung wiedergab, spricht von Maria wie von einer hohen deutschen, verehrungswürdigen Frau. Sie ist der »Weiber schönstes«, »eine minnige Magd«, »das Weib aller Gnaden, aller Weiber auserwählte und geweihte.«

Dennoch gelangte der Mariendienst in Deutschland erst im XII. Jahrhundert zu voller Ausbreitung; es war die Zeit, da die abendländische Ritterschaft mit den Lehren der griechisch-katholischen Kirche vertrauter wurde und die römische Geistlichkeit die durch die Kreuzzüge religiös erregten Gemüther mittelst der über alles Maass hinausgehenden Verehrung der Muttergottes, zu fesseln wusste.

Dabei hängt der deutsche Mariendienst wiederum eng zusammen mit altgermanischen religiösen Bräuchen. Das »Minnetrinken« zu Ehren der jungfräulichen Gottesmutter ist nichts anderes als eine Erinnerung an die den einstigen Göttern gebrachten Trankopfer. Die christliche Maria blieb lange das Spiegelbild der Frouwa oder Holda, welche ja ebenfalls die Rolle einer himmlischen Fürsprecherin der bedrückten Menschen ausfüllte. Mit der Zeit wurde Maria geradezu die weltbeherrschende Göttin, »die christliche Kybele, die Sonne, deren Licht das Weltall erhellt und belebt«. Das XV. Jahrhundert schuf

dann das »goldene Gebet« (von Georg Pirkhamer, dem
Prior der nürnberger Karthäuser) worin es heisst:
»Dich als seine Herrscherin verehret,
»Was da wohnet in dem Aetherlande;
»Dich als seine Meisterin erkennet,
»Was da hauset in der Finsterniss.
». . . Denn es ist dir Alles unterthan,
Dir Gebieterin im Weltenall«.

Die helle Gluth der Verehrung, dessen sich die
Himmelskönigin erfreute, warf ihren Widerschein auf die
irdischen Frauen. Die »Minne« und der Mariendienst
hängen enge zusammen. Der Mann, welcher in Maria
die vollendetste Frauengestalt erschaute, musste nothwendiger Weise in dem ganzen weiblichen Geschlechte
die Verkörperin der Reinheit und Schönheit, der Anmuth und des Liebenswerthen achten. Dass die Sinnlichkeit damit Hand in Hand ging, erklärt sich rein
menschlich. Eine Liebe ohne Genuss ist nicht denkbar
und wenn einzelne Romantiker aus dem mittelalterlichen
Minnedienst ein rein geistiges und völlig entkörpertes
Verhältniss der beiden Geschlechter zu einander heraus-
zuschälen suchten, so haben sie den Thatsachen wissentlich Gewalt angethan.

Während einerseits nun Maria zur göttlichen Jungfrau und Mutter erhoben ward und sich bald zu einer
das ganze Mittelalter beherrschenden poetischen Idee um-
wandelte, während der h. Augustinus die Gottesgebärerin
für frei von der Erbsünde erklärte und die Lehre von der
unbefleckten Empfängniss allgemeine Billigung fand, hören
wir zu gleicher Zeit die Kirchenväter die schlimmsten

Beschuldigungen gegen das weibliche Geschlecht schleudern.

»Der vereinigte Einfluss der jüdischen Schriften und jener asketischen Anschauung, welche das Weib als die Hauptquelle der Versuchung für den Mann behandelte, zeigt sich in jenen wilden Schmähungen der Kirchenväter, welche freilich in einem sonderbaren Widerspruche mit der Schmeichelei stehen, die sie einzelnen Frauen zollten. Die Frau wurde als die Pforte der Hölle, als die Mutter aller menschlichen Uebel geschildert. Schon der blosse Gedanke, dass sie eine Frau sei, müsste sie beschämen. Sie müsste in Anbetracht der Flüche, welche sie über die Welt gebracht habe, in beständiger Busse leben. Sie musste sich ihrer Kleidung als des Denkzeichens ihres Falles, und besonders ihrer Schönheit schämen, denn diese wäre das mächtigste Werkzeug des Teufels. Im sechsten Jahrhundert verbot ein Provinzialkonzil (Auxerre a. 578) den Frauen, in Anbetracht ihrer Unreinheit das Abendmahl mit blossen Händen zu empfangen. Man blieb bei der Behauptung, dass die Stellung der Frauen von Haus aus eine untergeordnete sei.«[1)]

Die Gründe für die hohe Verehrung einzelner Frauen durch die christlichen Priester verstehen sich leicht, wenn man die Schilderungen des Kirchenvaters Hieronymus über das Leben der vornehmen Christinnen und ihrer geistlichen Freunde in dem Rom des vierten Jahrhunderts

---

[1)] W. E. Hartpole Lecky's Sittengeschichte Europas von Augustus bis auf Karl den Grossen. II. Aufl. Deutsch von Dr. H. Jolowicz und durchgesehen von Ferdinand Löwe. II. 282/283.

liest. Was sich da unter dem Deckmantel der »geistlichen Verwandtschaft« und der christlichen Geschwisterschaft« abspielte, zeigt deutlich, dass die kirchliche Lehre von der Tugend der Keuschheit, von der Nothwendigkeit des jungfräulichen Lebens, von der Sünde des geschlechtlichen Verkehrs, ein leerer Schall und inhaltsloser Rauch blieb.

Das christliche Rom war durch und durch in Fäulniss übergegangen. Es musste in dem tiefen Sumpfe seiner Ausschweifungen ersticken und dies dürfte geschehen sein, wenn nicht die germanischen »Barbaren« in ihrer sittlichen Reinheit nun die Herrschaft gewonnen hätten.

»Deutschlands Völkerschaften glauben, dass etwas Heiliges und Prophetisches den Frauen innewohne; darum missachtet man nicht die Rathschläge derselben und überhört nicht ihre Weissagungen.«[1])

Tacitus kennzeichnete mit diesen Worten seine eigene hohe Achtung vor der deutschen Frauenwelt, der er immer und immer wieder erstaunendes Lob spendet.

Schon zu des Marius Tagen, bei Aix in der Provence, hatten die Lateiner ihnen sonderlich dünkende Erfahrungen mit den teutonischen Weibern gemacht. Nachdem diese den tapfersten Widerstand geleistet hatten aber endlich in Gefangenschaft gefallen waren, stellten sie die Bitte, man möge sie als Sclavinnen den vestalischen Jungfrauen zu eigen geben. Der rohe Marius schlug dieses Gesuch kurz ab, die Germaninnen aber erdrosselten sich gegenseitig in der folgenden Nacht, um ihre Keuschheit zu

---

[1]) Tacitus. Germania. VIII.

bewahren. Ein Gleiches thaten die kimbrischen Gattinnen und Töchter nach der Niederlage ihres Volkes bei Vercelli.[1])

Alle diese römischen Ueberlieferungen bezeugen uns, dass bei den Germanen das weibliche Geschlecht in idealer Hinsicht eine weit höhere Stellung einnahm wie das in der späteren, bereits verderbten romanischen Welt der Fall war und dass die Keuschheit bei diesem tüchtigen Volke als das höchste Gut der Frauen erachtet ward.

Noch bis in die spätesten Zeiten hinein hat sich solcher Grundsatz in dem urdeutschen Kriegsrecht erhalten. Besonders die Schweizer zeichneten sich dadurch aus, dass sie von Anfang an den Frauen ihren besonderen Schutz zusicherten. Schon in dem ehrwürdigen Sempacherbrief, der ältesten eidgenössischen Wehrordnung wird bestimmt, dass dem weiblichen Geschlecht kein Leid geschehen solle »es were dann dz ein tochter oder ein frovw ze vil geschreyes machte dz vns schaden möcht bringen gegen vnsern vyenden oder sich ze weri stalte oder deheinen anfiele oder wurffe . . ,« (10. Juli 1393). Diese Vorschrift ist in allen schweizerischen Kriegsartikeln bis in unser Jahrhundert hinein erhalten geblieben und auch strenge beobachtet worden. Selbst nach dem Zusammenbruch der Macht Karls des Kühnen und auf der Verfolgung der Burgunder vom Schlachtfelde von Murten (22. Juni 1476) aus wurden auch die »fahrenden Fräulein«, welche sich dem gegnerischen Heere angeschlossen, vor jeder Gewaltthat bewahrt. Freilich mussten die dort ge-

---

[1]) Strabo. VII. 2.

fangenen Frauen — wie den Bildern der alten Berner Chronik des Diebold Schilling zu entnehmen ist — soferne der Verdacht aufstieg, dass es verkleidete Männer wären, sehr drastische Beweise über ihr Geschlecht ablegen.

Aus den italienischen Feldzügen der Eidgenossen, also aus dem ersten Drittel des XVI. Jahrhunderts, liegen Bitten vor, welche die Mailänder an die Schweizer richteten, sie doch vor den verbündeten Franzosen zu schützen, welche an den Frauen und Jungfrauen die ärgsten Gewaltthaten begingen. (Briefe von Hans Stampa an die Tagsatzung von 1521.)

Noch im XVIII. Jahrhundert blieb nach schweizerischem (aber nicht nach französischem und kaiserlichem) Kriegsrechte die Frauensperson völlig straffrei, welche »einen, der im Werck begriffen, sie zu nothzüchtigen, wann sie konnte, vms Leben« brachte. Im weiteren galt auch der strenge Grundsatz: »Sonsten sind alle Nothzüchtiger, sonderbar wann sie eine Jungfrau defloriren, des Todes würdig.«

Das nämliche Zeitalter, welches um die Mitte des Jahrhunderts den Gipfelpunkt der Frivolität erklommen, kannte aber gelehrte französische Juristen, welche die Möglichkeit einer vollendeten Nothzucht geradezu ableugneten.

Das Weib ist dem germanischen Manne zugleich Sklavin und Herrin gewesen. Während es einerseits die schweren Arbeiten im Hause und auf dem Felde, zusammen mit den Unfreien besorgte, trat es andererseits als Priesterin, als weise Frau auf. Die Weissagungen dieser heiligen und verehrten Frauen aber mussten bei einem Volke, das mit dem Schwerte auszog, um die Herrschaft der Welt zu erobern, die grösste Beachtung finden. So erscheint vor uns die fast als göttlich geachtete jungfräuliche Veleda, welche die Brukterer wie eine Königin beherrschte. Und neben ihr entdecken wir eine ganze Reihe anderer weiser Frauen und Priesterinnen, so dass man füglich behaupten darf, alle germanischen Stämme hätten solche ihr eigen genannt.

»Frey ward von einem Mädchen bedient; in Baldurs Tempel sind Frauen mit heiligem Dienste beschäftigt; Priesterinnen erscheinen in Odhins, Thors und Freys Tempel in Biarmaland. Man möchte also beinahe annehmen, dass die Götter vorzugsweise von Frauen, die Göttinnen dagegen von Männern bedient wurden. Bestimmtes lässt sich jedoch hierüber nicht festsetzen, ebenso nicht darüber, ob die Jungfrauen vor den verheiratheten Frauen einen Vorzug im Gottesdienste hatten. Der Germane knüpfte allerdings an die Jungfräulichkeit besondere Gaben und Kräfte, allein Erfahrung und Lebensweisheit war dagegen Ausstattung der Mütter. So sehen wir neben den Jungfrauen Veleda, Aliruna, Ganna und der Priesterin Freys, verheirathete Frauen das priesterliche Amt verrichten.«[1])

Die hohe Werthschätzung der Jungfräulichkeit findet sich überall im altgermanischen Leben. Der Gatte hatte nach der Brautnacht die »Morgengabe«, sein Liebeszeichen für das empfangene Opfer zu leisten, wie denn solche Gabe ganz und gar unbeschränktes Eigenthum der Frau

---

[1]) K. Weinhold. Die Deutschen Frauen in dem Mittelalter. 57/58.

wurde. Da die Braut durch Kauf aus der Bevormundung ihrer Verwandtschaft gelöst ward, so galt der Raub eines Mädchens für ein schweres Verbrechen. Die gewaltthätigen Entführer traf in alter Zeit der Tod und die Friedlosigkeit. Erst verhältnissmässig spät milderten sich die bezüglichen Gesetze. Das Mädchen, welches vor der Ehe einen Fehltritt beging, blieb verachtet. Auch wenn sie durch Reichthum verführerisch gewesen, so würde sie selbst nicht unter den Aermsten einen Gatten gefunden haben, weil auf diesen ihre Schmach ebenfalls überging. Verschwieg die verlobende Verwandtschaft dem Werber, dass des Mädchens Jungfrauenschaft bereits gelöst worden, so ward die Verlobung nicht nur ungültig, sondern der Vormund erschien auch höchst straffällig.

Dabei wollen wir aber doch nicht vergessen, dass der Germane trotz aller Frauenverehrung die Geburt eines Sohnes weit freudiger als die eines Mädchens begrüsste. In den ältesten Zeiten und späterhin noch bei den nordischen Völkern, denen häufig Hungersnoth drohte, kam es wohl hin und wieder selbst zu Aussetzungen neugeborener Töchter.

Je mehr die deutschen Völkerschaften in nahe Beziehungen zu den Romanen traten, je mehr sie von der sittlichen Fäulniss derselben in sich aufnahmen, desto weniger achteten sie auch die Keuschheit des weiblichen Geschlechtes. Immerhin wurden doch die Sittlichkeitsverbrechen, selbst wenn sie an hörigen Frauen verübt worden waren, hart gebüsst. So bestimmte das allemanische Recht, dass die Schwächung einer Magd, welche Kleider zu schneidern verstand«, mit 6 Schillingen zu ahnden sei und im Sachsenspiegel heisst es: »Wer eine gewöhnliche Magd ohne ihren Dank (demnach wider ihren Willen) beliegt, zahlt 3 Schillinge, ist's eine Schaffnerin 6 Schillinge«. Die Allemannen schützten von jeher die Frauengemächer vor Entehrung. So legten sie diese in ältester Zeit unterirdisch an, später umgaben sie das Haus mit einer Flechtwerk-Verschanzung. Wurde die Nothzucht im vorderen Raume des Frauengemaches verübt, wo Frauen und Töchter zusammen arbeiteten und schliefen, so ging die Busse auf 6 Schillinge. Im hinteren Raume dagegen, dem Aufenthaltsorte der Mägde, stieg die Strafe nur auf 3 Schillinge. Bei dem Werthe, den das baare Geld in jenen Zeiten besass, sind diese Beträge als verhältnissmässig sehr hohe Summen zu betrachten.

Andererseits trägt auch das germanische Strafrecht der Würde des weiblichen Geschlechtes und vor allem der Jungfräulichkeit, in jeder Weise Rechnung.

»Die Lebensstrafen, die an den Weibern vollzogen wurden, waren verschieden. Gegen das Hängen sträubte sich das Gefühl. Wie das Uplandlag (IV. 29) bestimmt, dass kein Weib gehängt oder gerädert, sondern lebendig begraben werden solle, so setzt auch das Riber Stadtrecht (25) fest, wegen der weiblichen Ehre (for en quyndeligh aeraes schyld) soll kein Weib gehängt, sondern begraben werden. Das ostgothländische Gesetz (vadham 35) gestattete indessen für eine auf frischer That ergriffene Diebin den Strang, ebenso die Westerlawer Gesetze für eine Ehebrecherin; das schauerliche Lebendigbegraben ward also für geringer geachtet als das Hängen. Neben diesen Strafen war steinigen und ertränken für weibliche Verbrecher sehr üblich .... Für eine Giftmischerin bestimmte das upländische Gesetz den Feuertod. Nicht ungewöhnlich war ferner in älterer Zeit, Frauen zur Lebensstrafe unter die Hufe der Rosse zu werfen oder sie überfahren und von Rossen zerreissen zu lassen.«[1])

Kindsmörderinnen wurden in dem schweizerischen freien Amte (aargauisches Reussthal) noch im XVI. Jahrhundert lebendig begraben. »Es ward eine tiefe Grube gemacht — erzählt der luzernische Stadtschreiber Cysat — Dörner wurden auf den Boden gestreut, die Mörderin wurde hinunter gestürzt, mit Dörnern und Erde zugedeckt, so doch, dass ihr Leben noch einige Tage fortdauern konnte, da man ihr durch ein Luftröhrchen zuweilen noch Milch reichte.«

Die romanische Justiz verfuhr gegen Verbrecherinnen das ganze Mittelalter hindurch weit milder wie die Deutschen. Vielfach hören wir von Begnadigungen von todeswürdigen Frauen in Italien und in Frankreich.

Je grausamer die Rechtspflege wurde, desto härter ging sie aber auch gegen Schänder der weiblichen Ehre vor, besonders wenn die Thäter einem niedrigeren Stande wie die Beschädigte entstammten. In Hessen und Schwaben z. B. sollte dem Verbrecher, falls die Genothzüchtigte eine Jungfrau gewesen, mit einem spitzen Pfahl das Herz durchstossen werden und die Geschändete durfte es beanspruchen, dabei den ersten Schlag zu

---

[1]) K. Weinhold. Die Deutschen Frauen in dem Mittelalter. 130/131.

führen. Kuppler und Kupplerinnen bedrohten die Strafgesetze überall mit dem Tode, oder wenigstens mit harten Leibesstrafen wie Auspeitschung und Verstümmelung. Aus den verschiedensten deutschen Städten haben sich Nachrichten erhalten, dass Kupplerinnen mit dem Feuertode büssten.[1])

Die Priesterschaft scheint auch in allen diesen Dingen die Vorrechte besessen zu haben, welche die geistliche Gerichtsbarkeit ihnen eo ipso gewährte. Als der Rath von Zürich am Ende des XV. Jahrhunderts die Pfaffen in der Stadt verpflichtete, sich Concubinen zu halten, bestimmte er zugleich, dass jeder Priester, der einer Tochter das Magdthum nehme, nicht vor das geistliche Gericht, sondern vor den Ausschuss der Zünfte zur Rechenschaft gezogen werden sollte.

Andererseits erklärte das canonische Recht es als ein barmherziges also gottgefälliges Werk, wenn Jemand eine Geschwächte ehelichte. Die bürgerliche Auffassung widerstrebte aber doch dieser Ermunterung. So erkannte das Berliner Schöffengericht die »Barmherzigkeit« zwar an, benahm jedoch wohl Jedem die Lust, sie zu üben, indem es verordnete, dass die solchen Ehen entsprossenen Kinder weder Lehen noch Erbe beanspruchen könnten. Hier findet sich demnach noch im späteren Mittelalter die strenge urgermanische Auffassung über die Ehrlosigkeit der gefallenen Mädchen.

---

[1]) In Braunschweig fand sich die Bestimmung, dass »drivende meghede, de andere vrowen verschündet« lebendig zu begraben seien. Rechtsalterthümer. 694.

An vielen deutschen Orten finden sich ferner polizeiliche Bestimmungen über die des Magdthums Verlustigen. Sie sollten ihr ferneres Leben lang mit geschorenem Haupte und einem grauen Schleier gehen; die Operation hatte der Büttel auf dem Rathhause zu vollziehen. Bescholtene Frauen durften unter keinen Umständen bei den Festlichkeiten der Zünfte erscheinen. Lag gegen die Braut eines Handwerkers auch nur die geringste sittliche Beschuldigung vor, so gab die Lade sicherlich nicht die Ehebewilligung. Angehörige der Gilde, welche in derlei Dingen etwa ihren Ungehorsam zeigten, wurden aus der Gemeinschaft entfernt also geradezu brodlos und damit auch heimathslos gemacht.[1]) Häufig verlangen die sittenpolizeilichen Verordnungen, dass geschwächte Mädchen, zumal wenn der Umgang Folger ergeben hatte, die schmachvollste Kirchenbusse — nur bekleidet mit dem Hemde und die brennende Kerze tragend — erleiden sollten. Im XV. Jahrhundert kommen dabei noch körperliche Züchtigungen vor, welche erst gegen Ende des XVI. überall durch Geldzahlungen abgelöst werden konnten. Das Berliner Rathsstatut von 1607 beliess den gefallenen Mädchen das Haar wenn sie

---

[1]) Ausstossung aus der Gilde sollte (in Berlin z. B.) ferner dann erfolgen, wenn der Bräutigam mit seiner Erwählten vor der Hochzeit intimen Umgang gepflogen hatte.

Auch in Frankreich bestanden ähnliche Vorschriften. Immerhin konnte der Zunftmeister die Erlaubniss geben, eine »femme commune diffamée« heimzuführen.

Für Deutschland sei noch an das alte Sprichwort erinnert: »de eine höre nimbt vorsatichlich-verreth ôk wol sin vaderlandt«.

der Kämmerei eine namhafte Geldstrafe entrichteten. Und bis 1716 finden sich Zahlungen von ausserehelich Geschwängerten in den Kämmereirechnungen erwähnt. Dann scheint die Stadt endlich auf das gute, im Namen der Sittlichkeit betriebene Geschäft, verzichtet zu haben.

Wo ein heuchlerischer Puritanismus an der Tagesordnung war, wanderten die unglücklichen Mädchen noch selbst am Ende des XVIII. Jahrhunderts in's Spinn- oder Zuchthaus, wenn nicht gar der Staupbesen in Anwendung gelangte. Dass glaubenseifrige Geistliche, die mit der Menschlichkeit auf einem höchst gespannten Fusse stehen, auch in unseren Tagen — selbst vor dem Traualtare — Brutalitäten an »Gefallenen« begehen, ist bekannt genug.[1]

[1] »Im Jahre 1582 wurde zu Nürnberg verordnet, dass die Geistlichen kein Brautpaar, das vor dem Kirchgang mit einander sündlich (!) gelebt, im Kranz einleiten sollten, sondern, wenn sich solche Personen anzeigten, oder von denen solches kundbar wäre, so soll die Braut in einem Schleier und der Bräutigam ohne Kranz zur Kirche gehen, und sollen sie über 12 Personen nicht begleiten, auch das Hochzeitsmahl ohne Spiel und Fröhlichkeit halten, auf dem Lande aber sollten den Verlobten durch den Büttel Strohkränze aufgesetzt werden, und sie mit solcher Zier in die Kirche gehen. (Müllner z. J. 1582)«.

J. Scheible. Das Kloster. XII, 1150.

Man darf sich wahrlich nicht wundern, wenn unter solchen Umständen die Liebenden die »wilde Ehe« der kirchlichen Einsegnung vorzogen.

Aus katholischen Orten kommen immer und immer wieder Klagen, dass die Priester den Beichtstuhl dazu benutzen, um Mädchen und Frauen die sonderbarsten Fragen über sexuelle Angelegenheiten vorzulegen. Junge Kinder werden oft erst durch den Mund ihres geistlichen Hirten auf derlei Dinge aufmerksam gemacht. In protestantischen Ländern wirkt in ähnlichem Sinne die Lektüre der Bibel, deren theil-

Das Volk in seiner Rohheit erlaubt sich natürlich ebenfalls gerne Ausschreitungen. Man denke nur an das Streuen von Häckerling, an das Aufhängen von Strohkränzen, die Verse der Haberfeldtreiber und dergleichen mehr. Von einer idealen Auffassung der Jungfräulichkeit kann in all' diesen Fällen niemals die Rede sein. Lediglich die Lust, Wehrlose auf das Empfindlichste zu kränken und zu misshandeln, diktiren diese Ausbrüche des »sittlichen Volksbewusstseins«.

Brantôme erzählt über eine noch zu seiner Zeit in den romanischen Ländern gebräuchliche Sitte: »Il y a un autre remède que ces femmes s'advisent, qui est de monstrer le lendemain de leurs nopces leur linge teint de gouttes de sang qu 'espandent ces pauvres filles à la charge dure de leur despucellement, ainsi que l'on fait en Espagne, qui en monstrent publiquement par la fenestre ledit linge, en criant tout haut: Virgen la tenemos. Nous la tenons qour vierge. — Certes, encore ay-je ouy dire dans Viterbe cette constume s'y observe tout de mesme«.[1])

Kirche, Staat und Volk haben es versucht, den ausserehelichen Geschlechtsverkehr aufzuheben. Was sie mit all' ihren Anstrengungen erreichten, wissen wir zur Genüge. Nur an die eine Notiz noch wollen wir zu-

---

weise doch recht drastischer Inhalt gerne von »erfahrenen« Klassengenossen vorgelesen und entsprechend erläutert wird.

Der Wunsch vieler protestantischer Eltern, die eine Schulbibel verlangen, in welcher alles das unterdrückt bliebe, was junge Gemüther nicht nöthig haben zu wissen, ist jedoch den hohen Oberkonsistorien nicht verständlich.

[1]) Brantôme. Vies des dames galantes. Discours I.

nächst hier erinnern, welche so recht kennzeichnet wie ohnmächtig die Menschheit gegen ihre eigenen natürlichen Regungen ist: Bereits im Jahre 787 wurde zu Mailand das erste Findelhaus gestiftet.

Die Dominante Venezia erliess 1568 gegen das mehr und mehr überhand nehmende Verkuppeln junger Mädchen durch ihre Eltern und gegen das Schänden der verkauften Opfer eine sehr strenge Verordnung.[1]) Die kupplerischen Mütter sollten an den Pranger gestellt und auf zwei Jahre verbannt, die Väter ebenso lange auf die Galeere gesendet werden. Die Schänder wurden mit Verbannung und Geldstrafen bedroht, aus deren Betrage man die Belohnung der geheimen Ankläger und einen Beitrag an die Mitgift des betroffenen Mädchens zu zahlen gedachte.[2])

Wie das Gesetz zwei Jahrhunderte später gehandhabt ward, erzählt uns Jakob Casanova in seinen Lebenserinnerungen.[3]) Die einschlägigen strafrechtlichen Be-

---

[1]) Abgedruckt in C. Calza. Documenti inediti sulla prostituzione etc. und in P. Mantegazza. Anthropologisch-culturhist. Studien über die Geschlechtsverhältnisse d. Menschen. 403—406.

[2]) In Luzern ward 1470 eine Verordnung erlassen, dass der Frauenwirth Niemanden »sin chafte« oder »gedingte Jungfraw« abspenstig machen und auch kein unberührtes Mädchen in das »Zochhus« (Zechhaus-Bordell) aufnehmen solle. Das war demnach früher sicherlich geschehen.

Was in Luzern vorkam und verboten werden musste, ereignete sich gewiss an anderen Orten ebenfalls.

[3]) ... Que la fille s'étant refusée à mes caresses, la mère me dit: Elle est intacte et elle fait bien de ne pas se rendre sans en profiter. Si cela est vrai, lui dis-je, je vous donne six sequins pour les prémices. Vous pouvez vous en assurer, me dit la mère. M'en étant assuré au

stimmungen für derlei Verbrechen finden sich in allen Gesetzbüchern. Aber wohl in jedem Lande werden sie täglich ungescheut verletzt. In England hat Mr. Steads (1885) in seiner allgemein bekannt gewordenen Schrift diese Verhältnisse ausführlich geschildert. Aus Italien berichten viele Touristen, dass wohlhabende Personen reichlich derartige Angebote erhalten. Aus Berlin wurde noch kürzlich bekannt, dass schulpflichtige Mädchen nicht selten die Prostitution schon gewerbsmässig betreiben.

Das Jus primae noctis, von dem freilich gerne behauptet wird, es habe niemals als ein gesetzliches »Herrenrecht« bestanden, erhält sich auch in unserer Zeit. Wir wissen nur nicht genau, welche Beziehungen oft genug und besonders auf dem Lande zwischen den Arbeitgebern und ihren jungen weiblichen Dienstboten bestehen. Darum sind wir denn auch gerne geneigt, alle einzelnen bezüglichen Erzählungen in das Reich der Fabeln zu verweisen.

moyen du toucher, et ayant reconnu que cela pouvais être, je lui dis de me l'ammener dans l'après-midi . . . Lorsque je voulus profiter de mes droits acquis, la fille instruite, je pense, par sa mère, trouva moyen de m'en empécher . . . . Alors me remettant, et sans faire le moindre bruit, je prends un manche à balai qui se trouvait là et je lui donne une leçon d'importance, pour tirer quelque profit des six sequins que j'avais eu la folie de payer d'avance. Mais je ne lui ai cassé ni bras ni jambe, ayant eu soin de ne pas la châtier que sur son postérieur . . . .

Mémoires de Jacques Casanova de Seingalt. II. Chap. II.

Nach der Behauptung des Autors lief das Ganze auf eine Erpressung hinaus und trug dann dazu bei, dass er für einige Zeit seine Vaterstadt meiden musste.

Aber wir müssen doch anerkennen, dass die Jungfräulichkeit von Mädchen, die theilweise körperlich kaum entwickelt sind, zu den Handelsartikeln gehört, welche von jeher für verhältnissmässig sehr kleine Geldsummen zu erwerben waren und dass die Strafgesetze gewiss Niemanden abschrecken, der sich mit der Kuppelei von Minderjährigen beschäftigt, oder sich diese dienstbar macht.

Seit dem Mittelalter ist der Begriff der Jungfräulichkeit für die abendländische Gesittung nach und nach ein rein äusserlicher geworden. Wie wenig Verständniss für die Idealität eben dieses Begriffes besteht, bezeugen uns vor allem Kunst und Litteratur in ihrer gesammten Ausgestaltung seit der Renaissance.[1]) Andererseits besitzen wir eine gute Zahl von Abhandlungen und dichterischen Schilderungen, welche uns beweisen wollen, dass der grösste Theil der modernen Mädchenwelt zu den »Halbjungfrauen« (Demi-vierges) zu zählen sei.

»Jungfräulichkeit ohne Unschuld — ist eine der Glanzleistungen unserer Civilisation. Die Barbaren, die in den eroberten Städten Gewaltthaten verübten, hinterliessen unschuldige Mädchen ohne Jungfräulichkeit. Zweifellos hat sich die Feinheit des Verfahrens vervollkommnet«.[2])

Eine andere französische Schriftstellerin lässt die Braut am Vorabend des Hochzeitstages zu der in Andeutungen über die voraussichtlichen Ereignisse in den folgenden Nächten sich abmühenden Mutter die lächelnd

---

[1]) Ausführlich hierüber: Alexander von Padberg. Weib und Mann (Berlin. Carl Duncker, 1897) Seite 197 bis 213.

[2]) Paul Bourget. Physiologie de l'amour moderne. 110.

hingeworfenen Worte sagen: »Wir errathen heutzutage, was man euch ehedem lehren musste; das ist der Segen des Fortschritts«.[1])

Man wird vielleicht einwenden, dies seien Kraftleistungen, welche einzig in Frankreich und selbst dort nur ausnahmsweise vorkämen. Gemach! Auch in Deutschland finden sich derartige Copien nach dem Leben. Um eine einzige anzuführen, sei auf die betreffenden Stellen des so rasch berühmt gewordenen, viel gelesenen Romans von Gabriele Reuter »Aus guter Familie« verwiesen.

Der moderne Staat sucht die physische wie die moralische Jungfräulichkeit nach seiner Art so gut zu schützen wie nur möglich. Aus den verschiedenen Strafgesetzbüchern ersehen wir, dass das weibliche Geschlecht innerhalb gewisser Altersgrenzen unter allen Umständen vor Verführung geschützt bleiben soll. In einzelnen Ländern gilt dieser Schutz nur bis zum 12., in anderen bis zum 16. und selbst bis zum 18. Lebensjahre. Dennoch lesen wir von dem »Jungfrauentribut im neuen Babylon,« in London nämlich, und die Zeitungen berichten uns auch gelegentlich, dass wirkliche Kinder Aufnahme in dieser oder jener Frauenklinik gefunden hätten, um von den Folgen einer Verführung entbunden zu werden. Wir hören, dass in Grossstädten Mädchen, die noch schulpflichtig sind, bereits in den sittenpolizeilichen Listen stehen und dass die Mehrzahl der Bewohnerinnen der öffentlichen Häuser gesetzlich keineswegs mündig sei.

Dennoch wagen wir gerne die Behauptung, dass Unschuld und Jungfräulichkeit von uns nur in idealer

---
[1]) Gyps. Autour du mariage.

aber bei Leibe nicht in naturalistischer Hinsicht geschätzt würden. Wir verdenken es jedem jungen Mädchen aus guter Familie, welches auch nur ein Wort darüber fallen lässt, dass es weiss, von wie grossen Gefahren seine Unschuld und damit sein guter Ruf fortdauernd bedroht ist, sobald es einmal die Kinderschuhe ausgetreten hat. Unsere Töchter sollen, wenn immer möglich, bis zu ihrer Verheirathung keine Ahnung davon haben, dass es zwei Geschlechter giebt, von denen das eine alle Hebel ansetzt, um das andere zu verführen. Dennoch fordern wir von den völlig Unerfahrenen, dass sie ihre körperliche Keuschheit bis zu dem Augenblicke sich bewahre, da sie das Ehebett besteigt. Wir gewähren den Opfern unserer verkehrten moralischen Anschauungen in ihrem Kampfe gegen die sie bedrohenden Gefahren, höchstens die Unterstützung, dass wir mehr oder minder den Polizisten oder die spanische Duenna spielen. Wenn dann aber diese nicht in gehörige Wirksamkeit traten, oder überhaupt mangelten und es bei der Unerfahrenheit der einen, der List und der Gewissenlosigkeit der anderen Partei, zu einem »offenbaren Skandale« kam so fällen wir mühelos ein verdammendes Urtheil.

Man vergesse nicht: ›Der Drang, sich rückhaltlos hinzugeben, wo es liebt, ist gewiss jedem Weibe natürlich. Wie dieser Trieb sich auswächst, ist Sache des Naturells aber auch der Erziehung und Belehrung. — Eins ist gewiss: wenn ein wirklich liebendes Weib ehrbar bleibt — ehrbar im Sinne der gesellschaftlichen Moral, so ist es das Verdienst oder die Schuld des Mannes allein‹.[1])

---

[1]) Frieda von Bülow. Einsame Frauen. 124/125.

Die aus »konventionellen Lügen« zusammengesetzte gesellschaftliche Moral hat von jeher, seit es überhaupt eine Gesellschaft giebt Unschuld, Jungfräulichkeit, Keuschheit und Sittlichkeit mit dem Aufrechterhalten des »guten Rufes« der Persönlichkeit indentifizirt. Es ist eine Thatsache, dass sich die landläufige gesellschaftliche Moral nur dann als scharfe Sittenrichterin aufspielt, wenn irgend ein Mitglied der Gesellschaft, gleichviel welchen Kreis derselben sie betrifft, so unvorsichtig war, durch seine Leidenschaft den guten Ruf, weniger seiner selbst als der mit ihm in naher Verbindung Stehenden, zu gefährden. Die gesellschaftliche Moral ist je nach dem Zeitalter sehr weit- oder sehr engherzig und die Anschauungen des Zeitalters sind von dem Auftreten derjenigen Personen abhängig, in welchen die Gesellschaft gerade ihre Führer erkennt.

Um den guten Ruf zu erhalten, werden die wahnwitzigsten Anstrengungen gemacht; denn Niemand mag die Verachtung oder das Mitleid seiner lieben Mitmenschen ertragen. Wie viel Heuchelei gelangt nicht zum Ausdruck, bewusst und unbewusst, wenn der liebe gute Ruf in Frage kommt.

Der gute Ruf in seinen Beziehungen zur weiblichen Ehre beschlägt nun geradezu, wie wir aus unsern historischen Reminiszenzen sahen, nicht etwa ein moralisches, sondern ein physisches Besitzthum. Wird eine Jungfrau durch die Liebe compromittirt, sie braucht gar nicht einmal verführt worden zu sein, wird sie durch irgend eine Gewaltthat ihres Paladium virginitatis beraubt, oder selbst nur durch sittenpolizeiliche Verfügung einer ärztlichen Untersuchung überantwortet — solche Fälle sind ja auch in Deutschland schon vorgekommen — so ist sie »entehrt.«[1]) Niemand wird behaupten wollen, dass ein Jüngling, der z. B. das Opfer eines widernatürlichen Verbrechens wird, oder den man fälschlich in Verdacht nimmt irgend eine Uebelthat begangen zu haben, »entehrt« und dadurch unfähig sei, in späterer Zeit ein glückliches Familienhaupt zu werden. Warum soll dies denn aber bei einer Person weiblichen Geschlechtes der Fall sein? Weil, antwortet man sicherlich, das Weib eine besondere, mit der männlichen nicht zu vergleichende Ehre hat.

Zu den schönsten Errungenschaften unserer Zeit gehört es, dass wir mehr und mehr die Ansicht gewinnen, eine besondere Ehre für diesen oder jenen Stand, diese oder jene gesellschaftliche Klasse dürfe es nicht geben. Und im gleichen Athemzuge wollen wir behaupten, die Ehre der beiden Geschlechter sei eine wesentlich von einander unterschiedene? —

Gewiss, das Palladium virginitatis ist natürlichen Ursprungs und bezeichnet die körperliche Jungfräulichkeit. Dass aber zwischen dieser und der moralischen Unschuld ein grosser Unterschied besteht, haben nicht nur die Kirchenväter anerkannt, sondern wir selbst thun dies,

---

[1]) Ueber den bekannten Fall Köppen in Berlin schrieb z. B. ein Fräulein Raschke (in der Zeitschrift »Die Frauenbewegung« vom 15. 12. 1897): »Hier ist ein Verbrechen begangen worden, das bei der besonderen Empfindsamkeit der weiblichen Ehre ärger als der grausamste Mord, teuflischer als irgend eine Missethat ist.« Nach der Ansicht von Fräulein R. ward das der zwangsweisen körperlichen Untersuchung ausgesetzte Mädchen für ihr ganzes übriges Leben entehrt.'!

indem wir von einer keuschen Geliebten, einem keuschen Eheweibe reden, welche doch .beide nicht mehr über einen intakten Hymen verfügen.

Aber: ›Wir haben besondere Klassen- und Standesmoralvorschriften. Ausschliesslich in den besser gestellten und gebildeten Gesellschaftsklassen herrscht noch immer die altjüdisch-orientalische Ansicht, dass weibliche Tugend und weiblicher Werth auf der physischen Unberührtheit des Weibes beruhe, und dass eine Jungfrau, welche ihre Intaktheit — gleichviel ob durch eigene Mitschuld oder durch Vergewaltigung — eingebüsst hat, fortan als beschädigtes und entwerthetes Object nicht mehr geeignet sei, die Bestimmung einer Gattin und Familienmutter innerhalb der gedachten Kreise zu erfüllen; abgesehen von gelegentlichen Ausnahmen, bei welchen die »gute« Gesellschaft ihre besonderen Gründe hat, ein Auge zuzudrücken.‹ [1])

Wahrlich, es ist ein eigen Ding um die Moralität und die Jungfräulichkeit in unserer ›aufgeklärten‹ Zeit.

---

[1]) Gertrud Gräfin Bülow von Dennewitz in der Zeitschrift »Die Frauenbewegung« vom 15. 2. 1898. Anstatt »altjüdisch-orientalisch« muss es aber heissen »urgermanisch-romanisch.«

Moralität in der Ehe.

Viele Anzeichen deuten darauf hin, dass in der ältesten Zeit, also in der vorgeschichtlichen Periode der Menschheit, der »Hetärismus«, die Gemeinschaftsehe bestand. Herodot berichtet derartiges von den Messageten[1]) und den Nasomanen;[2]) Athenaeus sieht in König Kekrops von Athen denjenigen, der zuerst »einen Mann mit einer Frau verband«.[3])

M'Lennan behauptete in einem an Darwin gerichteten Schreiben (vom 3. Februar 1870): »Die Ehe

---

[1]) »Jeder heirathet ein Weib; doch bedienen sie derselben sich gemeinschaftlich.« I. 216.

[2]) »Mit den Weibern, deren nach ihrem Brauche ein jeder viele hat, ist bei ihnen die Begattung allgemein.... und bei der ersten Hochzeit eines Nasomanen ist es Brauch, dass sich die Braut in der ersten Nacht mit allen Gästen der Reihe nach gattet, worauf ihr jeder nach der Begattung ein Geschenk giebt, das er von zu Hause mitgebracht hat.« IV. 172.

[3]) »In Athen hat zuerst Kekrops einen Mann mit einer Frau zur Ehe verbunden, während die Menschen früher in ungeregeltem Geschlechtsverkehr standen und die Gemeinschaftsehe herrschte.« Deipnosoph. XIII. 555, d.

begann mit dem ersten Zusammenleben von Männern und Frauen, welches durch die öffentliche Meinung ihres Stammes beschirmt wurde«.

Bei den Naturvölkern dürfen wir kaum von einer Ehe in unserem Sinne reden. Das Weib ist dort tief verachtet und so gut eine Sache, wie irgend ein Stück werthvoller Waare, das gekauft, verkauft, vertauscht, vererbt, verliehen, verjagt oder selbst gefressen werden kann, wie solches z. B. auf den Fidschi-Inseln beobachtet worden ist. Wenn dabei der Mann im Allgemeinen doch darauf achtet, dass seine Weiber nicht von anderen Männern berührt werden, so erklärt sich dies aus der menschlichen Neigung, überhaupt das Eigenthum unangetastet besitzen zu wollen. Wo Polyandrie vorkommt, ergiebt sie sich aus zwingenden Gründen der Nothwendigkeit. Aber sie widerspricht in jeder Hinsicht den natürlichen Regungen, sowohl beim Manne wie beim Weibe.

Da das Weib überall dort, wo es in grosser Zahl auftritt, als eine Lebenswaare gilt, so wird es vom Manne geraubt, oder gekauft. Die Ehe bedarf demnach zu ihrer Vollziehung keinesfalls der Zustimmung der Frau, sondern lediglich ihrer Verwandten. Die Neigung zur Vereinigung kommt nirgends in Betracht, wo der Brautkauf eingeführt ist. Es dürfte deshalb auch einmal jene romantische Schwärmerei von der altgermanischen Ehe, dem »Familienvertrag«, bei der angeblich die Liebe eine so grosse Rolle spielte, fürderhin aus ernsthaften Werken gänzlich verschwinden.

Die Versteigerung mannbarer Mädchen in Babylonien haben wir bereits auf Seite 24 kennen gelernt. Im alten

Peru wurden die Ehen durch den Ynka oder seine Statthalter geschlossen, wobei den Parteien keinerlei Meinungsausdruck zustand. Plato wünschte, dass die Frauen zum Heirathen ausgesucht würden wie die Zuchtstuten und dass die Weibergemeinschaft in vollem Umfange durchgeführt werde. Die Wiedertäufer der Reformationszeit, die nordamerikanischen Bibel-Communisten und auch andere Leute, die sonst aber ganz und gar nicht communistisch sind, haben diesen Gedanken praktisch durchgeführt.

Die Sozialisten dagegen erklären: »In der Liebeswahl ist die Frau so gut wie der Mann frei und ungehindert. Sie freit oder lässt sich freien und schliesst den Bund aus keiner anderen Rücksicht, als auf ihre Neigung. Dieser Bund ist ein Privatvertrag ohne Dazwischentreten eines Functionärs, wie die Ehe bis ins späte Mittelalter ein Privatvertrag war. Der Sozialismus schafft also hier nichts Neues, sondern stellt nur auf höherer Kulturstufe und unter neuen gesellschaftlichen Formen her, was auf primitiverer Kulturstufe, und ehe das Privateigenthum die Gesellschaft beherrschte, allgemeine Geltung hatte«.[1])

Gehen wir nun aber erst einmal zu einer geschichtlichen Betrachtung der Ehegesetzgebung über, ehe wir zu unsern Schlüssen über die Moralität in der Ehe kommen.

In Asien hat das weibliche Geschlecht es niemals dauernd zu irgend welchen Freiheiten in der Ehe gebracht. Höchstens in den Zeiten des Kalifates finden sich im Morgenlande Frauengestalten, welche in ihrer

---

[1]) A. Bebel: Die Frau und der Sozialismus. 338.

Lebensführung einige Aehnlichkeit mit den europäischen Damen der höfischen Periode zeigen. Die Sittengeschichte der Islamvölker besteht nur aus den vom Koran abgeleiteten Gesetzen nebst deren Auslegungen und es sind die Männer, welche sie vor der Oeffentlichkeit beobachten. Ueber das eheliche Leben der Frauen, das sich ganz und gar in den fest verschlossenen Harems abspielt, wissen wir wenig. Dieses wenige ist zudem so uninteressant, dass es uns kaum reizen mag, es zur Unterlage für etwaige Vergleichungen zu benutzen.

Indien ist uns in einem guten Theile seiner Bevölkerung zwar aus altersgrauen Epochen her etwelchermassen stammverwandt aber wir werden dort ebenfalls wenig entdecken, das für europäische Verhältnisse in Betracht fällt. Die Stellung der Frauen ist in Indien im Grossen und Ganzen eine fast noch unwürdigere wie innerhalb der Kreise der Islambekenner. Zwar fordern die heiligen Bücher die Einzelehe und künden das Glück des Familienlebens, aber die Frau ist trotzdem lediglich die rechtlose Sclavin, das Arbeitsthier des Mannes. Die dichterischen Schilderungen von der innigen Liebe des Mannes zum Weibe decken sich dort so wenig mit den Thatsachen wie dies in anderen Ländern der Fall ist. Die indische Frau muss nach den religiösen Vorschriften ihren Gatten lieben, selbst wenn er sie geistig oder körperlich misshandelt, sonst bleibt ihr das Himmelreich verschlossen. Sie ist verachtet und wird verstossen, wenn ihr das Mutterglück versagt wird oder sie nur Töchtern das Leben schenkt. Sie muss aus dem Hause weichen, wenn sie es auch nur einmal vergisst, dass schweigende Unterwürfigkeit eine ihrer höchsten Tugenden ausmacht. Sie soll die schwerste Selbstpeinigung auf sich nehmen, sobald sie Witwe geworden und nur das Einschreiten der englischen Obrigkeit hat sie von dem Tode auf dem Scheiterhaufen an der Seite ihres entseelten Gatten gerettet. Schon der Gedanke an einen anderen Mann stellt ihren zukünftigen Aufenthalt im Himmel in Frage und niemals darf sie zu einer Wiederverheirathung schreiten. Man sieht das Leben der indischen Frau hat keinen Anspruch darauf, ein menschliches genannt zu werden.

Der älteste asiatische Staat mit fester Grundlage ist unzweifelhaft das Reich der Mitte, das allen idealen Schwunges bare China. Aufgebaut auf rein patriarchalischen Grundsätzen gleicht das Staatsleben dem der Familie. Die Ehe ist heilig und die Liebe eine vom Gesetze vorgeschriebene Zwangspflicht. Die Einzelehe bleibt allein gestattet, aber jedem Chinesen steht es frei so viele Beischläferinnen zu kaufen, wie es ihm oder seinen Vermögensverhältnissen zusagt. Die rechtmässige Gattin erscheint zwar durchaus abhängig vom Manne, dieser aber muss sie milde behandeln und ihr wird, im Gegensatze zu den Beifrauen, ein ausgedehntes Erbrecht gewahrt. Der Hauptzweck der ehelichen Gemeinschaft bleibt, wie bei allen asiatischen Völkern die Erzeugung einer möglichst zahlreichen männlichen Nachkommenschaft. Die Töchter sind verachtet, obwohl auch sie die Zahl der auf den Gräbern betenden Kinder vermehren, die auf diese Weise das Loos des Verstorbenen segensreich gestalten. Unfruchtbarkeit, Ehebruch, Ungehorsam,

Plauderhaftigkeit, Dieberei, Missmuth und verjährte Gebrechen beim Weibe berechtigen den Mann zur Scheidung. Auch der Chinese hält die Frau gerne im abgeschlossenen Weibergemach; denn seine einzige Leidenschaft ist die Eifersucht. Immerhin ist die Stellung der chinesischen Ehefrau doch eine würdigere als bei den übrigen asiatischen Völkern. Wie aber die Kultur der Zopfträger erstarrte, so bleiben auch ihre Ehegesetze unwandelbar die nämlichen. Sie bilden für uns Europäer eine Merkwürdigkeit aber keinen Vorwurf zur näheren Erforschung.

Die Glaubenslehre der Juden ist in ihrer Verquickung mit den Ansichten alexandrinischer Weltweisen auf die Gesammtheit der europäischen Völker übergegangen. Ebenso haben es die Gottesgelehrten mit grossem Fleisse versucht und theilweise auch durchgeführt, das mosaische Sittengesetz mit den Auffassungen der europäischen Arier in Uebereinstimmung zu bringen. Die Einzelehe, die verhältnissmässig hohe Stellung der Frau sind jedoch nicht jüdisch, sondern europäisch. Die alten Juden waren Morgenländer und ihre Sitten und Gebräuche unterschieden sich nur wenig von ihren Nachbaren. Der Mann kaufte die Frau um fast den nämlichen Preis wie einen leibeigenen Knecht und sein Eigenthum blieb der Familie erhalten; ohne deren Einwilligung durfte ja die Wittwe keine neue Ehe eingehen. Ist die Frau unfruchtbar, so hat sie Jehovah schwer getroffen und sie bemüht sich nicht nur Busse zu thun, sondern auch ihrem Manne die schönsten Mägde zuzuführen. Begeht aber die Frau einen Ehebruch, selbst um die Nachkommenschaft zu erzielen, so wird sie gesteinigt; denn sie ist eben das ausschliessliche unantastbare Eigenthum des Mannes. Desswegen kann dieser ihr auch zu jeder ihm passenden Zeit und ohne weiteres, den Scheidebrief reichen. Die Geschiedene ist dann frei und darf sich wieder verheirathen.

Erst als die Hebräer mit den westlichen Völkern, den Griechen und Römern in Verbindung traten, änderten sich ihre alten Ehegesetze; der Frauenkauf ward zur Förmlichkeit, die Einzelehe allgemein gebräuchlich, das Vorrecht der Erstgeburt stillschweigend beseitigt.

Für uns hat freilich das mosaische Ehegesetz noch immer etwelche Bedeutung; denn seine Verbote galten und gelten theilweise noch in europäischen Ländern. Der Papst mag sie nach seinem Belieben in Einzelfällen aufheben, den Protestantismus jedoch, dem das alte Testament fast als der wichtigste Theil der Heiligen Schrift erscheint, glaubte lange, dass die Landesfürsten alle Verbote der eigenen Ordnungen wie des geistlichen und römischen Rechtes aufheben dürften, dass sie aber keine Macht hätten über die Vorschriften, welche die Fünfbücher enthalten.

Die Stellung der Ehefrauen von Hellas ist eine eigenartige und lässt sich nicht wohl in festen Umrissen wiedergeben. In der strengen Abgeschlossenheit von allen öffentlichen Geschehnissen, welche für jede ehrbare Gattin nothwendig erachtet wurde, lässt sich unschwer die Art des Morgenlandes, der ursprünglichen Heimath des Griechenvolkes erkennen. Andererseits aber ist die verheirathete Hellenin doch nicht geradezu eine rechtlose Sclavin, welche höchstens durch Intriguen ihr Loos innerhalb der Haremsmauern verbessern kann. Auch theilt sie die Liebe, die Gunst ihres Mannes, des Eheherrn niemals mit Gleichberechtigten; in historischer Zeit trat die Polygamie in Hellas nur ausnahmsweise noch in Erscheinung. Aber, das ehrbare hellenische Weib galt als geistig unvollkommen und höchstens tauglich für die Geburt der anerkannten Leibeserben. An solcher allgemeinen Auffassung mögen die Ideen und die Aussprüche einzelner Philosophen nichts ändern.

Der Lehrsatz der Kirchenväter, dass die Frau gleich den Thieren keine Seele habe, ist ersichtlich morgenländisch-griechischen Ursprungs. Ein Römer der Kaiserzeit hätte trotz aller ihm innewohnenden Gemüthsrohheit niemals einen solchen Gedanken gefasst. Aber, nach der Uebertragung derartiger Ideen aus den alexandrinischen Kreisen in die abendländischen, erwachte hier der Fanatismus, welcher das Dogma von der Erbsünde bis auf den heutigen Tag festhielt.

Wenn das Wort richtig ist, dass diejenige Frau die beste sei, von welcher am wenigsten gesprochen wird, so sind die ehrbaren griechischen Matronen gewiss zu den Musterstücken der Schöpfung zu zählen. Denn, das gesammte alt-hellenische Schriftthum (nach Homer) schweigt fast vollständig, soweit die Hausfrauen in Frage kommen.

In Athen finden wir in dem solonischen Gesetze die ausführlichsten Bestimmungen über die Erziehung des heranwachsenden männlichen Geschlechtes, von den Mädchen spricht es nur wenige Worte. Lykurg wollte die Jungfrauen einzig zu gesunden Müttern und tüchtigen Hausverwalterinnen herangezogen wissen. Dennoch sind die Dorier die Einzigen gewesen, welche unter all' den hellenischen Stämmen der Ansicht lebten, dass das weibliche Geschlecht geistig bildungsfähig sei. Und wie urtheilte der grösste griechische Naturkundige, der Erzieher Alexander des Grossen, Aristoteles? »Das männliche Geschlecht« sagt er (Polit. VIII) »hat vor dem weiblichen gewisse Anlagen voraus« und ferner: »Der Sclave hat Vernunft, aber nicht so viel, um sich entschliessen und handeln zu können; die Frau hat Ueberlegungs- und Entschliessungskraft, aber keine feste, wie sie zum Entscheiden nöthig ist«. Und verächtlich wirft der Athener Ischomachus den Weibern vor, sie seien von so weichlichem Körperbau, dass sie häufig nicht einmal ihre hauptsächlichste Pflicht, zu gebären nämlich, erfüllen könnten. In dem grössten Erzeugniss des althellenischen Schriftthums, in der Iliade finden wir den rührenden Abschied, den Hektor von Adromache nimmt und zugleich die Weisung (II, 490), dass die verzweifelnde Gattin in das Frauengemach gehen solle — nicht, um ihren Schmerz in der Stille zu durchleben, sondern um die Arbeiten der Dienerinnen zu überwachen.

In dem Wesen des Hellenismus liegt diese vollständige Missachtung des weiblichen Menschen tief begründet. Wie die Gestalten der griechischen Mythologie jeder höheren Auffassung von der Liebe und der Ehe als einer mit Freundschaft getränkten körperlichen Gemeinschaft zweier Individuen verschiedenen Geschlechtes, bar sind, wie sie nur der Sinnlichkeit leben, ebenso handeln ihre irdischen Ebenbilder. Nicht von ungefähr ist es, dass die meisten Kinder des XIX. Jahrhunderts die griechische Götterwelt am ehesten in dem Sinne der uns allen bekannten Offenbachiaden, verstehen. Der wahre Hellenismus, nicht jener, den eine christlich philosophirende Alterthumskunde gerne verkündet, sondern der unverfälschte, wie er uns in der Sittengeschichte entgegen tritt, kannte nur einen Lebenszweck, die Sinnlichkeit. Dies auf das Verhältniss des Mannes zur Frau übertragen, bedeutet den Verzicht auf jede geistige Liebe und die Beförderung von jeder Art körperlicher Wollust.

Die »platonische Liebe« wird ebenso häufig erwähnt wie sie als falscher neuzeitlicher Begriff besteht. »Auch Plato — sagt Schleiermacher (in der »Einleitung« zu des grossen athenischen Philosophen »Republik«) »dem man aus Missverständniss häufig in dieser Beziehung ganz falsche Ehre angethan hat, ist in der bloss sinnlichen Auffassung des Geschlechtsverhältnisses so befangen, dass er für die Bestimmung des Geschlechtstriebes zu einer persönlichen Neigung kein anderes Moment anerkennt, als den Reiz, den die Betrachtung schöner, sich mannigfaltig und lebhaft bewegender Gestalten hervorbringt, so dass ein geistiges Element in der Geschlechtsliebe ihm gänzlich fremd geblieben ist«.

Nichts ist falscher, als wenn in unserer Zeit irgend Jemandem nachgerühmt wird, »er sei hellenischen Geistes«. Der moderne Mensch, der vorläufig vollkommenste Vertreter des Selbstwesens, steht immer, und zwar je mehr er sich von dem geistigen Durchschnitt der Massen absondert, in geradem Gegensatz zur altgriechischen Weltanschauung, die in dem Einzelnen nur ein Glied des Ganzen, des Staates anerkennt, der die sittliche Ordnung verkörpert. Der neuzeitliche Mensch ist für sich selbst verantwortlich, er löst seine Aufgaben ohne geradezu der Unterstützung wie der Vormundschaft der Allgemeinheit zu bedürfen, er sucht diese überhaupt nur in seltenen Fällen. Wir können heute, und schon unsere Vorfahren vermochten es, überall leben, wir verzichten ja jährlich zu Hunderttausenden auf unser Vaterland — der Hellene starb, sobald ihn das Schicksal aus der griechischen Welt trieb; die Verbannung hielt sich mit dem Tode auf der nämlichen Stufe in seinen Gesetzesbüchern.

Die griechische Welt aber bestand, wohin auch der Hellene dauernd seine Schiffe lenkte, in Italien so gut wie an den Ufern des ungastlichen schwarzen Meeres; überall in den griechischen Colonien herrschte der hellenische Geist und wenn er auch fremde Sitten nach und nach in sich aufnahm, so blieb er doch was er ursprünglich gewesen.

Die Wanderlust des ionischen Stammes beförderte naturgemäss die allmählige Veränderung ursprünglicher Sittengesetze und gerade in Rücksicht auf die Beziehungen der beiden Geschlechter zu einander, liefern die Jonier mannigfache Beispiele dafür, dass sie nicht am starren Hergebrachten hingen.

Der Dorier bewahrte viel länger die alten Gebräuche; er mochte nicht schlechter sein wie seine Väter es gewesen, erklärt uns Thukydides.[1]) Der Jonier handelte anders. So lange er in Asien weilte, war auch bei ihm die Ehe eine wirkliche Staatsangelegenheit. Herodot erzählt, dass die asiatische Jonierin als Gattin wohl das

---

[1]) II, 11.

Lager aber nicht den Tisch ihres Lebensgefährten theile und dass sie diesen nie mit Namen, sondern nur δεσποτου nenne, dass sie Fremden niemals zu Gesichte komme und ihre Tage im innersten Gemach des Hauses verbringe.[1] Im alten Athen mag das Eheleben kaum anders für die Frau verlaufen sein, während jedoch in Sparta die härtesten Vorschriften den Hagestolzen drohten, besass der Bewohner Attikas schon in früheren Jahrhunderten die Freiheit zu heirathen, oder ledig zu bleiben. Sparta brauchte vor allem Mütter, Athen wünschte auch für die im Hause verbrachten Nächte einen höheren sinnlichen Genuss. So berichtet Xenophon eine Aeusserung, welche Sokrates gegenüber seinem Sohne Lamproches that: »Wir sehen uns unter den Frauen nur nach jenen um, von denen wir hoffen, schöne Kinder zu erhalten, und solche sind es dann, die wir heirathen«.

In diesem Sinne überragte freilich die Antike unsere Zeit. Auch in dem sokratischen Athen war die Ehe eine durch Nützlichkeitsgründe bedingte Handlung: Verbindungen jedoch, bei denen lediglich die Schätze, welche die Motten fressen, den endgiltigen Ausschlag gaben, blieben so gut wie ausgeschlossen; denn die Mitgift bestand in weitaus den meisten Fällen in einer kümmerlichen Ausstattung. Wenige Gewänder und einige Geräthe brachte die Neuvermählte in das Haus des Gatten.

Die Ehegesetze der solonischen Staatsordnung tragen unzweifelhaft einen ausgesprochenen morgenländischen Charakter. Die Polygamie erscheint unter gewissen Be-

---

[1] I, 146.

dingungen gestattet, doch lässt gerade das rasche und allgemeine Aufkommen des Hetärenwesens vermuthen, dass die Monogamie die Regel blieb. Freilich wird bestimmt, dass wer ein ἐπίκληρον heirathete, ihr in jedem Monate dreimal beiwohnen musste! (Plutarch Solon XX.[1]) Von Sokrates berichtet ein böswilliges und jedenfalls

---

[1] Ueber den Beischlaf und die dabei beobachteten Sitten verbreitet sich ausführlich Dr. Ploss (»Das Weib in der Natur- und Völkerkunde«, I, 221 ff.) Er sagt dort (S. 222): »Die Stellung des Weibes in der Familie und dem Volke, die gegenseitigen Beziehungen zwischen Mann und Frau sind für die Stufe der Sittlichkeit, auf der ein jedes Volk steht, von höchster Bedeutung. Eine wahre Stufenleiter zeigt sich da, von der tiefsten Missachtung an bis zur grössten Hochschätzung, von der schändlichsten Behandlung an bis zu den zartesten Rücksichten. Das rein geschlechtliche Verhältniss tritt eben nur bei den rohesten Völkern in den Vordergrund, spielt aber auch noch bei den halbcivilisirten Völkerschaften eine ganz wesentliche Rolle, während bei hochcivilisirten Zuständen das intellectuelle und moralische Wesen dem weiblichen Geschlechte seinen Werth giebt, die sexuellen Beziehungen aber unter der Herrschaft geläuterter ästhetischer Anschauung in die engsten sittlichen Grenzen eingeschränkt werden. Wo das Weib nichts ist als der Gegenstand, durch welchen einestheils die viehischen Gelüste befriedigt, anderntheils die anstrengende Arbeit des Mannes verringert werden kann, da wird der Frau auch das Aergste in Bezug auf den sexuellen Verkehr mit ihr zugemuthet.«

Die Sitten der meisten Völker verbieten die geschlechtliche Vermischung während der Menstruation. Viele kennen sie auch nicht während der Schwangerschafts- und der Säugungsperiode. Einzelne fordern die Enthaltsamkeit in der Brautnacht. Aberglauben ist hierbei sicher allein im Spiele. Nicht etwa Delikatesse. Im Buch Tobias (Cap. 6. 17—23) empfiehlt der Engel Raphael dem jungen Tobias, die vom bösen Geist besessene Sara nach der Hochzeit drei Tage noch jungfräulich zu lassen, um die Gewalt des Teufels zu brechen. Die

völlig ungereimtes Geschwätz, er habe zwei Frauen gehabt und davon die eine und gar noch die Xantippe dem Alkibiades freundschaftlich ausgeliehen!

Der Mann war völlig frei, seine Gattin, die Mutter seiner Kinder ohne weitere Förmlichkeiten, zu verstossen. Die Frau hingegen mochte nur dann Hoffnung haben,

---

christliche Kirche stellte im Mittelalter die Forderung auf, dass das Paar die ersten drei (oder doch wenigstens die erste der) Nächte in der Ehe den Beischlaf nicht vollziehe. Aber: »Kein deutscher Bischof hatte die Keckheit, welche einige französische zeigten, sich aus der Dispensation von diesen Tobiasnächten eine Einkommensteuer zu machen.« (K. Weinhold. Die deutsch. Frauen u. s. w. S. 269.) Das öffentlich gehaltene »Beilager« blieb in deutschen Bürgerkreisen bis in das XVII., bei fürstlichen Personen bis in das XVIII. Jahrhundert hinein bestehen.

Wenn man die mosaischen Vorschriften über den Beischlaf durchgeht, die, hygienischen Forderungen entsprossen, bald religiöse Geltung erlangten, so begreift man, dass die alten Hebräer sich zur Vielweiberei bekannten; 12 bis 14 Tage im Monate war die altjüdische Frau »unrein«.

Der Koran schreibt den Ehemännern, die eine Jungfrau geheirathet haben, vor, dieser die ersten sieben Nächte nach der Hochzeit zu widmen; eine nicht mehr jungfräuliche Gattin hat nur auf deren drei Anspruch. Auch bei den Muhamedanern ist die Vielweiberei durch die religiösen Vorschriften über die Enthaltsamkeit mit bedingt. Soferne aber der mohamedanische Mann nicht wenigstens einmal wöchentlich seine eheliche Pflicht erfüllt, gilt das als ein Ehescheidungsgrund.

Zoroaster setzte den Vollzug des Beischlafes für seine Anhänger auf je ein Mal in zehn Tagen fest.

Luther hat sich bekanntlich für zwei Umarmungen in der Woche ausgesprochen.

In allen civilisirten Ländern bildet die beharrliche Versagung der Leistung der ehelichen Pflicht seitens der Frau einen Ehescheidungsgrund.

Brantôme (Vie des Dames galantes. Discours IV) berichtet über diesen Punkt noch folgende Anecdote: »Ces dames ne ressembloient pas

eine ihr zum Fluche gewordene Ehe zu lösen, wenn es ihr gelang, selbst zum Archonten vorzudringen. Das blieb jedoch eine Unmöglichkeit; denn das Haus stellte ja für die Frau ein festes Gefängniss dar. Der Mann konnte niemals die Ehe brechen, die Frau musste in solchem Falle verstossen werden, wollte der Gatte nicht ehrlos erscheinen.

Es bleibt anzunehmen, dass lange Gewohnheit die Frauen jene Ergebenheit lehrte, ohne welche es ihnen gewiss ganz und gar unmöglich gewesen wäre, ihr Schicksal zu tragen. Ohne die Geduld aber, welche die athenischen Ehefrauen bewiesen, hätte ein derartiger Brauch sich niemals erhalten können. Dass es auch zänkische, übellaunische Weiber gab, welche dem Manne durch ihre Unliebenswürdigkeit manche bittere Stunde bereiteten, lässt uns die bekannte Anekdote von den Beziehungen der Xantippe zum Sokrates ahnen.

Was für Gedanken wollten geistig regsame Männer mit derartigen Lebensgefährtinnen austauschen? Und wie leicht verständlich erscheint uns Sokrates, wenn er den

---

à une dame espagnole dont la vie est escrite dans l'Histoire d'Espagne, laquelle, un jour que le grand Alphonse, roy d'Arragon, faisoit son entrée dans Saragosse, se vint jetter à genoux devant luy et luy demander justice. Le Roy ainsi qu'il la voulois ouyr, elle demanda de luy parler à part, ce qu'il luy octroya : et, s'estant plainte de son mary, qui couchoit avec elle trente-deux fois tant de jour que de nuict, qu'il ne luy donnoit patience, ny cesse, ny repos; le Roy, ayant envoyé querir le mary et sceu qu'il estois vray, ne pensant point faillir puis qu'elle estoit sa femme : le conseil de Sa Majesté arresté sur ce fait, le Roy ordonna qu'il ne la toucherois que six fois . . . .

Klitobulos fragt: »Giebt es denn irgend Jemanden, mit dem Du weniger sprichst als mit der Gattin?«

In dieser Thatsache findet sich auch die Erklärung für das Hetärenthum. Wohl unterscheiden müssen wir aber zwischen der Prostitution und dem Hetärenthum, das neuzeitliche Begriffsverwechslung gerne in einem Athemzuge nennt. Demosthenes gab eine Erklärung der bezüglichen Verhältnisse wie sie sich auf die Ehe bezogen indem er sagte: »Wir nehmen uns Frauen, um rechtschaffene Kinder zu zeugen, Beischläferinnen, um eine gute Pflege zu haben und Hetären, um das Vergnügen der Liebe zu geniessen«.

Eine Prostitution im neuzeitlichen Sinne gab es nicht in Hellas; denn man kannte keine Prostituirten, weil der ausserehcliche Geschlechtsverkehr weder für den Mann noch für die Frau, welche keinen Anspruch auf die Ehe erhob, als unehrenhaft angesehen ward. Vollends die Hetäre ist die irdische Verkörperin der Aphrodite und in ihrer Art heilig gleich dieser. Der Umgang mit den Hetären hob den Mann bei vollem Bewusstsein auf eine höhere Stufe; denn es liess ihm zum Einzelwesen werden, das unbekümmert um den Staat das ihm verwandte Individuum suchte, welches ihm neben dem sinnlichen einen hohen geistigen Genuss gewährte.

Die zur rein körperlichen Thätigkeit erniedrigte Ehe beförderte das Hetärenthum, dessen Einwirkungen die Philosophie der Sophisten den Satz verdankte, dass der Mensch das Maass aller Dinge sei. Damit und ebenso mit der sokratischen Ansicht, dass der Mensch zuerst als Mensch und höchstens in zweiter Linie als Bürger erscheine, war für den athenischen Staat das Todesurtheil gesprochen. Er musste zusammen brechen, sobald die Ueberzeugung in der Masse der Denkenden die Oberhand gewann, dass der Einzelne das Recht habe, unbekümmert um das Wohl und Wehe der Allgemeinheit, dem Selbstgenusse zu leben.

Die Ehe, in der nur der Mann frei erschien, liess endlich Athen verkommen, aber auch die dorische Ehe mit ihren strengen starren Formen, wie sie Lykurg umrissen, führte in letzter Linie zum Verderben Spartas.

Hier blieb die Ehe eine Staatseinrichtung, in der es für den Einzelnen keine Freiheiten gab, wobei jedoch die ganze Angelegenheit als eine grossartige Menschenfabrik erscheint, welche, schliesslich nach veralteten Grundsätzen arbeitend, nur minderwerthige Waare erzeugt.

Das Recht der Kinderaussetzung gehörte dabei nicht etwa dem Vater, wie nicht selten aus falsch erklärten Berichtstellen geschlossen wird, sondern den Aeltesten des Staates und der Erzeuger hatte die Verpflichtung, diesen das Neugeborene vorzulegen. Das allein zeugt davon wie ethisch und wie durchaus politisch die Grundlagen der spartanischen Ehe gewesen sind. Als Leonidas auszog, die Thermophylen zu vertheidigen, waren seine letzten Worte, die er in der Ahnung seines Todes an die Gattin, an Gorgo richtete: Heirathe Edle und gebäre Edles.« König Anaxagoras, welcher das Sittengesetz überschritt, da er mit zwei Frauen lebte, fand nicht nur Duldung, sondern sogar hohe Anerkennung bei seinen spartanischen Zeitgenossen; denn er bevölkerte ja Lakaedemon mit edlen Bürgern. Auch diese Thatsache verräth ihren morgenländischen Ursprung. Welche bürgerlichen Vortheile der reiche Kindersegen dem Asiaten brachte, erzählt uns die Bibel vielfältig. Die romanischen Völker und zwar vornehmlich die Italiener stehen heute noch auf dem nämlichen Standpunkte: Der gemeine Mann im Staate König Humberts betrachtet die Frau als unselig, welche keine, oder nur wenige Kinder ihr eigen nennt. Napoleon I., ein Neulateiner vom reinsten Wasser, aber niemals ein Franzose, der ähnlich wie die dritte Republik aus sehr durchsichtigen Gründen die möglichste Fruchtbarkeit der Frauen erstrebte, dachte daran den Schwangeren militärische Ehren durch die Schildwachen erweisen zu lassen. Das jetzige Frankreich sucht die Abneigung der Bürgerschaft gegen reich bevölkerte Kinderstuben durch Belohnungen zu überwinden, ohne jedoch mehr als nur höchst bescheidene Erfolge zu erzielen.

In Sparta, dem fest geordneten Staate des Lykurg waren solche Maassnahmen unnöthig. Die Erziehung beider Geschlechter nahm in letzter Linie einzig darauf Rücksicht eine gesunde Nachkommenschaft zu erzielen. Mit vollem Bewusstsein dessen was er anordnete, gebot der lakaedemonische Gesetzgeber die harte körperliche Ausbildung der Mädchen, »damit die in einem starken Körper erzeugte Frucht kraftvoll aufkeime und gedeihe, die Weiber selbst aber die zur Geburt erforderliche Kraft erlangen und die Schmerzen leicht und ungefährdet überstehen möchten«. (Plutarch: Lykurg XVI.)

Die Athener lernten ihre zukünftigen Ehefrauen ungefähr in der nämlichen Weise kennen, wie dies bei den neuzeitlichen Romanen noch geschieht, welche ausschliesslich die Klostererziehung für ihre Töchter belieben, also an den religiösen Festen. Die Spartaner dagegen vereinigten die heranwachsenden Jünglinge und Jungfrauen zu gemeinschaftlichen körperlichen Uebungen, wobei beide Geschlechter nackt oder doch wenigstens nahezu unbekleidet erschienen. Jene Gelehrten, denen der hellenische Geist trotz aller ihrer Sprachkenntnisse ein siebenfach versiegeltes Buch blieb, haben daraus geschlossen, dass diese Sitte darum eingeführt worden sei, damit der Naturtrieb sich abstumpfe. Gerade das Gegentheil solcher Behauptung birgt die Wahrheit. Zunächst sei nur daran erinnert, dass dem Hellenen die Nacktheit im allgemeinen keineswegs anstössig erschien, sondern als eine durch die glücklichen klimatischen Verhältnisse seines Landes ermöglichte Bequemlichkeit galt. Im weiteren zeigt sich auch in dieser beregten Anordnung des Lykurg der volle Hellenismus, der die körperliche Schönheit des weiblichen Geschlechtes, die Freude an der lebenden Plastik für die Zwecke des Staates geradezu ausnützte, indem er die Jünglinge anregte, sich passende Ehefrauen zu wählen.

Der Athener empfing die Braut aus den Händen ihrer natürlichen Vormünder, der Spartaner hatte die Verpflichtung sie sich zu rauben. — Der Athener verlebte immerhin den grösseren Theil des Tages innerhalb seines Hauses, der Spartaner blieb an die Männergesellschaft gebunden. Wollte er die Gattin besuchen, so musste dies verstohlen geschehen. Den Grund für diese Sitte, welche uns heute als höchst gekünstelt erscheinen mag, verräth uns Xenophon (Lakaedem. I, 5.). Es geschah, weil man der Ansicht lebte, durch diese gelegentlichen Beiwohnungen die Fruchtbarkeit der Ehen zu befördern! Wir dürfen an der Erklärung Xenophons nicht zweifeln; denn die Einrichtung passt ja vorzüglich zu dem Wesen der spartanischen Liebe. — Der Athener war von jeher so selbständig gewesen, dass er die Zeit und den Ort bestimmen durfte, wann und wo er heirathen wollte. Der Spartaner musste sich auch hierin den Staatsgesetzen unterwerfen. Wer die Ehe verschmähte blieb von den Uebungen der Mädchen ausgeschlossen und Hagestolze mussten zur harten Winterszeit nackt um den Markt herum tanzen und dabei gar noch ein Spottlied auf sich selbst absingen.

Der Winter galt in Sparta als die passendste Zeit zur Eheschliessung; denn nicht nur war dann die männliche Jugend ohne kriegerische Beschäftigung, sondern man wünschte auch, dass die Geburten möglichst in den Spätsommer fallen sollten, weil der Frauenkörper in dieser Jahreszeit als am gesündesten und widerstandsfähigsten erachtet ward. Keine Jungfrau durfte geraubt, also geheirathet werden, die nicht nach Ansicht der Aeltesten reif und tüchtig zur Mutterschaft erschien. Das weibliche Heirathsalter mag zwischen dem zwanzigsten und vierundzwanzigsten Lebensjahre gelegen haben; für die Männer galt die Zeit um die dreissig herum als die passendste. Auch hierin sehen wir wieder die Rücksichten des Staates für eine gesunde Nachkommenschaft. Jugendliche Ehen sollen verhindert werden, um weder Mutter noch Kind zu gefährden; der Mann darf nur in der Blüthe seiner Kraft das Höchste erfüllen.

Vaterfreuden kannte der Spartaner kaum, ja nicht einmal die höheren Befriedigungen, welche die Frauenliebe gewährt. Die Kinder gehörten nicht der Familie, sondern dem Staate, der Einzelne war zudem nicht einmal sicher, ob er seinen Nachkommen vor die Aeltesten trage; denn, wie diese gewöhnlich die ihnen am ehesten zusammenpassenden Paare bezeichneten, ohne nach deren Neigung zu fragen — Lykurg selbst wollte die Bürger nur von den Besten, nicht aber von jedem ohne Unterschied erzeugen lassen (Plutarch XVI.) — so erlaubte er auch den Ehemännern ihre Frauen zu vertauschen und diese mussten sich willenlos in solches Schicksal fügen. Das vorausgesetzt, wird man das bekannte Wort des Geradates leicht verstehen, in Lakaedämon gebe es keinen Ehebruch.

Doch selbst die von den Gesetzen des Lykurgs beherrschte Menschheit wusste sich endlich zu der höheren individuellen Freiheit durchzuringen. Xenophon, der mit dem geübten Auge des Sittenbeurtheilers das spartanische Staatswesen betrachtete, rief aus (XIV. 1.): »Würde mich aber irgend wer fragen, ob ich glaube, dass an des Lykurg's Ordnungen auch jetzt noch mit unerschütterlicher Gewissenhaftigkeit festgehalten werde, so möchte ich das beim Zeus nicht allzu kühnlich behaupten«. Das war im vierten Jahrhundert vor unserer Zeitrechnung. nur um ein weniges später gilt Sparta als ein von einigen Oligarchen beherrschter, völlig entarteter Staat.

Der Verfall zeigte sich nicht so schnell in dem öffentlichen wie in dem häuslichen Leben der Lakaedämonier. Die ganz und gar zur Unnatur gewordenen

Beziehungen der beiden Geschlechter zu einander äusserten sich vornehmlich darin, dass die Frauen nun gleichsam unbewusst als Rächerinnen auftraten.

Einst waren sie seelenlose Gebärerinnen gewesen, jetzt wurden sie, bestimmt durch die immer mehr überhand nehmende Sitte der Weibergemeinschaft, zu herz- und schamlosen Buhlerinnen. Bereits im 3. Jahrhundert vor unserer Zeitrechnung erschollen laute Klagen, dass es in Sparta zwar noch tugendhafte Männer aber keine ehrbaren Frauen mehr gäbe. Der Strom der so lange zurückgedämmten höheren Sinnlichkeit brandete über alle Dämme, die einstigen Sklavinnen zerrissen nicht nur ihre Ketten, sondern schwangen sich geradezu zu Beherrscherinnen derjenigen auf, welche ihnen vorher, im Namen einer barbarischen Staatsvernunft, die Seele getödtet hatten.

Und nun Rom! —

Ueber die allgemeine Stellung der römischen Frau in der Eigenschaft als Ehegattin, belehrt uns in überzeugender Weise die alte Sage von dem Raube der Sabinerinnen. Die nackte Gewalt erzwingt die Herrschaft über das andere Geschlecht, der Raub betrifft jedoch lediglich Jungfrauen, d. h. mit anderen Worten, die Ehegattin bleibt unantastbar und das Opfer einer schnöden Vergewaltigung lernt durch die Gewohnheit den Mann lieben.

Im ältesten Rom ist die Frau eine rechtlose Persönlichkeit, einen indirekten Schutz gewähren ihr lediglich die vom Manne beobachteten leges sacratae. Ein uraltes Gesetz erschwerte jedoch die Ehescheidung. Diese konnte nur beantragt werden bei vollendetem Ehebruch seitens der Gattin, bei einem von ihr begangenen Verbrechen gegen das keimende Leben oder bei gröblicher Vernachlässigung der Hauswirthschaft. Sonst sollte der Mann gehalten bleiben, einer von ihm verstossenen Frau die eine Hälfte seines Vermögens zu geben, die andere aber der Ceres zu opfern. Dies hiess demnach, die Ehe im grossen und ganzen für unauflösbar zu erklären.

Die Staatsvernunft stand der scharfen Auffassung von der Unverletzlichkeit der Ehe zu Gevatter. Das aufstrebende Rom konnte nur dann auf eine dauernde Existenz rechnen, wenn seine Bürger die Ehegesetze strenge beobachteten und wenn demnach die Familie und deren Erhaltung der Mittelpunkt des socialen Lebens ward. Darum auch die grossen Feierlichkeiten bei der Hochzeit, der Familiengründung, die wir in Hellas vergebens suchen. Der römische Gatte empfing die Frau aus den Händen ihrer Verwandtschaft und damit es ihm fürderhin nicht schwer falle, die geschene Conventio in manum zu jeder Stunde zu beweisen, begleiten ihn zehn ehrbare Zeugen zur Vollziehung des feierlichen Opfers, an dem das panis farreus nicht fehlen darf.

Die »strenge Ehe« blieb einem Stande der römischen Bürgerschaft durch alle wechselnden Zeiten erhalten, den Priestern des Jupiter nämlich (flamines dialis). **Der Grundsatz der Einzelehe** (welcher sich auch besonders in jener Bestimmung verkörperte, dass die Flaminen ihr Amt beim Tode der Gattin niederlegen mussten) ist durch die römische Weltherrschaft ein Gemeingut der europäischen Völker geworden.

Auch die altrömische Ehegesetzgebung trug den Stempel der ausgesprochenen Härte in den die Frau betreffenden Bestimmungen. Ihr gesammtes Hab und Gut gehörte unbedingt dem Manne, zu dessen Sippe sie ohne weiteres übertrat. Die Frau konnte Nichts für sich erwerben, ja nicht einmal Geschenke, selbst nicht vom Gatten empfangen und keinerlei letztwillige Verfügung treffen. In allen Fällen ist die Frau dem Manne unterthan. Er darf sie strafen und nur bei schweren Vergehen seine Verwandtschaft zur Urtheilschöpfung versammeln. Ist der Gatte noch nicht das Haupt der Familie (paterfamilias), so folgt die Frau den Geboten des Schwiegervaters.

Bei alledem genoss die römische Gattin wohl auch in den ältesten Zeiten eine weit grössere thatsächliche Freiheit wie ihre hellenische Schwester und je mehr sie Gebrauch zu machen wusste von ihren geistigen Talenten, desto umfangreicher waren ihre Eigenrechte.

Sehr im Gegensatz zu der »strengen Ehe« der Patrizier, stand die freie Ehe« der Plebejer. In der einfachsten Weise abgeschlossen, konnte sie auch ohne weitere Förmlichkeiten gelöst werden. Dem consensus gegenüber, durch welchen die Ehe zu Stande kam, hielt sich der dissensus, den anzuwenden, vielleicht schon eine kleine Meinungsverschiedenheit der bisherigen Gatten genügte. In der alt-plebejischen Ehe blieb die Frau in der Gewalt ihrer eigenen Familie und damit ohne erbrechtliche Ansprüche an den Mann, dem sie ihrerseits höchstens eine Mitgift zubrachte. Zusammenhanglos und ungemeinschaftlich waren derartige Verbindungen der

Plebejer unter einander, also gewissermassen »Ehen auf Zeit«; denn auch der Frau blieb das Recht ausdrücklich gewahrt, die Trennung ihrerseits beanspruchen zu dürfen. Andererseits besass die alt-plebejische Gattin etwa die Eigenschaft eines lebenden Bandes, einer Vermittlerin zwischen zwei Sippen, welche Freundschaft bei einander suchten.

Es kam gewiss häufig und bereits in den ältesten Zeiten der Stadt vor, dass Patrizier Verbindungen mit Plebejerinnen eingingen. Umgekehrt dagegen erscheinen Vereinigungen zwischen Plebejern und Patrizierinnen völlig ausgeschlossen, angesichts der starr geformten Familienherrschaft des Patriziates. Die aus einer gemischten Ehe entspringenden Kinder blieben in dem Stande der Mutter und der Kampf der Plebs drehte sich zum guten Theile darum, dieses Unrecht zu beseitigen. In den Zwölftafelgesetzen erschien dann zum ersten Male die Bestimmung, dass die plebejische Ehe eine »strenge« im patrizischen Sinne werde, soferne die Frau ein ganzes Jahr und ohne Unterbrechung, im Hause des Gatten geweilt habe. Heirathete ein Patrizier eine Plebejerin, so schloss er die Ehe zumeist durch die coëmtio im Sinne der strengen Form ab. Die lex Canuleia de conubio (445) gab nämlich die Eheschliessung frei zwischen Patriziern und Plebejern und bestimmte ausdrücklich, dass die Kinder dem Stande des Vaters folgen sollten. Immerhin erhielt sich der Gebrauch, dass die Frau innerhalb des ersten Jahres ihres Zusammenlebens die Entscheidung darüber zustand, ob sie für später den Vollzug der conventio in manum wünsche, oder hierauf verzichte.

So viele Rechte auch immer das Gesetz dem Manne bewahrte, so gross blieben die Forderungen für die sittliche Hochachtung des Weibes. Schon die Sage berichtet, dass die geraubten Sabinerinnen viele Ehrungen erfuhren und dass ihnen die Befreiung von allen schweren Hausarbeiten zugestanden ward. Das Fest der Matrimonalien leitete seinen Ursprung von der stürmischen Brautwerbung der Leute des Romulus her. Die Monogamie blieb ferner doch auch dann die gesetzlich allein anerkannte Form als bereits die Sitten stark gelockert erschienen. Zwar wagte es Cäsar, nach dem Berichte Suëtons, vor dem Senate den Antrag zu stellen, die Doppelehe zu erlauben aber erst unter Diocletian (284—305 n. Chr.) musste ein Gesetz gegen die Bigamisten erlassen werden. Die weibliche Keuschheit, die unverletzte Jungfräulichkeit, die kindliche Liebe (pietas), die bis zum Tode ausgedehnte Treue der Wittwe im Andenken an den verstorbenen Gatten, die Ehrbarkeit in Sprache und Benehmen, galten bis zu der Zeit, da die orientalischen Ausschweifungen die römische Gesellschaft überflutheten, als die höchsten idealen Güter der Nation. So verherrlichen verschiedene alte Sagen die Töchter, welche ihre Eltern dadurch vor dem Hungertode schützten, dass sie ihnen im Kerker die Brust reichten. Auf den Grabschriften findet sich das Lob der Wittwen, die univirae et castissimae lebten. Frauen, welche im Rufe der Liederlichkeit standen, durften bei schwerer Strafe den Altar der Juno nicht berühren. Der dem Consul vorausschreitende Lictor hatte das Recht, den Vater des höchsten republikanischen Würdenträgers aber niemals auch nur die geringste Matrone aus dem Wege zu weisen. Die geraubten Sabinerinnen und in späterer Zeit die Mutter und die Gattin Coriolans spielten die Rolle von Retterinnen des bedrohten Staates. Der Tempel der Glücksgöttin erinnerte für ewig an diese Frauenthaten, jener der Venus Calva an die opferwilligen Bürgerinnen, welche das Haupthaar opferten, um Bogensehnen daraus zu drehen oder ihre Kleinodien herbeibrachten, um die Gallier zum Abzuge zu bestimmen.

Volle fünf Jahrhunderte soll keine Scheidung vorgekommen sein und Plautus behauptet sogar, dass es auch dann noch längerer Zeit bedurfte, ehe die öffentliche Meinung derlei Vorkommnisse ohne Kopfschütteln entgegen nahm und sich mit dem Gedanken vertraut machte, dass Ehen thatsächlich gelöst werden könnten. Der Ehebruch seitens der Frau galt lange für unerhört; jedenfalls erwartete die Schuldige eine harte Strafe. Sei es, dass man sie tödtete, sei es — wenn sie nicht dem Patriziate angehörte — dem Volke überlieferte, das ihr die schrecklichste Schmach zufügte. Andererseits beging der Mann nach dem Gesetze niemals Ehebruch. Sagte doch Cato: »Wenn Du Dein Weib im Ehebruch auf frischer That überraschest, so magst Du sie ohne Richterspruch und ohne Strafe fürchten zu müssen, tödten. Wenn sie Dich dagegen in dem nämlichen Falle ertappt, so darf sie es nicht wagen, Dich auch nur mit dem Finger zu berühren.«

Doch die Sitten verfielen, sobald Rom mehr und mehr zur Herrscherin über den Erdkreis ward.

Wollen wir Livius (VIII., 18) glauben, so entstand um das Jahr 186 vor unserer Zeitrechnung in Rom eine Frauenverschwörung, die unter der Maske geheimnissvoller religiöser Versammlungen nichts anderes bezweckte, als die Ermordung der Gatten. Jedenfalls waren die Sitten um die Zeit bereits bedenklich gelockert und die Frauen fingen an auch in politischer Hinsicht entscheidend aufzutreten. Das lehrt die Geschichte der lex Oppia (197). Nach Livius (XXXIV. 1. 39.) sollte das Gesetz verhindern, dass eine Frau mehr als eine halbe Unze an Edelmetall ihr eigen nenne, dass sie bunte Kleider trüge, oder in privater Angelegenheit im Weichbilde der Stadt einen Reisewagen benütze. M. P. Cato, damals Consul, hielt eine donnernde Rede auf dem Forum und empfahl die Beibehaltung des Gesetzes. Aber er rechnete nicht auf den Widerstand der Frauen. Diese eilten, die reichen Patrizierinnen so gut wie die armen Weiber aus dem Volke, auf den Markt und durch Schmeicheleien wie Drohungen aller Art vermochten sie die zur Abstimmung versammelten Büger dahin zu bringen, dass ihnen unbeschränkte Willensfreiheit in all' den Dingen zugesprochen ward, welche ihren Luxus betrafen.

Damit hatten die römischen Frauen eine Selbstständigkeit ohne Gleichen erlangt und sie säumten nun nicht, ihre Freiheiten stetig auszudehnen. Da die herrschende Sitte dem weiblichen Geschlechte keinerlei ernste Beschäftigung gewährte — die Pflege des Hauswesens blieb fast ganz den Sklaven überlassen — so verlor die übergrosse Zahl der Bürgerinnen ihre Zeit in den schlimmsten Genüssen.

Die römische Ehefrau gewann in dem Zeitraum, der zwischen den punischen Kriegen und der Annahme des Christenthums als Staatsreligion liegt, ungemein viele Rechte. Sie wurde frei, unabhängig — selbst in allen Vermögens- und Besitzesfragen — und stieg zudem in der Werthschätzung des anderen Geschlechtes. Die Ehe selbst beruhte jetzt lediglich auf dem freien Uebereinkommen der Gatten, die ohne weiteres von einander gingen, wenn sie den Augenblick und die Umstände für eine Trennung passend erachteten. Der Schönschwätzer Cicero (um nur ein Beispiel zu geben), den die heutige Erziehungslehre ob seiner »sittlichen Grundlagen« noch immer mit Vorliebe ins Treffen führt, trennte sich - Plutarch berichtet das — von seiner Gattin Terentia, weil er eines ehelichen Goldfisches bedurfte, um seine Schulden zu zahlen. Ebenso handelten viele Frauen und die spottenden Dichter wussten die sonderbarsten Anhäufungen von Scheidungen aufzuführen. Dennoch darf behauptet werden, dass die römischen Damen der Kaiserzeit weit besser waren, als ihr Ruf das haben wollte. Gerade in der Periode, deren allgemeine Sittenlosigkeit so ungeheure Maasse annahm, dass kein Geschichtsschreiber es wagen mag, sie vollständig zu schildern, finden sich andererseits die herrlichsten Beispiele für die eheliche Treue, welche das gesammte Alterthum nur kennt.

»Auch hat die Geschichte manches leuchtende Beispiel weiblicher Seelengrösse und Hochherzigkeit gerade aus Zeiten aufbewahrt, die, im Ganzen betrachtet, nur ein abschreckendes Bild tiefster Herabwürdigung und erbärmlichsten Knechtsinns zeigen; in jenen furchtbarsten

Perioden der kaiserlichen Schreckensherrschaft, wo selbst Frauen um der Thränen willen verfolgt wurden, die sie ihren geopferten Angehörigen nachweinten, haben sie nicht selten den Männern das Beispiel des Muthes, der Treue und Aufopferung gegeben; wie auch in der Zeit der Proscriptionen die Gattinnen den Geächteten die höchste Treue bewiesen, während die Söhne sich durchweg treulos zeigten«.[1]) Die hohe Menschlichkeit, welche die christliche Lehre athmet, ist den Frauen am wenigsten zu Gute gekommen, obwohl sie und nur sie, den neuen Glauben zur Ausbreitung brachten. Das wahre Christenthum will die Gleichheit und die geistige Freiheit der vernunftbegabten Wesen. Darum forderten die Urchristen die Abschaffung der Sclaverei wie des Götzendienstes in jeder Form. Wie schnell jedoch das Urchristenthum zurücktrat und der nackten Selbstsucht Platz machte, dess ist schon der alte Kirchengeschichtschreiber Eusebius Zeuge; denn er klagte bitter darüber, dass es nur wenige wahre Christen gäbe. Und je weiter die Zeit fortschritt, desto weniger christlich wurden die Christen.

Eine kurze Betrachtung der Ansichten über die Ehe zeigt deutlich wie schnell man sich von den vernünftigen Gedanken des Urchristenthums entfernte.

»Die Männer sollen ihre Weiber lieben als ihre eigenen Leiber; denn wer sein Weib liebt, liebt sich selbst« (Ephes. 5, 28) und ferner: »Weder der Mann

---

1) Ludwig Friedländer. Darstellungen a. d. Sittengeschichte Roms in der Zeit von August bis zum Ausgang der Antonine. I. V. 499.

ohne das Weib, noch das Weib ohne den Mann ist in dem Herrn« (Corinth. 11, 12): Das sind Lehren von höchster Sittlichkeit, fordern sie doch die durch die Liebe geschaffene Einheit zweier Menschen von verschiedenem Geschlecht, also die Ehe.

Wie aber entwickelten sich thatsächlich die Dinge? Genau so barbarisch wie die Kirchenväter über alle Erzeugnisse der Kunst dachten, so unnatürlich gaben sie sich in Rücksicht auf die Forderungen des Menschen an den Menschen. »Wer schon im Fleische Unfleischliches in sich hat, wird bei der allgemeinen Unsterblichkeit vor Andern viel voraus haben«, sagte Augustin (De sancta Virgin. XVIII.) Es mag nicht Wunder nehmen, wenn unter solchen Umständen jede nützliche Thätigkeit als irreligiös, jede Ehe als eine Schamlosigkeit angesehen wurde.

»Die Ehe überhaupt — oder in der Ehe sich der vollständigen Vereinigung zu enthalten, wurde als ein Beweis der Heiligkeit, und die Ehe selbst von der rohesten und niedrigsten Seite betrachtet. Die Vorstellung von ihrer Unreinheit nahm viele Formen an, und übte Jahrhunderte lang einen überaus grossen Einfluss auf die Kirche. So war es während des Mittelalters Gebrauch, in der Nacht nach der Communion zu Ehren der heiligen Handlung sich des Ehebettes zu entziehen. Ausdrücklich verboten war es Eheleuten, sich an einem der grossen Kirchenfeste zu betheiligen, wenn sie die Nacht vorher das Bett getheilt hatten, und der heilige Gregorius der Grosse erzählt, eine junge Frau wäre vom Dämon besessen worden, weil sie, ohne diese Bedingung erfüllt zu haben, an der Procession des heiligen Sebastian Theil nahm. Noch im zwölften Jahrhundert schildert die berühmte Vision Alberic's einen besonderen Folterplatz in der Hölle als einen aus einer Mischung von siedendem Blei, Pech und Harz bestehenden See, bestimmt zur Bestrafung solcher Eheleute, die an Kirchenfesten oder Fasttagen ehelichen Umfang gepflogen hatten.»[1])

Der Apostel Paulus scheint bereits die Ehelosigkeit empfohlen zu haben, wenn er sagt: »Bist du an ein Weib gebunden, so suche nicht, sie los zu werden, bist du aber los vom Weibe, so suche kein Weib; so du aber freiest, sündigest du nicht, und so eine Frau freiet, sündiget sie nicht, doch werden solche leibliche Trübsale haben.« (I. Cor. 27. 28.) Und ferner: »Wer verheirathet ist, der thut gut, wer aber nicht verheirathet ist, der thut besser. (I. Cor. 38.) Scheinehen sind denn auch im Mittelalter keine Seltenheiten gewesen: Es lebten u. A. in solchen ganz und gar unnatürlichen Verhältnissen der Kaiser Heinrich II. der Heilige (1002—1024), Eduard der Bekenner von England (1042—1066) und Alphons II. von Castilien.

Erst Papst Urban III. hob die Kirchenstrafen auf, welche Jene bedrohten, die zu einer zweiten oder dritten Ehe schritten.

Das Moment der Liebe und der Innerlichkeit ist der römischen Kirche in der Auffassung der Ehe überhaupt ganz fremd, und diese erscheint ihr daher nicht als die nothwendige sittliche Verbindung von

---

[1]) Lecky a. a. O. II. 271.

Liebenden, welche in dieser Liebe den Ausgangspunkt aller weiteren Bestimmungen hat, sondern die Ehe an sich und in sich ist hier etwas Schlechtes und Unheiliges, welches nur als Symbol, als Bild der Vereinigung Christi mit der Kirche, religiöse Weihe und Bedeutung erhält. Diese symbolisirte geistige Vereinigung behält natürlich stets den absolut höheren Werth, und wenn daher der eine Ehegatte dem Bilde der Vereinigung mit Christi seine wirkliche Verbindung mit der Kirche und durch diese mit Christus vorzieht, so muss die Ehe als das Niedrige und Sinnliche weichen, und es entsteht so wenigstens die faktische Trennung der Ehegatten. — Auf gleiche Weise bildet sich consequent die Lehre von der geistlichen Verwandtschaft im kanonischen Rechte aus, welche, da sie mit der körperlichen kontrastirt, und als eine höhere wie diese zu betrachten ist, schon in den ältesten Zeiten der Kirche zwischen Personen, welche bei dieser feierlichen Handlung interveniren, die Heirath verbietet, und selbst die Ehe der Eltern, welche ihr Kind aus der Taufe gehoben, trennt, oder doch in späterer Zeit die Enthaltung vom geschlechtlichen Umgange vorschreibt.

Indem die Ehe an sich auf diese Weise gar keine Heiligkeit und sittliche Berechtigung in den Augen der Kirche hat, betrachtet diese konsequent jede einzelne Ehe, jede diese Ehe, als ein durch die sündhafte Natur der Menschen herbeigeführtes Verhältniss, in welchem sie der besonderen Gnade Gottes bedürfen, um in diesem sündlichen Zustande der Heiligkeit theilhaftig zu werden, und ihren wechselseitigen Pflichten, unter denen die der keuschen Befriedigung des Geschlechtstriebes obenan steht, genügen zu können, und so entwickelt sich denn in der römischen Kirche die Lehre vom heiligen Sacrament der Ehe. Man hat häufig einen Widerspruch darin gefunden, dass die Kirche, während sie einerseits die Ehe als etwas Unheiliges betrachtet und dem ehelosen Zustand den unbedingten Vorzug giebt, dennoch andererseits die Ehe als ein Sacrament, somit als etwas Heiliges und Göttliches setzt. Dies ist jedoch nicht nur nicht widersprechend, sondern vielmehr folgerichtig; denn indem die Kirche die Ehe an sich als etwas Unheiliges und Sündliches betrachtet, muss diese Ehe, die Ehe im konkreten Falle, welche zur Erhaltung des Menschengeschlechtes nothwendig ist, eben desshalb eine besondere göttliche Segnung geniessen, um zum Frommen der Menschen und zur Ehre Gottes bestehen zu können, und so wird diese Ehe zu einem Sacramente erhoben.

Mit dieser Heiligung der Ehe zum Sacrament ist zugleich auch ihre Unauflöslichkeit gesetzt. Man stritt sich lange Zeit auf den Concilien zu Elvira (a. 305) Arles (a. 514) und zu Carthago (a. 407) exegetisch um die Auslegung der bekannten Worte Christi (Math. 5, 32 und 19, 9)[1]) und suchte auf manchen von ihnen, wie

---

[1]) »Ich aber sage euch: Wer sich von seinem Weibe scheidet (es sei denn um Ehebruch) der machet, dass sie die Ehe bricht; und wer eine Abgeschiedene freiet, der bricht die Ehe.« Math. 5, 32.

»Ich aber sage euch: Wer sich von seinem Weibe scheidet (es sei denn um der Hurerei willen) und freiet eine andere, der bricht die Ehe. Und wer die Abgeschiedene heirathet, der bricht auch die Ehe. Math. 19, 9.

auf dem Concil ad Vemeriam (a. 752) und zu Compiègne (a. 757), gegen die immer mehr aufkommende Ansicht von der Unauflösbarkeit des Ehebandes das Princip der Trennbarkeit der Ehe festzuhalten; ja neuere Kirchenschriftsteller (z. B. Plank) sehen in der endlichen Fortsetzung der Untrennbarkeit der Ehe und in der alleinigen Gestattung der Scheidung von Tisch und Bett nur die Folge des willkürlichen Strebens nach Vereinigung der kirchlichen Lehre mit dem römischen Recht. Und dennoch ist die Untrennbarkeit der Ehe nichts anderes als eine nothwendige Consequenz ihres sacramentalischen Characters. Denn indem diese Ehe vor der Kirche geschlossen und von ihr eingesegnet ward, indem diese bestimmte Ehe durch die Weihe der Kirche zum Sacramente erhoben wird, hiesse es die ganze Macht der katholischen Kirche und ihre ganze Fundamentallehre von den Sacramenten negiren, wollte man die so geschlossene, geweihte und eingesegnete Ehe lösen und trennen. Die Ehe selbst wird daher bei dieser Fortentwickelung des kanonischen Rechtes nicht darum unauflöslich, weil die Liebe, sondern weil der starre Kanon allein ihre Fessel ist«.[1])

Ein sehr unerfreuliches Bild entrollt sich vor uns, wenn wir alle die vielfältigen Aussprüche der Kirchenschriftsteller und Prediger verfolgen, welche vom Dogma der Erbsünde ausgehend, das Weib als ein »Gefäss der Unreinigkeit« betrachten. Fast noch unerfreulicher aber

---

[1]) Dr. Joseph Unger. Die Ehe in ihrer welthistorischen Entwicklung. S. 96—98.

ist es, dass die europäische Frauenwelt von jeher diese ekelhaften Beschimpfungen mit unwandelbarer Geduld hinnahm und geradezu sklavische Verehrung denen bewies, die sie am tiefsten verachteten.

Es ist eine Fabel, die aber immer noch kritiklos weiter verbreitet wird, dass das Christenthum die allgemeine Stellung der Frau gehoben habe. Niemals, weder vorher noch nachher, hat das weibliche Geschlecht wieder eine so grosse Selbständigkeit genossen wie gerade in dem von der Kirche stets verdammten Zeitalter der römischen Cäsaren. Es mag hier zum Ueberfluss nur daran erinnert werden, dass eine ganze Anzahl Kaiser entsprechende Verordnungen erliessen, um leichtfertige Ehescheidungen zu verhindern, während der christliche Justinian — wir wollen ihn deswegen freilich nicht tadeln — die Trennung der Gatten zulässt, wenn diese in dem bezüglichen Wunsche übereinstimmen. Das Eingehen einer zweiten Ehe ferner, ward von sehr vielen Römern als verwerflich bezeichnet; Marcus Aurelius, welcher ja selbst Christen verfolgen liess, und Julianus verheiratheten sich aus rein moralisch-ethischen Gründen nicht wieder nach dem Tode ihrer Frauen. Gegen die Unsittlichkeiten kämpften verschiedene Kaiser. Macrinus liess Ehebrecher verbrennen, Alexander Severus verfolgte die Kuppelei auf's nachdrücklichste, Hadrian schritt gegen die gemeinschaftlichen Badevergnügungen der beiden Geschlechter ein. Plutarch und Seneca — vor ihnen ja auch Aristoteles — sagten ausdrücklich, dass Ehebruch so gut vom Manne wie von der Frau begangen werden könne. Ulpianus, der grosse Rechtsgelehrte, erklärte, dass die eheliche Treue eine Pflicht sei, welche beide Gatten zu beobachten hätten; Antonius Pius fügte dem Urtheil über eine ehebrecherische Frau den Satz bei: »Vorausgesetzt, dass feststeht, dass Du als Gatte durch Dein Betragen ihr das Beispiel der Treue gegeben hast. Es ist unrecht, wenn der Mann eine Treue von seiner Gattin beansprucht, welche er selbst nicht kennt«. Sogar die unnatürliche Keuschheit kannte das Alterthum! Ganz abgesehen von der staatlichen Einrichtung des priesterlichen Amtes der Vestalinnen, finden sich mehrfach Beispiele einer asketischen Lebensweise erwähnt: So lebte Apollonius von Tyana stets enthaltsam, Zenobia pflog nur so weit des ehelichen Umgangs, als zur Erzeugung einer Nachkommenschaft die Nothwendigkeit vorlag, die bekannte alexandrinische Philosophin Hypathia, welche glaubenswüthige Christen steinigten, starb jungfräulich.

Es wäre auch ganz unmöglich alle die Klagen anzuführen, welche die älteren Kirchenschriftsteller über die Unsitten ihrer Zeit fällen. Das christliche Rom ist keinesfalls besser gewesen wie das heidnische, nur bei weitem heuchlerischer und in Byzanz stand es mit der Moral eher noch schlimmer. Man denke einzig an die Schamlosigkeit der Schauspielerin Theodora, welche nachmals zur Kaiserin und Gemahlin Justinians erhoben ward und von der Prokop das abschreckendste Bild entworfen hat.

Tacitus hat ein mit leuchtenden Farben geschmücktes Bild von dem Leben unserer Voreltern entworfen und kein Deutscher wird die »Germania« lesen, ohne dem Römer Dank zu wissen für seine herrliche Schilderung des Urzustandes dieses Volkes, dem die schönsten natürlichen Gaben zu Theil wurden. Der grosse römische Geschichtsschreiber ist jedoch in vieler Hinsicht ein Tendenzschriftsteller gewesen. Er wollte seiner verderbten Zeit einen Spiegel vorhalten, in dem sie das Leben eines sittenreinen Volkes erschauen mochte und gerade weil ihm, dem konservativen Manne und innerlichen Republikaner das Treiben der römischen Weltdamen missfiel, so bestrebt er sich die Frauenwelt Germaniens auf ein Piedestal zu stellen. Gewiss dürfen wir ihm glauben, dass die Beziehungen der Geschlechter zu einander bei unseren Vorfahren, auf der Grundlage einer natürlichen Sittlichkeit beruhten. Wenn wir jedoch die thatsächliche Stellung der deutschen Frauen ermessen, soweit die Grosszahl unter ihnen in Betracht fällt und dabei uns auf andere Ueberlieferungen stützen, so müssen wir zu der Anschauung gelangen, dass das germanische Weib keineswegs immer die höchste Werthschätzung seitens des Mannes erfuhr.

»Wir haben gefunden, dass die Germanen wie alle anderen Völker mit der urrohen und starksinnlichen Auffassung des Weibes als einer blossen Sache und eines Werkzeuges zu sinnlicher Befriedigung begannen. Die Forderung, dass sich das Weib mit dem todten Mann verbrennen lasse, das Recht des Mannes, seine Frau zu vermachen und zu verschenken und zu verkaufen oder einem Gaste anzubieten, bewiesen diese Bildungsstufe und zeigten sich vereinzelt noch in den Zeiten des Minnedienstes. Wir konnten das Mitsterben des Weibes mit dem Manne durch einen inneren Grund beschönen, wir konnten dies auch mit der Rechtlosigkeit versuchen, welche auf den Frauen lastete; indessen war beides nur ein gesuchter Versuch und darf die eigentlichen Zustände nicht verhüllen wollen. Das Weib hatte von der Geburt bis zu dem Tode kein anderes Recht als den Willen seines männlichen Beschützers, und Milderungen dieser Verhältnisse sind Abweichungen von dem altgermanischen Rechtsbegriffe. Durch die Gnade des Vaters ward ihm zu leben erlaubt; durch Geld dem Vater abgekauft musste es Leib und Leben einem Fremden überlassen; gegen Geld oder sonst konnte es dieser einem andern übergeben; stumm und still musste es sich fügen, denn es hatte kein Recht und stumm musste es zuletzt in den Tod gehen. Die Last des Tages ruhte ausserdem allein auf seinen Schultern; Haus und Feld musste es bestellen, während der Mann theilnamslos der Mühsal zusah. Trotz allem diesem haben wir jene altgermanische Frauenverehrung, von der Tacitus redet, nicht in das Reich der Träume verwiesen, allein wir haben sie auf einige bevorzugte Weiber beschränkt. Wir haben ausserdem hervorgehoben, dass der keusche Sinn der Germanen und die Achtung der weiblichen Ehre, die Anerkennung gewisser Geistesgaben und selbst die natürliche Schwäche des Geschlechtes jenen Nachtheilen im Rechte grosse Vortheile im Leben entgegensetzten. Die Deutung der taciteischen Worte auf einen schmachtenden Frauendienst müssen wir aber auf das Entschiedenste verwerfen.[1]

Weib und Kind galten dem germanischen Sinne für schutzbedürftige Wesen und die wehrhaften Männer

---

[1] K. Weinhold. Die deutschen Frauen in dem Mittelalter. 471.

bildeten ihre natürlichen Schirmer. Die Gemeinde besteht aus den einzelnen Familien und auf diesen beruhen alle staats- und eigenrechtlichen Bestimmungen. Wer ein Familienglied schädigt oder gar tödtet, verfällt der Blutrache der beleidigten Sippe. Ehefrau und Tochter können nur den Schutz des Gatten oder des Vaters ansprechen. Bleibt ihnen dieser aus irgend einem Grunde versagt, so haben sie keinen Vertreter. Innerhalb einer Gewehrung ist das Familienhaupt der unbeschränkte Herr. Er verletzt dort durch keine That, welche es auch sei, fremde Rechte und unterliegt demnach nach dieser Richtung hin keinerlei Verantwortung.

Bei der grossen Wichtigkeit, welche der Germane dem geregelten Familienleben zumass, versteht es sich leicht, dass er die Ehe unter festen Bedingungen abschloss. Unumschränkt war wohl das Verfügungsrecht des Vaters oder sonstigen Vormundes über die mannbare Jungfrau, dennoch darf angenommen werden, dass bei der Wahl des Eidams auch die Mutter eine Stimme beisteuerte zur endgiltigen Beschliessung. Nur sehr seltene Beispiele finden sich, dass das Mädchen selbst den zukünftigen Gatten vor allem Volke erkor. Dass vornehme, durch ihren Besitz unabhängige Frauen dieses Recht unter Umständen besassen und auch ausübten, ist gewiss. Andererseits ging das frei wählende Mädchen, das keine rechtsgiltige Verlobung beanspruchte, aller Erbansprüche verlustig sofern nämlich die Eltern ihr nicht ausdrücklich die Verzeihung gewährten. Die Verlobung vollzog der natürliche Mundwalt der Braut. Eingeleitet ward die Feierlichkeit durch die Werbung, welche des Heirathslustigen Vater oder vertrauter Freund anbrachte und wobei er dann gerne mit stattlicher Begleitung erschien, um dessen Worten Nachdruck zu verleihen.

Nun folgte der »Brautkauf«, d. h. die gesetzlich vorgeschriebene Lösung des Mädchens aus ihrer bisherigen Vormundschaft durch Geld. Kam die Ehe zu Stande, ohne dass der Kaufpreis für die Frau erlegt worden, so nahm diese etwa die Stelle einer Beischläferin ein. Die Zahlung, welche der Vormund der Braut empfing, ward natürlich den beiderseitigen Vermögensverhältnissen entsprechend festgesetzt; je weiter die Zeit vorschritt, desto mehr bildete sich die früher thatsächliche Leistung zur Formsache um. Chlodwig, der Franke, löste Chlotilde um den lächerlich geringen Betrag von einem Solidus und einem Denar.

War der Brautkauf vollzogen, so gehörte die Jungfrau dem zukünftigen Gatten. Schon frühe erhielt sie bei ihrem Scheiden aus dem väterlichen Hause die »Mitgift« aber nicht etwa als ein Geschenk an den Mann, sondern als ihr ausschliessliches Eigenthum. Die Mitgift bestand niemals aus liegenden Gütern, sondern aus Kostbarkeiten, oder auch in den Lieblingsdienern und Dienerinnen des Mädchens.

Waren alle Fragen über das Vermögen erledigt, so wurde die Verlobung vollzogen; das musste öfentlich und in einem Ringe vor wenigsten zwölf Zeugen geschehen.

»Die Zeugen schlossen einen Kreis (Ring) und das Brautpaar ward in die Mitte desselben geführt. Dann trat der Verlober zu ihnen und richtete zuerst an den Mann, dann an das Mädchen die Frage: ob sie einander zur Ehe wollten? So war es bei den Verlobungen königlicher Paare, so auch in den untersten Ständen» [1]) Bei den freien Schwaben sprach noch im XII. Jahrhundert der Vormund zum Gatten: »Hiermit befehle ich mein Mündel eurer Treue und Gnade und bitte euch bei der Treue, mit der ich sie euch befehle, ihr wollet ihr ein rechter Vogt und ein gnädiger Vogt sein und kein schlechter Vormund werden.«

Innerhalb einer bestimmten Frist, welche höchstens zwei Jahre umfasste, musste die Heimführung vor sich gehen. Entzog sich unterdessen der eine oder andere Theil dem Verlöbniss, so hatte er das Land zu meiden. Ein Recht als Ehegatte besass der Bräutigam aber nicht; das vorzeitige Beiwohnen galt als eine schwer zu büssende Unzucht.[2]) Verletzte ein anderer derart und wissentlich ein Verlöbniss, so traf ihn der Tod, die Braut aber wenigstens der Verlust ihrer Freiheit, soferne sie nicht ein hohes Wehrgeld beibrachte und selbst in diesem Falle unter allen Umständen lebenslängliche Schande.

Die Ehelichung fand zumeist im Spätherbst statt und zwar wahrscheinlich an einem Donnerstag, Freitag oder Sonntag; immerhin fielen Hochzeiten auch auf andere Tage. Das Fest wurde in dem Hause des Bräutigams gefeiert, die Gäste luden beide Theile durch

[1]) K. Weinhold a. a. O. 224.

[2]) Auch diese urgermanische Ansicht findet sich noch heute in dem Gesetze eines Staatswesens, dass die altgermanischen Rechte auch in anderer Hinsicht treu bewahrte; im schweizerischen Canton Obwalden nämlich. Es wurde dort im April des Jahres 1898 ein junger Mann in die Strafe von sechzig Franken genommen, weil er drei Monate nach der Hochzeit Vater geworden war. Dabei hatte sich das »Delict« nicht einmal in Obwalden, sondern in Luzern ereignet.

den Brautführer ein. Zur Eheschliessung erschien natürlich Alles in seinen besten Kleidern; die Braut etwa mit dem langen losen Haare, dem Zeichen der Jungfräulichkeit und im weissen Gewande. Eine kirchliche Feier unterblieb gewöhnlich und sogar im XIV. Jahrhundert, ja 1551 noch, kam es vor, dass freie Leute auf das Sacrament der Ehe verzichteten. Die Hochzeitsfestlichkeiten dauerten unter allerlei Kurzweil mehrere Tage; Musik und Tanz trugen zum allgemeinen Frohsinn bei.

Nicht wesentlich verschieden von all' diesen angeführten Bräuchen gestaltete sich das Brautleben der Unfreien. Der Herr verlobte sie und bezog auch die Summe des Brautkaufes; in einzelnen deutschen Gegenden scheint er sogar das jus primae noctis — welches bei den Romanen, Schotten und Russen allgemein verbreitet war — besessen zu haben, doch konnten sich die Hörigen von dieser schändlichen Pflicht loskaufen.

Die germanische Liebe zur Freiheit musste natürlich auch die Missheirathen verwerfen und die Ebenbürtigkeit der Gatten in die vorderste Linie bei der Brautwerbung stellen. Je mehr sich die Adels- und Fürstengewalt herausbildete, desto grösseres Gewicht gewannen alle an die Ebenbürtigkeit anknüpfenden Fragen. Von jeher galten die Ehen zwischen Freien und Unfreien, ja selbst zwischen Freien und Freigelassenen als ungleiche Verbindungen. Tod oder Unfreiheit trafen die Liebenden, welche kühn die Schranke überspringen wollten, die die einzelnen Stände trennte. Dagegen mochten Adel und Freie bis spät in das Mittelalter hinein einander ehelichen ohne von dem Vorwurf der Missheirath getroffen zu werden.

Der Ehebruch seitens der Gattinnen galt als unerhört und die Frauen besonders wachten über die Ehre ihrer Mitschwestern. Ereignete sich dennoch ein solches Vergehen, so versammelte der gekränkte Ehemann seine Verwandtschaft, schnitt der Schuldigen die Haare ab und peitschte sie nackt zum Dorfe hinaus. Dabei mögen sich wohl auch Steinigungen ereignet haben, jedenfalls musste die Ausgestossene für den Rest ihres Lebens die Gemeinde meiden und all ihr Vermögen fiel an den Mann. Uebrigens giebt es alte nordische Erzählungen, die von Ehebrecherinnen berichten, welche ihre Männer so beherrschten, dass diese keinerlei Rache zu nehmen wagten. Beging der Gatte einen Ehebruch, so hatte die Frau, in älterer Zeit wenigstens, keinen Rechtsanspruch zu erheben.

Ursprüngliche Barbarismen, welche sich im germanischen Eheleben finden, sind lange Jahrhunderte hindurch noch nachzuweisen. So das öffentliche Beilager, auf dem vor aller Augen eine Decke das Paar beschlug, welches bei vornehmen Hochzeiten, wenn auch in wesentlich gemilderter Form bis vor zweihundert Jahren noch vorkam.

Das Vererben, Verkaufen und Verschenken einer Frau, welches zum altgermanischen Gattenrecht gehörte, soll bis in unsere Zeit in England gewissermassen gesetzlich gestattet gewesen sein. Die Sitte, die eheliche Gefährtin dem Gastfreunde anzubieten, scheint noch im XV. Jahrhundert hin und wieder beobachtet worden zu sein. Murner berichtet wenigstens in seiner »Geuchmat«: »Es ist in dem Niderlandt auch der bruch, so der wyrt ein lieben gast hat, daz er jm syn frow zulegt uff gouten glauben«. Im Mittelalter ereignete es sich, wenigstens in Frankreich nicht selten, dass den die Gastfreundschaft geniessenden Rittern die schönsten Dienerinnen der Burgfrau ins Bette gelegt wurden.

Die Behandlung der Frau hing gänzlich von der Willkür des Mannes ab. Unbefehdet und ungestraft durfte er sie züchtigen und als Ehebrecherin auch tödten, er konnte sie, ohne bestimmte Gründe zu nennen, von sich weisen und gegen Entschädigung auch der früheren Familie zurück stellen, wenn er körperliche Fehler an der Frau entdeckte. Sie durfte sich nicht weigern, die Beischläferinnen des Mannes in ihrer Nähe zu dulden; verheirathete sie sich dagegen zum zweiten Male, so blieb ihr ein Flecken auf der Ehre.

Tacitus (Germ. XVIII.) erzählte seinen Landsleuten, dass die Germanen gewöhnlich nur eine Frau besässen und dass höchstens die Fürsten aus staatlichen Rücksichten, die Vielweiberei pflegten. Soweit die am Rheine hausenden Germanen in Betracht fallen, mag dem wirklich so gewesen sein, die östlichen und nördlichen Stämme bewahrten jedoch die uralte Sitte der Vielweiberei bis zur Einführung des Christenthums. Selbst der Merowinger Chlotar I (558—561), der Wiedervereiniger des Frankenreiches, welcher sich äusserlich zum Christenthume bekannte, lebte in gesetzmässig geschlossener Ehe mit den beiden Schwestern Ingund und Aregund. Aehnliches lässt sich von einigen seiner Nachfolger berichten; auch Pipin II. besass zwei rechtmässige Gattinnen Plectrud und Alpais.

Wo grosse Schaaren von Hörigen zu einem Hofe

gehörten, lag es nahe, dass der Herr schöne unfreie Jungfrauen anhielt, sein Lager zu theilen.[1])

»Das Concubinat ward im ganzen Mittelalter von den Reicheren gepflegt, ohne dass die öffentliche Meinung ein Aergerniss daran nahm. Von den Fürsten kennen wir das Privatleben noch am besten; da sehen wir, des Ostgothen Theoderich, des Westgothen Alarich, des Vandalen Godegisil zu geschweigen, namentlich die Merovinger sich auszeichnen und die Karolinger ihnen nicht nachstehen. Karl der Grosse, der für dieses und ähnliches im Fegefeuer von der Geistlichkeit absonderlich gestraft ward, Ludwig der Fromme und alle die Herren lebten mit Beischläferinnen«.[2])

Die Beischläferin stand sich auch im Allgemeinen wohl nicht schlechter wie die rechtmässige Gattin, nur ihre Kinder blieben gewöhnlich von der väterlichen Erbschaft ausgeschlossen. Immerhin kam es vor, dass unehelich Geborene hohe Ehrenstellen einnahmen; Töchter, welche Fürsten und hohe Geistliche in solchen Verbindungen erzeugten, bestiegen nicht selten durch ihre Verehelichung stolze Königsthrone.

Als geschichtliches Beispiel zur Schilderung der damals herrschenden Anschauungen sei das intime Leben der Karolinger gewählt. — Dass die fränkischen Könige

---

[1]) Die Frauenhäuser (gynaecea) bildeten nicht selten den Harem angesehener Herren. So nannten die Merovinger derartige Anstalten bezeichnender Weise ihre »Taubenschläge« (columbarium). Der vielfach vorkommende Ortsname Colombier deutet noch auf den einstigen Ursprung hin.

[2]) K. Weinhold a. a. O. 287.

und grossen Herren fast alle die Polygamie, auch gegen die ausdrücklichen Gebote der Kirche aufrecht erhielten, weiss man. Pippin von Herstal zeugte den Maurenbesieger Karl Martell mit einer Beischläferin und dieser selbst besass eine ganze Anzahl Favoritinnen. Trotzdem er wie gesagt, einem im kirchlichen Sinne für unehelich gehaltenen Liebesbunde entsprossen war, unterwarf er sich doch den Vorschriften des Klerus darin, dass er seinen natürlichen Kindern nur ein ganz kärgliches Erbe zuwies. Sein Urenkel, Karl der Grosse wird mit Recht von der Kirche als ein christlicher Monarch ersten Ranges betrachtet; denn er betrieb die Ausbreitung des Glaubens unter den Völkern mit allen Mitteln. In Bezug auf seine Verhältnisse zu dem weiblichen Geschlechte gleicht er jedoch einem morgenländischen Gewalthaber. Die fränkische Freie Himiltrud, welche ihm den buckligen Pippin schenkte, wurde verstossen als er aus rein politischen Gründen die Longobardin Desiderata (770) zur Gemahlin nahm. Desiderata widerstrebte jedoch in ihrer körperlichen Erscheinung durchaus ihrem Manne; schon 771 sprach die gefällige Geistlichkeit die von Karl beantragte Scheidung aus. Des Königs Vetter Adelhard scheint die nun folgenden Ehen als nicht rechtmässige betrachtet zu haben, was darauf schliessen lässt, dass man allgemein Anstoss an der Leichtfertigkeit des Herrn der Christenheit nahm. Dieser kümmerte sich zwar wenig um solche Vorwürfe; um 772 vermählte er sich mit der edlen Allemannin Hildegard, aus welcher Verbindung im Ganzen acht Kinder entsprossen, darunter Karl, Pippin der jüngere, Ludwig — nachmals der »fromme« geheissen und die Töchter

Rotrud, Bertha und Gisela. Elf Jahre (bis 783) dauerte diese glückliche Ehe, während welcher wohl nur gelegentliche und jedenfalls ganz flüchtige Beziehungen von Karl zu anderen Frauen gepflogen wurden. Gegen Ende von 783 heirathete der König die ostfränkische Grafentochter Fastrada, welche ihm die Theodora und die Hiltrud schenkte, aber seine Gunst mindestens mit der Mutter der Rothaid theilte. Fastrada starb 794 und wenige Monate später schon hielt Karl mit der Allemannin Luitgard das Beilager; dieser blieb das Mutterglück versagt und sie schied mit dem Jahre 800 aus dem Leben. Die projectirte Heimführung der griechischen Kaiserin Irene kam nicht zu Stande; denn diese Frau wurde das Opfer einer Palastrevolution. Dafür tröstete sich der nun schon recht bejahrte Kaiser mit drei schönen Beischläferinnen Gerswinda, Regina und Adallind geheissen, welche ihm zusammen drei Söhne und eine Tochter gebaren. Die Nachkommenschaft umfasste demnach acht eheliche und sechs natürliche Sprösslinge. Nachdem die Söhne Pippin (810) und Karl (811) plötzlich starben, glaubte der Kaiser an eine göttliche Strafe, die er wegen seines Lebenswandels zu erdulden habe. In dieser Stimmung und sicherlich stark von gewissen Busspredigern beeinflusst, enterbte er alle seine natürlichen Kinder und übertrug zwei Drittel seines Vermögens an die einundzwanzig Erzbisthümer des grossen Reiches.

Um die Sittenlosigkeit, welche am Hofe Karls herrschte, vergleichen zu können, muss man schon bis zu der Periode sich wenden, welche die französischen Könige zwischen Franz I. und Ludwig XIII. umfasst. Zwar glauben wir nicht, dass Karl seine Töchter darum nicht vermählte, weil er mit ihnen im Incest gelebt — obwohl derlei Verhältnisse auch noch im späteren Mittelalter ganz öffentlich bei hohen Herren vorkamen. Wir wissen aber, dass die Töchter dem Beispiele des Vaters und der Brüder folgten, indem sie den unwürdigsten Ausschweifungen sich ergaben, über die selbst ihre wahrlich nicht prüden Zeitgenossen betroffen waren; von Bertha wissen wir bestimmt, dass sie aus einer Verbindung mit dem Hofkaplan Engelbert zwei Söhnen Nithard (dem späteren Chronisten) und Harnid das Leben gab. Rotruds unehelich geborener Sohn wurde Abt von St.-Denis.

Schauspielerinnen, Tänzerinnen, Sängerinnen und sonstige galante Damen warfen in Aachen so gut ihre Netze aus wie später in Paris und Versailles. Karl erliess freilich im Jahr 805 ein Capitular, worin er Dirnen und Kuppler mit Pranger und Staupbesen bedrohte. Aber, diese Strenge richtete sich doch lediglich gegen Angehörige des heimathlosen fahrenden Volkes; die höfische Immoralität blieb von derlei Schrecken völlig unberührt. Also gab es auch hierin eine merkwürdige Uebereinstimmung mit den Gepflogenheiten der späteren allerchristlichsten Könige.

Die Karolinger haben durchweg, mit alleiniger Ausnahme von Philipp dem Kurzen, die Polygamie aufrecht erhalten. Lothar, der älteste Sohn von Ludwig dem Frommen verstiess Thietberga, lebte öffentlich mit seiner Beischläferin Walrada und entehrte die Nichte Günthers des Erzbischofs von Cöln, dem damit freilich nur der Lohn für unwürdige Intriguen ward, die sich gegen

Thietberga gerichtet hatten. Die Synode von Regensburg erlaubte übrigens Lothar eine zweite Heirath; denn lautete die Erklärung — »nach des Apostels Willen ist es besser zu heirathen als sich in Brunst zu verzehren«.

Doch, gehen wir weiter! —

So selten sich die germanischen Stämme durch Heirathen mit einander vermischten, so gerne thaten sie dies mit fremden Völkern und zwar vornehmlich mit den Römern. Diese Mischehen sind ein alter schlimmer Brauch unseres Volkes und sie haben dem Germanenthum mehr geschadet wie alle Kriege zusammen genommen.

Ehen zwischen nahen Verwandten, zwischen Geschwistern und mit der Stiefmutter (Angelsachsen) sogar, kamen in alter Zeit gewiss häufig vor und erst die christlich-mosaische Lehre schaffte hierin langsam Wandlung. Das kirchliche Aufgebot hat ja keinen anderen Ursprung als den, in Erfahrung zu bringen, ob Braut und Bräutigam in einem für die Ehelichung verbotenen Verwandtschaftsverhältniss stehen.

Die Kirche bemühte sich überhaupt die natürliche Verbindung von Liebenden möglichst zu hindern und die ersten Jahrhunderte nach der Annahme des Christenthums sind voll der stillen Kämpfe, welche der alte Volksbrauch wider priesterliche Anmassung und Herrschsucht auf diesem, dem menschlichen Herzen so nahe liegenden Gebiete führt.

Die Kraft des Germanenthums äusserte sich nicht zum wenigsten in der Sorge, eine gesunde Nachkommenschaft zu erzeugen. Beide Geschlechter traten verhältnissmässig spät in die Ehe. Immerhin werden bei einzelnen Stämmen, z. B. den Longobarden, sehr frühe Heirathen erwähnt; das sind jedoch Ausnahmen, welche nur dienen, die Regel zu bestätigen. — Der Ehemann war gehalten, seine Frau weder in den ehelichen Rechten zu kürzen, noch auch ihr die schuldige Rücksicht zu versagen wenn sie guter Hoffnung war oder im Kindbette lag. Da bei der Taufe möglichst viele Zeugen anwesend sein mussten, so entwickelte sich der ebenso kostspielige wie die Gesundheit der Wöchnerin schädigende Brauch der Gastereien oder »Kindbetthöfe«. Er nahm besonders in christlicher Zeit solchen Umfang an, dass die Obrigkeiten dagegen einschreiten mussten.

Wir haben bereits gesehen, dass alle Unfreien so vollständig in der Mundschaft ihrer Herren standen, dass diese sie nach Gutdünken verheiratheten und zudem von der hörigen Braut oft den schändlichen Jungfernzins erzwangen. Unfreie, welche sich wider den Willen des Herrn verehelichten, traf nicht selten die grausamste Todesstrafe. So wird bereits aus der merovingischen Zeit berichtet, dass der fränkische Edle Rauching ein höriges Liebespaar, welches nicht zu trennen er mit feierlichem Schwur dem Priester am Altare zugesichert hatte, zusammen lebendig begraben liess. Im Jahre 929 schärfte Herzog Herimann von Allemannien den Leibeigenen des Zürcher Stiftes, beziehungsweise der dortigen Abtei, aufs ausdrücklichste ein, dass sie sich nicht untereinander verheirathen sollten. Mehrfach wurden derartige verbotene Ehen getrennt, die Fehlbaren am Leben gestraft oder ihnen wenigstens die Kinder entrissen und kurzer Hand verschenkt. Wie billig man um die Mitte des XIV. Jahrhunderts hörige Frauen in Süddeutschland kaufen konnte bezeugt eine Urkunde von 1333. Sie lautet: »Ich Konrad, der Truchsess von Urach, Ritter, thue kund und erkläre öffentlich in diesem Briefe allen denen, die dieses Schreiben lesen, dass ich den ehrsamen geistlichen Herren, dem Abte und Kloster zu Lorch, gegeben habe die zwei Frauen Agnes und ihre Schwester Mahilt, Degan Reinbolts seligen Töchter und ihre Kinder, die von ihnen kommen mögen, um drei Pfund Heller, die ich erhalten habe, und das gebe ich in diesem Brief, besiegelt mit meinem eigenen Siegel, das daran hängt. Dieser Brief wurde gegeben da man zählt von Christi Geburt MCCCXXXIII Jahre«. Es mag bemerkt werden, dass die Summe von drei Pfund Hellern heute ungefähr dem Werthe von vier Reichsmark entspricht und dass um 1350 eine gute Kuh bei zehn Reichsmark galt. Zwei Frauen sammt ihrer zu erwartenden Nachkommenschaft galten folglich in jener guten alten Zeit noch nicht halb so viel wie ein nützlicher Wiederkäuer.

Die Polygamie lässt sich durch das ganze Mittelalter hindurch nachweisen und wenn auch wirkliche, d. h. vor dem Gesetze bestehende Doppelehen nur selten vorkamen, so bestanden sie doch hin und wieder; die Sage von den zwei Gemahlinnen des thüringischen Herrn von Gleichen entspricht wenigstens den vom Volke beobachteten Thatsachen. Als die Städte mehr und mehr zu Reichthum, Macht und Glanz gelangten, verschwand auch rasch aus ihren Mauern die alte germanische Sitt-

lichkeit. Das Patriziat zeichnete sich überall durch seine
Üppigkeit aus und einzelne Gewalthaber — man denke
nur an den zürcherischen Bürgermeister Hans Waldmann,
der 1489 Amt und Leben verlor — gefielen sich in der
Rolle morgenländischer Fürsten. Es ist nichts seltenes,
dass reiche vornehme Bürger jenes Zeitalters mit ihrer
Zeugungskraft prunken und voll Stolz in den Familien-
geschichten die lange Liste ihrer ehelichen und ihrer
natürlichen Nachkommen aufzeichnen. Trotz dieser schein-
baren Immoralität stand jedoch das XV. Jahrhundert
weit über den folgenden; denn es kannte keine Heuchelei
und strafte die natürlichen Kinder nicht an Ehre und
Gut. Diese Grausamkeit gegen Schuldlose zu üben blieb
erst dem Puritanismus vorbehalten.

Die Reformation ist für die Frauenwelt dadurch zur
grossen Bedeutung gelangt, weil sie in der Ehe im Gegensatz zur Ansicht der römischen Kirche, etwas Heiliges
ersah und sie als die Grundlage aller wahren Sittlichkeit
hinstellte. Luther selbst erklärt den »heiligen Ehestand«
als den »fürnehmsten Stand auf Erden nach der Religion«[1]) und weiterhin sagte er: »Der Ehestand ist die
schönste Ordnung; denn er ist von Gott eingesetzt
worden, von dem er auch erhalten wird. Aber der
Stand der Päpste ist nur eine gewaltsame Unterdrückung
der Natur. . . . Was soll's doch sein, dass man die Ehe
verbeut und verdammt, die doch natürlichen Rechtes ist?
Gleich als ob man verbieten wollte: Essen, trinken,
schlafen. Das sei ferne; denn was Gott geschaffen und

---

[1]) XXXVI. Tischrede.

geordnet hat, das steht nicht in unserer Willkür, dass wir es ändern, oder verbieten möchten. Wir werden Gott nicht meistern oder Schande einlegen, wie man bisher erfahren hat«.

Folgerichtig musste bei einer solchen Erkenntniss die Ehelosigkeit der Priesterschaft hinfällig werden und Luther selbst trat denn auch am 13. Juni 1525 mit Katharina von Boren, welche bis dahin im Kloster Nimptschen gelebt hatte und »mit der ihn Gott unversehens und da er viele andere Gedanken hatte, wunderbarlich in den Ehestand geworfen«, vor den Altar. Alle Beschimpfungen, die ihm die gegnerischen Kirchendiener desswegen zufügten, wies er mit den Worten zurück: »Ist mein Ehestand Gottes Werk, was ist's Wunder, dass sich die Welt daran ärgert«?

Es mag hier auch auf die verschiedenen Ansichten hingewiesen werden, die Luther in den einzelnen Zeitabschnitten seines Wirkens von der Ehe hegte. Bis 1519 sah er diese für ein Sacrament an, 1522 aber, als er noch unbeeinflusst von staatsrechtlichen Gedanken, aufrecht im Kampfe um die wahre Freiheit stand, hielt er die Ehe für »ein äusserlich weltliches Geschäft, wie jede andere menschliche Hanthierung«. Dann aber verknöcherte auch seine geistige Wirksamkeit und um nicht mit der landesfürstlichen Gewalt, die keineswegs die bürgerliche Ehe wünschte, in Widerspruch zu gerathen, erklärte er die Verbindung zweier sich liebender Menschen verschiedenen Geschlechtes »für eine der göttlichen Gnade und des Segens der Kirche bedürftige Einrichtung, welche nicht nur für den Staat die Pflanzschule, sondern auch solche für die Kirche und das Reich Christi auf Erden sei«. Er überliess demnach hierin »einer jeglichen Stadt und Land ihren Brauch und Gewohnheit, wie sie eben gehen«.

Die im alten Glauben verharrenden Staaten konnten sich aber auf die Dauer der protestantischen Auffassung von der Ehe und ihrem Rechte nicht entziehen. Die Folge war, dass sich überall in Europa auf diesem Gebiete eine Gesetzgebung entwickelte, welche oft mit der ursprünglichen der Kirche in scharfen Gegensatz trat. Es kam so weit, dass auch die meisten katholischen Staaten die Ehe nicht geradezu als ein Sacrament auffassten; das französche Recht forderte schliesslich nicht einmal mehr die kirchliche Trauung.[1])

Dagegen zeigte sich das neuzeitliche katholische Eherecht durchaus starr und hartnäckig festhaltend an der Ansicht, dass eine Ehe nur durch den Tod getrennt werden könne. In Frankreich beispielsweise bestand bis 1816 die Möglichkeit der Ehescheidung. Dann wurde die Bestimmung aufgehoben, weil man mit allen Erinnerungen an die Staatsumwälzung aufräumen wollte. Volle sieben Jahrzehnte war es ausgeschlossen, in Frankreich auch die zerrüttetste Ehe zu trennen und es bedurfte wie wir alle wissen, grosser Kämpfe in der Volksvertretung bis diese dem vom Abgeordneten Naquet ein-

---

[1]) Einzig Russland betrachtet die Ehe noch als ein Sacrament. Es heisst in dem § 16 der Institutionen des russischen Rechts: »Die Ehe ist ein durch die gesetzmässige Verbindung zweier Personen verschiedenen Geschlechtes vollzogenes Sacrament, wodurch dieselben ein gegenseitiges Recht auf den vertrautesten Umgang erhalten.«

gebrachten Gesetzesvorschläge zustimmte und die Scheidung damit wieder zuliess.

Das geistliche Recht hatte die Ehen zwischen Verwandten bis zum vierten Grade strenge verboten. Die grösseren protestantischen Länder erlaubten schliesslich nur die Ehen nicht zwischen Bruder und Schwester und häufig gestatteten sie auch keine Trauung des Oheims mit der Nichte und der Tante mit dem Neffen. Die meisten katholischen Staaten schlossen sich diesem Vorgehen an; immerhin blieben in ihnen nicht selten (z. B. in Oesterreich) auch die Ehen zwischen Geschwisterkindern untersagt. Eine eigenartige Stellung nimmt in dieser Hinsicht England ein, das es noch immer hartnäckig an dem Verbote festhält, der Wittwer dürfe seine Schwägerin nicht heirathen.

Doppelehen kannte auch der Protestantismus, freilich nur für hohe Herren. Der berühmteste Fall dieser Art ist jener des Landgrafen Philipp des Grossmüthigen von Hessen-Kassel. Luther und Melanchthon, welche im alten Testament keine ausdrückliche Vorschrift fanden, dass die Einzelehe allein gestattet sei und die ihrem Beschützer Philipp gerne dienstbar sein wollten, entdeckten vom Standpunkte der Gottesgelahrsamkeit aus keinen Einwand gegen diese Doppelehe. Philipp war nämlich sehr unglücklich mit seiner Gattin Christine, die hässlich, unliebenswürdig und mit widerlichen körperlichen Eigenschaften behaftet gewesen sein soll. Er erglühte für das schöne Fräulein Margaretha von Saal und da diese sich nicht anders ihm ergeben wollte, denn als rechtmässige Gemahlin, so erzwang der liebestrunkene Herr die Einwilligung Christinens und hielt das zweite Beilager im März von 1540 zu Rothenburg an der Fulda.[1]

Bis in das XVIII. Jahrhundert hinein wurde der Ehebruch mit dem Tode bedroht, diese Strafe aber immerhin weit öfter an Frauen, als an Männern vollzogen. Der Code Napoleon sogar kennt noch eine starke Benachtheiligung des weiblichen Geschlechtes nach dieser Richtung hin, in dem er den Mann nur dann des Ehebruchs für schuldig erachtet, wenn er eine Beischläferin in die gemeinsame Wohnung aufnahm. In solchem Falle allein trifft den Gatten eine Geldstrafe von 100 bis 2000 Franken. Umgekehrt wird jede Verletzung der ehelichen Treue seitens der Frau mit Gefängniss von zehn Monaten bis zu drei Jahren Dauer, verbunden mit einer Zahlung von 100 bis 2000 Franken geahndet.

Das ältere österreichische Gesetzbuch behandelte den Ehebruch bei beiden Theilen als eine schwere Polizeiübertretung(!); ebenso straft das preussische Land-

---

[1] Es muss hervorgehoben werden, dass dieses Geschehniss in den schärfsten Gegensatz zu der landläufigen Auffassung trat. Auch die protestantischen Stände bestraften damals die Doppelehe unter allen Umständen mit dem Tode und die »Carolina« bestimmte ausdrücklich. »Item so eyn ehemann eyn ander weib oder eyn eheweib eyn andern mann inn gestalt der heyligen ehe bei leben des ersten ehegesellen nimbt, welche übelthat dann auch eyn ehebruch und grösser dann das selbig laster ist, und wiewol die Keyserlichen recht auff solche übelthat keyn straf am leben setzen, so wollen wir doch, welcher solchs lasters betrüglicher weiss, mit wissen und willen ursach gibt und vollbringt, dass die nit weniger dann die ehebrüchigen peinlich gestraft werden sollen.« Es stand demnach im Reiche auf der Doppelehe wie auf dem Ehebruche die Todesstrafe.

recht die Schuldigen ohne Ansehen des Geschlechts. In vielen Staaten wird heut zu Tage der Ehebruch nur nach vollzogener Scheidung und auf Antrag des nicht schuldigen Theiles geahndet; Haft und Geldleistungen sind dafür die gewöhnlichen Bussen.

Es ist eine oft gehörte Behauptung, die Stellung der Frauen sei durch die Kirchenverbesserung eine erheblich würdigere geworden, wie dies jemals der Fall gewesen. Im Ganzen decken sich aber hiermit die Thatsachen keineswegs. Gewiss kam eine Frau nun nicht mehr in die Lage, die Beischläferin des Priesters zu werden; denn der Diener am Worte im neuen Glauben heirathete. Dagegen blieb sie in der abhängigen Stellung, ja in den bürgerlichen Kreisen verloren sich alle Freiheiten für sie und der erwachende Puritanismus sah in der Frau nicht weniger das »Gefäss der Sünde« wie alle alten Kirchenväter.

Wir haben ein überzeugendes Beispiel davon, wie selbst die hochgebildeten Männer des XVI. Jahrhunderts von der Ehe und den Aufgaben der Gattin dachten. So schrieb Ulrich von Hutten am 21. Mai 1519 an den Domherrn Friedrich Fischer in Würzburg: »Mich beherrscht jetzt die Sehnsucht nach Ruhe. Dazu brauche ich eine Frau, die mich pflege. (!!) Du kennst meine Art. Ich kann nicht wohl allein sein, nicht einmal bei Nacht. (!!) Vergebens preist man mir das Glück der Ehelosigkeit und rühmt die Vortheile der Einsamkeit. Ich glaube mich nicht dafür geschaffen. Ich muss ein Wesen haben, bei dem ich mich von den Sorgen, von den ernsten Arbeiten erholen, mit dem ich spielen,

Scherze treiben, angenehme und leichte Unterhaltung treiben kann; ein Wesen, bei dem sich die Schärfe des Grams, die Hitze des Kummers mildert. Gieb mir eine Frau, mein Friedrich und damit Du wissest, was für eine, so lass sie schön sein, jung, wohlerzogen, heiter und züchtig, auch geduldig. Besitz gieb ihr genug, nicht viel. Denn Reichthum suche ich nicht, und was Stand und Geschlecht betrifft, so glaube ich, wird diejenige adlig genug sein, welcher Hutten seine Hand reicht«.

Wenn Ulrich vier Jahre später unbeweibt auf der Ufenau im Zürcher See starb, so lag es nicht etwa an den Frauen, dass dies so geschah. Aus den verschiedensten Ueberlieferungen erkennen wir wie selten die Liebe, auch in dem Deutschland des sechszehnten Jahrhunderts, ein Wort mitsprach, sobald es sich um die Eheschliessung handelte.

»Und da ich ausgedient hatte« — erzählt uns der unsterbliche Albrecht Dürer — »schickte mich mein Vater hinweg und ich blieb vier Jahr aussen, bis mein Vater mich wieder forderte; und als ich anheim gekommen war, handelt Hans Frey mit meinem Vater und gab mir seine Tochter mit Namen Jungfrau Agnes«. Dass derlei geschäftsmässige Abmachungen kaum zum Segen ausschlugen ist wohl leicht zu verstehen. Gerade die Dürer'sche Ehe liefert ein Beispiel dafür. Wir wollen uns dabei im geringsten nicht um den bösartigen Nürnberger Stadtklatsch kehren, der sich über das Zusammenleben Meister Albrechts mit Frau Agnes, die für diese recht hässlichen Geschichten erzählte. Aber wir müssen doch zugeben, dass diese Frau, das Muster einer deutschen

Hausmutter, die auf den Jahrmärkten die Kupferstiche ihres Mannes verkaufte und gerne ein Trinkgeld von den Bestellern nahm, dass Frau Agnes wahrlich nicht dazu angethan erschien, den Geist und die Kunst eines Albrecht Dürer zur vollen Entfaltung zu bringen.

Hans Holbein, der dem italienischen Geiste sich unter den deutschen Künstlern am meisten näherte, entfloh geradezu seiner Ehe. Die Pfahlbürger haben sich denn auch die günstige Gelegenheit nicht entgehen lassen, den Freund des grossen Erasmus, den Hofmaler Heinrichs VIII. von England, der äussersten Liederlichkeit zu beschuldigen. Erst unsere Zeit erkannte, dass Holbein aus Basels Mauern scheiden musste, wollte er alles das leisten, das er dann später wirklich geschaffen hat.

Die italienischen Meister verzichteten zumeist auf die Ehe und wo sie sie eingingen, ist sie jedenfalls nicht hausbacken ausgefallen und die Verbindung mit einer Frau hinderte die Künstler sicherlich nicht im Geringsten, das zu erreichen, was sie erstrebten.[1]

Wir werden im letzten Abschnitte des vorliegenden Werkes sehen, dass das wesentlich von französischen Cultureinflüssen durchtränkte XVIII. Jahrhundert die geringste Werthschätzung weiblicher Moralität besass und praktisch die Fesseln der Ehe vollständig löste, sie lediglich in der Theorie gesetzlich bestehen liess. Der St. Simonismus und die Ansichten der französischen Communisten der vormärzlichen Zeit über die »freie Liebe«

---

[1] Ausführlich hierüber Dr. Reinhold Günther. »Frauenschönheit im Spiegel der Jahrhunderte.« (Zürich und Leipzig, 1897.) S. 154 ff.

unterscheiden sich nicht im Geringsten von den Ideen, die man an Ludwig XV. und der ihm seelenverwandten übrigen europäischen Höfe hegte, nur dass sie aus ethischen Forderungen heraus entstanden sind. Denn Charles Fourier, der wissenschaftliche Begründer des französischen Sozialismus verwirft die »christliche« Ehe darum, weil sie ihm nichts anderes ist als eine gesetzlich vorgeschriebene Prostitution. Er will die Emancipation der Frau in der Art aufgefasst wissen, dass jedem weiblichen Wesen das Recht gewahrt bleibt »d'entrer dans le groupe des Bacchantes et des Bayadères . . . . . qui useront le plus largement de la liberté en amour«. Freilich soll das nicht etwa eine Prostitution sein; denn die communistische Gesellschaft erlaubt den Bacchantinnen und Bajaderen natürlich nicht, ihre Gunstbezeugungen um Geld auszubieten.[1])

Fourier hat durch diese Ausführungen bewiesen, dass er von der weiblichen Eigenart, von der thatsächlichen Moralität der Frau auch nicht die geringste Kenntniss besitzt; denn nach ihm wäre die Liebe des anderen Geschlechts nichts weiter als ein Taumeln von einer Befriedigung der Geschlechtslust zur andern. Auf ihn passt das Wort des St. Simonisten Enfantin, der erklärte: »La seule position du St. Simonien à l'égard de la femme c'est de déclarer son impotence à la juger.«

Diese von communistischen Doctrinären, bei denen man auf Grund ihrer bezüglichen Ansichten im Zweifel

---

[1]) Fourier. Théorie de quatre mouvements. Réforme industr. article de Fourier.

über ihre Zurechnungsfähigkeit sein darf, geforderte »freie Liebe« hat der Frauenemancipation lange Zeit mehr geschadet wie alle gegen die letzteren geschleuderten Verdammungsurtheile. Hohnlachend berief man sich auf die »von den Sozialisten gepredigte und von emancipirten Weibern angebetete »freie Liebe«, um die Absurdität aller Anstrengungen der Frauen, ihr Menschenrecht zu erlangen, lächerlich zu machen. Als wenn die viel berufenen freien Wahlumarmungen nicht gerade in jenen Kreisen am ehesten bemerkt worden wären, die wahrlich dem Sozialismus so gut wie der Emancipation des Weibes, als Todfeinde gegenüberstanden. Glücklicherweise schläft jeder Unsinn und wenn er auch noch so böswillig immer wieder geweckt wird, schliesslich den bleiernen Schlaf des Todes. Wir sind nachgerade so weit gekommen, dass kein Vernünftiger mehr an die Emancipirten von Fouriers System glaubt und man darf der Hoffnung leben, dass die wahre Moralität in der Ehe sich endlich auch siegreich durchringen wird.

Unserer Betrachtung entziehen sich alle jene, auf dem Boden des Sektenthums — Wiedertäufer des XVI. Jahrhunderts, Communisten am Oneidabache, Mormonen u. s. w. — stehenden Auffassungen von der Ehe. Das sind psychopatische Erscheinungen, welche unter das Capitel: Religiöser Wahnsinn fallen und die der Mediziner aber nicht der Culturhistoriker besprechen mag.

Moralität in der weiblichen Tracht.

Im Allgemeinen nimmt die civilisirte Menschheit an, dass die Körperhüllen ihren Ursprung in der Schamhaftigkeit zu suchen hätten. Gewöhnt, bekleidet zu gehen, erscheint es natürlich, dass ganze oder theilweise Nacktheit des Rumpfes wenigstens, der Moralität widerspricht. Trotzdem tritt die Nacktheit in einzelnen, besonderen Fällen, gewissermassen aber als Zubehör einer bestimmten Tracht, häufig genug uns entgegen.

Dabei ereignet es sich nun, dass eine Kleidung unbedenklich erscheint, sobald sie in ihrer Art für vollkommen gelten muss und am bestimmten Orte getragen wird, dass ein anderes Costüm jedoch, welches die Körperformen viel mehr verhüllt als jenes, von dem Vorwurf getroffen wird, unanständig zu sein.

Eine Frau z. B., die morgens im leichtesten Badecostüm nach Pariser Mode, am Meeresstrande einherwandelt und abends in der decolletirtesten Gesellschaftstoilette im Ballsaale tanzt, die auf der Bühne, im Circus in der Pantomime das durchsichtigste Tricot oder die denkbar einfachste Gewandung zu ihrer Rolle benöthigt, erschrickt wahrscheinlich stark und erröthet schamhaft, wenn sie im Unterrock von einer männlichen Person überrascht wird.

Der Ort wo das Costüm getragen wird, entscheidet also zunächst über dessen Moralität, nicht aber die Betrachtung ob die Verhüllung vollständig oder unvollständig sei. Die so häufig wechselnde Mode hat bei der Beurtheilung dieser Fragen die zweite Stimme. Noch vor fünf Jahren z. B. waren die für den Gebrauch im Meerbad bestimmten Badetoiletten vollständige Bekleidungen, welche höchstens die entblössten Arme zeigten. Die Mode von 1897 wiederum kannte — in Trouville u. s. w. — lediglich den nur den Rumpf bedeckenden und häufig sogar noch an der Seite breit und genestelten aufgeschlitzten Maillot. Wäre er vereinzelt in der Periode von 1890 bis 1895 erschienenen, so hätte man seine Trägerinnen der Indecenz geziehen.

Dass der Ort über die Moralität der Tracht entscheidet, zeigt das Vorgehen verschiedener Polizeibehörden, welche den Versuch machten, den Damen das Tragen von rationellen Velocostümen zu verbieten, sofern nicht das Rad gewissermassen die Rolle des Feigenblattes übernahm.

Die Ansichten über die Moralität der Tracht schwanken bei den verschiedenen Nationen und in den verschiedenen Zeiten. Angesichts dieser Thatsache wird man sehr vorsichtig sein müssen, von einer unsittlichen Tracht« zu sprechen.

Ebenso ist die Nacktheit an sich nicht unsittlich. Wir schämen uns ihrer lediglich deshalb, weil wir ihr fast niemals oder doch nur selten begegnen. Dass wir nicht nackt umhergehen können, versteht sich von selbst; denn das Klima und unsere körperliche Verzärtelung verbieten die Entblössung. Die Schamhaftigkeit erklärt sich aber auch aus ästhetischen Gründen; denn wie viel Menschen dürfen es überhaupt wagen, ihren nackten Körper zu zeigen ohne eine Kritik hinnehmen zu müssen ob der Mängel, welche sie dann enthüllen?

»Der Grund, warum sich die Menschen der Nacktheit schämen, ist der, dass sie sich nicht für vollkommen halten. Wäre man sicher, weder einen Fleck auf der Haut oder einen schlecht gebildeten Muskel, noch missgestaltete Füsse zu haben, so würde man, ohne sich zu schämen, unbekleidet einhergehen. Man giebt sich nicht genügend Rechenschaft darüber; aber gerade dieses und nichts anderes ist die Ursache unseres Verschämtseins. Kann man zögern, etwas wirklich Schönes, worauf man stolz sein darf, zu zeigen? Wer hat jemals seit den Zeiten des Königs Kandaules einen Schatz oder eine Schönheit besessen, ohne sich ihrer zu rühmen?«

»Ebenso leicht wie man mit dem Gesicht zufrieden ist, zeigt man sich bedenklich in Bezug auf die Vollkommenheit seines Körpers. Die Scham schwindet nur vor der Vollkommenheit, und die Schönheit ist allmächtig. In dem Augenblick, da man etwas anderes sagen könnte, als: »Vollendet schön!« ist die Schönheit nicht vollkommen — und bietet Raum dar für den Tadel und für alles andere«.[1])

Der Urzustand der Menschheit war in Rücksicht auf die Bekleidung sicherlich der paradiesische, den uns die Genesis mit den Worten schildert: »Und sie waren beide nackend, der Mensch und sein Weib; und schämeten sich nicht«.[2]) Die Naturvölker, welche auf dem niedrigsten Standpunkte der Gesittung stehen, die Australneger, Feuerländer, Botokuden u. s. w. kennen weder für das männliche noch für das weibliche Geschlecht eine Bekleidung; höchstens, dass sie zur Winterzeit ein Fell zum Schutze vor den gröbsten Unbillen der Witterung tragen. Lächerlich ist es, wenn Missionare darüber klagen, dass diese »blinden Heiden« nicht einmal ahnen, dass »sie damit etwas Unschickliches begehen oder Veranlassung zu Aergernissen geben können . . . . . indess man doch niemals die kleinste unehrbare oder unschickliche Handlung bei ihnen bemerkt«.[3]) Bekanntlich geben sich die Missionare mit Vorliebe damit ab, den »Aergerniss erregenden Wilden« die Nothwendigkeit des Feigenblattes darzuthun, woraus dann jene Bekleidungskarrikaturen entstehen, die der Europäer gerne belächelt.

Vernünftige Reisende versichern uns dagegen: »Diese böse Nacktheit sieht man nach einer Viertelstunde gar nicht mehr, und wenn man sich dann ihrer absichtlich erinnert und sich fragt, ob die nackten Menschen: Vater, Mutter und Kinder, die dort arglos umher stehen oder

---

[1]) Marie Bashkirtseff. Journal. II. 7.
[2]) 1. Buch Mose 2, 25.
[3]) Salvado. Memorie storiche dell'Australia. S. 220.

gehen, wegen ihrer Schamlosigkeit verdammt oder bemitleidet werden sollten, so muss man entweder darüber lachen wie über etwas unsäglich Albernes oder dagegen Einspruch erheben wie gegen etwas Erbärmliches«.[1])

Dass die Nacktheit häufig geradezu durch die Hygiene gefordert wird, zeigen die Sitten der Grönländer.

Im Hause ging der ursprüngliche Eskimo, sowohl Mann als Frau, vollständig nackend . . . Das ist noch jetzt an der Ostküste Gebrauch. Dies ist natürlich eine sehr gute und gesunde Sitte, denn die Fellkleider hindern die Ausdünstung der Haut, und deshalb ist es besonders ungesund, sie in warmen Räumen zu tragen . . . Als die Europäer in's Land kamen, verletzte indessen diese Sitte ihr Anstandsgefühl, und die Missionare besassen so wenig Einsicht, dass sie dagegen predigten. So ist denn jetzt diese Sitte an der Westküste abgeschafft, ob sich aber dadurch die Moral gebessert hat, wage ich nicht zu entscheiden, — ich bezweifle es freilich sehr — eins aber ist sicher, der Gesundheitszustand ist nicht dadurch gehoben«.[2])

Wir sehen, dass ursprünglich beide Geschlechter keinerlei Schamhaftigkeit in unserm Sinne besitzen und aus anderen Berichten über die Naturvölker lernen wir auch die Thatsache kennen, dass die mit der Tracht im Zusammenhange stehende Schamhaftigkeit absolut nicht einen natürlichen Instinkt der Frau darstellt.

---
[1]) Karl v. d. Steinen. Unter den Naturvölkern Zentral-Brasiliens. S. 64.

[2]) Fr. Nansen. Auf Schneeschuhen durch Grönland. II. 274.

»Durchaus irrig wäre die Annahme, dass sich das Schamgefühl früher beim weiblichen Geschlechte rege als beim männlichen, denn die Zahl solcher Menschenstämme, bei denen die Männer allein sich bekleiden, ist nicht unbeträchtlich. Am Orinoko versicherten Missionare unserem A. von Humboldt, dass die Weiber weit weniger Schamgefühl zeigten als die Männer. Bei den Obbo-Negern, nordöstlich vom Ausflusse des Nil aus dem Albert-See, besteht die Bedeckung der Frauen in einem Laubbüschel, während die Männer einen Fellschurz tragen. In dem merkwürdigen Staate der Mombuttu-Neger am Uëlle bedeckten sich die Männer mit einem Gewand aus Baumrinde, das von der Brust bis auf die Knie reicht, ihre Frauen dagegen befestigten bloss ein handgrosses Stück Bananenlaub an die Lendenschnur. Ausserordentliche Strenge in Bezug auf sittsame Kleidung fand Speke am Hofe Mtesas, des Königs von Uganda. Waren auch die Besorgnisse seines Freundes Rumanika unbegründet, dass man ihm und Grant das Betreten jenes Landes verweigern werde, weil beide nur Beinkleider trügen, nicht lange fliessende Gewänder wie die Araber, so ergab sich doch später, dass der König mit dem Tode jeden Mann bestrafte, der in seiner Gegenwart auch nur auf Zollbreite sein Bein unbedeckt liess, während doch gleichzeitig völlig nackte Frauen Kammerdienste verrichten mussten. Der arabische Reisende Ibn Batuta versichert, dass sich dem König des Mandingoreiches von Melli Frauen, selbst Prinzessinnen, nur unbekleidet nahen durften. In Südafrika empfing die Königin der Balonda-Neger Livingstone im Zustande völliger Nacktheit, und nicht anders erschienen die Frauen der benachbarten Kissama-Neger bei Festlichkeiten. Bei halbgekleideten Menschenstämmen wird gewöhnlich die Bedeckung erst mit der Altersreife angelegt, und es ist ein Ausnahmefall, der überdies noch einer Bestätigung bedarf, dass bei Australierinnen die Entblössung der Frauen erst nach der Ehe stattfinden soll«.[1])

Die Scheu des weiblichen Geschlechtes, alle Theile des Körpers entblösst zu zeigen, das Schamgefühl ist wie die Abneigung gegen die Nacktheit wesentlich ein Kunstprodukt. Zunächst kam der Schutz vor der Witterung, dann forderte der Willen des Mannes, die Frau durch die Verhüllung ihrer Formen auch in der Oeffentlichkeit gleichsam im Weibergemache zu halten und jedenfalls ihre Reize vor den Blicken der Nebenbuhler zu verbergen und endlich schuf der Mann religiöse Vorschriften, welche jede Entblössung des schwachen Geschlechtes vor anderen Personen, als dem Gatten für eine Todsünde erklärten. Die Polizei stellte sich zum Schlusse ein und paragraphirte ganz im Sinne des Orients, welcher nur den Harem als den natürlichen Aufenthalt der Frauen kennt, die bezüglichen Begriffe über die »Erregung öffentlichen Aergernisses«.

Der Islâm liefert für diese Thatsachen die klassischen Belege. So lange die Bekenner des Propheten ein Nomadenleben führten, trugen die Frauen, wie das noch heute bei den Kabylenvölkern geschieht, höchstens ein Hemd als gewöhnliche Bekleidung. Der Harem war

---

[1]) O. Peschel, Völkerkunde. S. 176/177.

und ist den Nomaden unbekannt. Noch unter dem Chalifate genoss die Frau eine verhältnissmässig grosse Freiheit und Niemanden fiel es ein ihr zu befehlen, dass sie nur verschleiert in der Oeffentlichkeit erscheinen solle. Als der Islām im türkischen Reiche in höchster Blüthe stand und aus den einstigen Nomadenhorden sesshafte Haremsbesitzer geworden waren, wurde auch die mehlsackartige Strassentracht und der dazu gehörige dichte Schleier für die Frauen eingeführt. Noch im Anfange dieses Jahrhunderts war die Türkin, welche unvorsichtig oder muthwillig den Schleier vor Fremden von ihrem Antlitz hob, reif, dafür gesäckt und ertränkt zu werden. Seitdem, und das beweist deutlich, dass die Emancipation des anderen Geschlechtes selbst in der Türkei begonnen hat, sollen in Stambul sehr durchsichtige Schleier Mode sein und zwar nicht nur bei den galanten Damen der dortigen indigenen Halbwelt, sondern auch bei den ehrbaren Haremsbewohnerinnen.

Dass die von der Religion geforderte Askese schliesslich zu den nämlichen Resultaten in Rücksicht auf die weibliche Schamhaftigkeit und die von dieser bedingten verhüllenden Tracht gelangte, wie die durch die Polygamie gezeitigte männliche Eifersucht, das zeigen die Nonnengewänder — wenn sie nach Vorschrift zugeschnitten sind, was bekanntlich im Mittelalter und besonders im Zeitalter der Renaissance nicht immer der Fall war.

Interessant ist es ferner, zu beobachten, dass die Frauenwelt in allen Ländern, welche die Sklaverei kannten, nichts Unschickliches darin findet, oder fand, sich völlig entkleidet vor männlichen Sklaven zu zeigen. Die römischen Damen aus den vornehmsten Kreisen liessen sich im Bade von Verschnittenen und Infibulirten bedienen und Berichte aus den überseeischen Staaten mit romanischer Bevölkerung erzählen, dass die Herrinnen unbedenklich vor dem Negersklaven zur Entblössung schritten. Die Erklärung für diese uns vielleicht unfassbaren Geschehnisse haben wir darin zu suchen, dass der Sklave als ein menschenähnliches Thier gilt und seine Blicke desshalb die Schamhaftigkeit nicht verletzen können. In den Kreolenländern soll heute noch bei der Frauenwelt eine sehr weitherzige Auffassung der Schamhaftigkeit bestehen.

Andererseits haben wir von der Antike die Sage vom König Kandaules überliefert erhalten, den Gyges tödtet, nachdem er auf Wunsch des Königs die entkleidete Herrin gesehen und diese ihm nur die Wahl lässt sie zu ehelichen oder zu sterben.[1]) Die Worte, welche Herodot in seiner Erzählung braucht sind ganz im Geiste des Morgenlandes gesprochen, der mit der christlichen Lehre Gemeingut aller civilisirten Völker ward.[2])

Ein zweites antikes Gegenstück zu der Kandauleslegende bietet sich in der Erzählung von den milesischen Jungfrauen dar, welche nur dadurch von der epidemisch

---

[1]) Herodot. Geschichten. I, 8—12.
[2]) »Mit dem Kleide zieht das Weib auch die Scham aus. Schon seit alter Zeit haben die Menschen gefunden, was sich schickt, daraus man lernen soll« ..... »Also entweder er muss sterben, der solches angegeben, oder du, der du mich nackt gesehen, und gethan hast, was sich nicht schickt.«

unter ihnen wüthenden Selbstmordmanie geheilt werden konnten, dass festgesetzt ward, die Erhängten solle man nackt über den Markt zu Grabe tragen. »Der Antrag that nicht nur dem Uebel Einhalt, sondern benahm auch den Jungfrauen ganz das Verlangen nach dem Tode. Es ist die Furcht vor Schande wirklich ein starker Beweis ihres edlen Charakters und ihrer Tugend; da sie furchtlos gegenüber den schrecklichsten Dingen, von Tod und Schmerz, doch die Vorstellung der Schande unerträglich fanden und nicht der nach dem Tode sie treffenden Schmach sich aussetzen wollten«.[1])

Dass Frauen öffentlich vollständig unbekleidet erschienen, ist im Alterthum so gut vorgekommen wie im Mittelalter wie in der neuen und neuesten Zeit.

Auf egyptischen Wandgemälden sehen wir Gastmähler dargestellt, an denen das Publikum durch nackte Tänzerinnen ergötzt wird. Im alten Orient lassen sich ähnliche Schauspiele vielfältig nachweisen. Dass die Auletriden und Courtisanen in den griechischen Städten die Erlaubniss hatten, sich öffentlich nackt zu zeigen oder koische, völlig durchsichtige Kleider zu tragen, verrathen Prosaisten und Poeten häufig genug. Dass andererseits die sorgfältige Verhüllung von Hetären höchsten Ranges als Reizmittel benutz wurde, beweist nur, dass jener Zeit das Nackte eben ganz gewöhnlich und nicht auffällig war.

»Phryne wurde vor dem Volksgerichte der Heliäa der Gottlosigkeit angeklagt. Ein gewisser Hyperides

---

[1]) Plutarch. Von den Tugenden der Weiber.

übernahm ihre Vertheidigung; aber alle Künste der Beredsamkeit waren nicht imstande, die Richter zu Gunsten seiner Klientin zu stimmen. Da nahm der eifrige Sachwalter zu einem ganz unerhörten Advokatenkniffe seine Zuflucht, er enthüllte plötzlich den Busen der Phryne und die überraschende Schönheit desselben bewirkte, dass die Angeklagte freigesprochen wurde. Aber Athenäus, dem wir diese Anekdote verdanken, vergisst auch nicht einen Wink zu geben, in welchem Sinne sie zu fassen ist, nämlich im griechischen. Eine abergläubische Scheu, erzählt er, ergriff die Richter, und sie glaubten sich zu versündigen, wenn sie eine Gestalt zerstörten, welche Aphrodite selbst durch die höchste Schönheit zu ihrer Priesterin geweiht hatte«.

»Wenn Phryne öffentlich erschien, war sie immer sehr sorgfältig verhüllt und nie besuchte sie die öffentlichen Bäder. Als aber einst das Volk am Ufer des Meeres bei Eleusis zum Feste des Neptun versammelt war, löste sie plötzlich das Haar, liess ihre Hülle sinken, und stieg vor den Augen des erstaunten Volkes in die Fluthen des Meeres nieder. Auch diese Handlung, welche unserm Gefühle billigerweise als die frechste Schamlosigkeit erscheint, wurde in Griechenland ganz anders angesehen. Das Fest des Meeresgottes wurde erhöht und verschönert durch das lebendige Abbild der schönsten Geburt des Meeres, einer lebendigen Venus-Anadyomene«.[1]

---

[1] Anselm Feuerbach. Geschichte der griechischen Plastik.

Dass die spartanischen Jungfrauen nackt an Leibesübungen Theil nahmen, ist allgemein bekannt.

Im ältesten Rom besass man wenig Sinn für die griechische Freude an der Nacktheit. Dennoch geht das Fest der Floralien bis in das dritte Jahrhundert zurück; es soll am 1. Mai des Jahres 241 vor unserer Zeitrechnung zuerst gefeiert worden sein. Die Lupercalien reichen bis ins sechste Jahrhundert hinein. An beiden Festen tanzten die Courtisanen nackt im Theater vor aller Augen. Diejenigen Frauen, welche die licencia stupri besassen, hatten übrigens die unbestrittene Erlaubniss, sich unbekleidet unter den Eingängen der öffentlichen Häuser sehen zu lassen. Bei den schwelgerischen Gastmählern im Zeitalter der Cäsaren, erschienen oft hunderte von völlig enthüllten Tänzerinnen und Flötenspielerinnen. Andeutungen, welche sich besonders in den Schriften des älteren Plinius und des Seneca finden, lassen vermuthen, dass die durchsichtigen koischen Florkleider nicht nur von Prostituirten, sondern auch sehr häufig von den Damen der vornehmen Gesellschaft getragen wurden. Die Darstellungen von Scenen aus der Göttersage, welche das römische Publikum sehr liebte, forderten geradezu das Auftreten von nackten weiblichen Gestalten. Frauen, die zur Arena verurtheilt wurden, betraten den gelben Sand hüllenlos. Ein von Hadrian erlassenes Verbot zeigt, das bis dahin beide Geschlechter zusammen in den öffentlichen Anstalten badeten, was übrigens noch dreizehn bis fünfzehn Jahrhunderte später in gewissen Kurorten, z. B. in Baden, in der Schweiz durchaus kein Aergerniss erregte.

In Russland scheinen derartige Sitten noch Ende vorigen Jahrhunderts bestanden zu haben. Wenigstens erzählt Casanova (1765) gelegentlich seines Aufenthaltes in St. Petersburg: »C'est dans ce costume français que je la conduisis au bain public, où je trouvai cinquante ou soixante personnes, hommes et femmes, nus comme la main, qui, ne regardant personne, se figuraient sans doute ne pas être regardés. Etait-ce manque de pudeur ou innocence primitive? Je laisse aus lecteur à deviner. Pour moi, je trouvai étrange que pas un homme n'arrêtât ses yeux sur Zaire . . .«[1])

Das römische Christenthum hatte in diesen Dingen wahrlich keine Veränderungen getroffen. Der Kirchenvater Hieronymus erzählt z. B., dass zu einer Zeit im Theater von Rom das »Majuma« genannte Schauspiel gegeben ward, in dessen Verlauf eine Anzahl weiblicher Histrionen sich entkleideten, um ein Bad zu nehmen.

Auch im späteren Mittelalter nahm man an der Nacktheit keinen Anstoss. Man schlief ja ohne Hemde und zwar auch die Frauen. In den Gesammtabentheuern« wird ausdrücklich gesagt, dass die Dame erst beim Aufstehen »ein sidin hemde an slouft«.[2]) Aus anderen Stellen in den Dichtwerken der Minnesänger wissen wir aber, dass der Ritter in seiner Eigenschaft als Lehensmann der Herzenskönigin, die Herrin in ihr Schlafgemach

---

[1]) Mémoires de Jacques Casanova de Seingalt. VI. Ch. V. Der Leser wird gewiss nicht im Zweifel sein, dass weder »manque de pudeur« noch »innocence primitive«, sondern lediglich eine auf natürlichen Grundlagen basirende Sitte dort zum Ausdruck kam.

[2]) Gesammtabentheuer. I. 270.

geleitete, ihr dort wie der Diener dem Edlen, beim Entkleiden behilflich war und sich erst entfernte, wenn sie im Bette lag.

Im Titurel wird geschildert, wie die jungfräuliche Sigune ihre unverhüllte Schönheit dem minnenden Schionatulander zeigt. Aehnliches mag sich doch vielfach in Wirklichkeit ereignet haben und bei den, den glänzenden Turnieren folgenden ausgelassenen Festen traten öfters völlig entkleidete Tänzerinnen auf. Dass derlei Scenen in Frankreich vorkamen, erzählt der Troubadour Hugue Brunet. Von Maria de Padilla, der 1361 verstorbenen Geliebten Peters des Grausamen von Castilien erzählen die Chroniken: »Lorsqu'elle se baignait, il était d'usage que le roi et les courtisans vinssent lui tenir compagnie«.

Als König Ludwig XI. von Frankreich, der galante Freund so vieler Bürgersfrauen 1461 nach seiner Krönung in Paris einzog, empfingen ihn am Thore drei der schönsten Mädchen der lebenslustigen Stadt, welche völlig unbekleidet, Gedichte deklamirten. Sieben Jahre später gab das getreue Lille dem prachtliebenden Herzog Karl dem Kühnen von Burgund grossartige Feste. Mysterienspiele wechselten dabei ab mit der Vorführung mythologischer Scenen. So gelangte auch das Urtheil des Paris zur Darstellung wobei die drei Mädchen, welche die Göttinnen versinnbildlichten, der Ueberlieferung gemäss, vor dem fürstlichen Hirten, und demnach auch vor der gesammten Zuschauermenge die letzte Hülle von ihren Reizen abstreiften.

Und das waren nicht etwa Courtisanen, die dergestalt

allem Volke erschienen, sondern die Töchter der ersten Patrizierfamilien.

Als Albrecht Dürer (1520) in den Niederlanden weilte, wohnte er in Antwerpen dem Einzuge des jungen deutschen Kaiser Karl V. bei. Der grosse Maler berichtet darüber an seinen Freund, den gelehrten Gehilfen der Reformation, Philipp Melanchthon in Wittenberg. So zogen vor dem Kaiser eine gute Zahl der schönsten Patriziermädchen einher, ganz nackt und nur völlig durchsichtige Florstreifen um den Hüften tragend. Der Kaiser habe nicht hingeschaut, vergisst Dürer nicht beizufügen, er aber habe die jugendlichen Gestalten genau betrachtet »weil er Maler sei«.[1])

Am päpstlichen Hofe des schrecklichen Borgia, Alexander VI. erschienen im Verlaufe von Festlichkeiten hunderte von nackten Freudenmädchen. In Neapel ereigneten sich am Ausgange des XV. Jahrhunderts und ebenso in Paris während der Hugenottenkriege kirchliche Prozessionen, deren Theilnahmer und Theilnehmerinnen völlig entkleidet einher schritten.

Nackte Frauen zeigten sich im ersten Drittel des XVII. und noch um die Mitte des XVIII. Jahrhunderts in einzelnen Schauspielen (den »comédies gaillardes«) auf

---

[1]) Hans Makart hat diese Szene bekanntlich zu einem seiner gewaltigen, farbenprächtigen Gemälde benutzt. Um so lustiger ist es, dass Josef Lauff in seinem jetzt viel gelesenen Roman »Regina Coeli«, die schottische Sage von der keuschen Godwina, welche nackt durch die Stadt reitet, um diese vor Gewaltthaten zu schützen, in dem Antwerpen von 1585 geschehen lässt und dabei den Bürgern des üppigen Gemeinwesens die Delicatesse andichtet, dass sie während besagter Szene ängstlich in den dicht verschlossenen Häusern bleiben.

der fanzösischen Bühne. So wurde 1624 die Legende der heiligen Agnes auf dem Theater in Paris dargestellt und im Verlaufe des Dramas das Opfer des Symphronius öffentlich entkleidet. Die »Portugais infortunés« des Nicolas Chrétien bildeten um 1608 ein gutes Kassenstück. Die unglücklichen Portugisinnen werden auf eine von Barbaren bewohnte Insel verschlagen und nach Befehl des dort herrschenden Königs all' ihrer Hüllen beraubt. Die Hauptheldin Eleonore bedeckt sich zwar bis zum Gürtel mit Sand »mais ses suivantes, qui étoient plus jeunes, n'ont point la même modestie et se donnent beaucoup de mouvemens«. Das Auftreten von Schauspielerinnen, welches bis dahin nicht vorkam, scheint gerade dadurch bedingt worden zu sein, dass die weiblichen Rollen die Nacktheit forderten.

Auch in den vornehmsten Kreisen fand man dergleichen nicht anstössig. Im Gaillon-Schlosse wurde 1566 vor Karl IX. und dem Hofe ein von Nicolas Filleuc aus Rouen verfasstes Schäferspiel »Les Ombres« von Herren und Damen der edelsten Gesellschaft dargestellt, wobei sie als Bekleidung nur Laub- und Blumengewinde trugen. Das Jahr darauf sah der Hof in Nogent-le-Rotrou das »Urtheil des Paris«. Zu Chenonceaux gab Katharina von Medici 1577 ihrem Sohne, dem Könige Heinrich III. und seinem Gefolge ein prächtiges Banket; Als Bedienung amteten dabei die in durchsichtige Stoffe gehüllten Hofdamen der Florentinerin, die »escadron volant«. Mächtige französische Gutsherren boten ihren Gästen ähnliche Ueberraschungen. So erzählt Béroalde de Verville aus dem Zeitalter Heinrichs IV. von dem häufig vorkommenden

»Jeu de cérises ou des noix«.[1]) Die Heldin des von ihm berichteten Abentheuers ist eine Müllerstochter »de l'aage d'un vieil boeuf, désirable es fraiche«. Sie bringt ihrem in grosser Gesellschaft tafelnden Schlossherrn, dem Baron de la Rochet, einen Korb voll Kirschen. »Sus! dit-il à ses valets, allez quérir les quatre plus beaux linceuls qui soient céans et les étendez par la place. . . Les draps étendus sur le plancher, il ordonne à la fille de se mettre nue«. Sie gehorcht dem strengen Gebot, säet die Kirschen aus und sammelt sie wieder ein. Da nun die Anwesenden schwören, das bereitete Vergnügen sei ihnen wahrlich hundert und gar zweihundert Thaler werth, hält sie der Baron beim Wort. Er sammelt die Beträge ein und übergiebt endlich der Müllerstochter zwölfhundert Thaler »qu'elles a bien gagné«.

Die als »Lieselotte« bekannte Herzogin von Orléans erzählt in einem ihrer Briefe von der geistreich-bizarren Tochter Gustav Adolfs, der Königin Christine von Schweden: »Die grosse Mademoiselle hat mir erzählet, dass weil sie (Mad. Christine) gar weiss war, sie sich splitternackend auf ein schwarzsammet Bette gelegt und sich so an ihre Amants präsentiret«.

Und vom sächsischen Hofe der Regierungszeit August des Starken wird von der 1727 zu Dresden stattfindenden Begegnung des Churfürsten mit König Friedrich Wilhelm I. von Preussen, berichtet: »Eines Abends, nachdem bei der Tafel den Pokalen weidlich zugesprochen war, gingen sie zusammen im Domino auf den Maskenball; König

---

[1]) Im Moyen de parvenir. VIII.

August führte seinen Gast im Gespräch von Zimmer zu Zimmer, während der Kronprinz Friedrich und einige andere Herren ihnen nachfolgten. Endlich gelangten sie in ein reich geschmücktes Gemach. . . . . Auf einem Ruhebette lag eine junge Dame dahingestreckt, maskirt und mit nachlässigen Gewändern nur wenig bekleidet, so dass der Glanz der Kerzen, welcher das Gemach erfüllte, die reizendsten Formen beleuchtete«.[1])

Dass schöne Frauen, die etwa der Bühnenwelt angehören, mit ihren völlig enthüllten Reizen auf gewaltigen silbernen Schalen paradirend, gewissermassen als Schaugerichte bei »Herren-Diners« fungiren, soll heute noch in den halbasiatischen Ländern nicht gerade allzu selten vorkommen.

Am Ausgange des XVIII. Jahrhunderts wurde die Nacktheit durch die weibliche Mode geradezu gefordert. »Schon 1799 erschienen Pariser-Damen, solche freilich, welche sich auf der Höhe der Revolution bewegten, in seidenen fleischfarbenen Tricotpantalons mit Lilazwickeln und Kniebändern und darüber mit einer Chemise oder einem ächten Hemde, das bloss durch ein Paar schmale frisirte Bänder auf den nackten Schultern hing und die

---

[1]) Friedrich Wilhelm ärgerte sich jedoch über dieses Schauspiel. Er meinte trocken »Sie ist recht schön«, hielt dem Thronerben den Hut vors Gesicht und verliess mit seinem Gefolge sogleich das Zimmer und den Maskenball. Zu Hause beklagte er sich über das Benehmen des Churfürsten. Franz Kugler. Gesch. Friedrichs d. Gr. S. 31.

Jene »irdische Venus« war die schöne Italienerin Formera. Sie ist eine der Geliebten des Churfürsten gewesen und von diesem damals an den Kronprinzen Friedrich abgetreten worden.

ganze Oberhälfte des Leibes völlig entblösst zeigte; der ganze wie aus Luft gewebte Anzug wog kaum 16 Loth«.[1]) Um 1800 sang man in Paris das Couplet:

>»Grâce à la mode
>»Un' chemise suffit,
>»Un' chemise suffit,
>»Ah! qu' c'est commode!
>»Un' chemise suffit,
>»C'est tout profit! —

Und im Fernern erfahren wir: »Un décadi soir du messidor de l'an V (Juni 1799) deux femmes se promènent aux Champs-Elysées, nues, dans un fourreau de gaze; une autre s'y montre les seins entièrement découverts«.[2]) Die moralisirenden Spötter in Deutschland, wohin sich die pseudogriechische Damenmode ebenfalls verpflanzte, behaupteten damals »man käme der Wahrheit immer näher« und einer besonders strengen Anhängerin der »griechischen« Tracht ward einst ein Kästchen über-

---

[1]) Jacob Falke. Die deutsche Trachten- und Modenwelt. II, 311. Auf Seite 310 wird erzählt, dass Madame Tallien »auf einem Ball in der grossen Oper erschien, in einer weissatlassenen Tunica auf blossem Leibe, die über das linke Knie heraufgeschürzt war und das ganze Bein bis an die Obertheile bloss zeigte.« Dazu blieben auch die juwelengeschmückten Büste und die mit Ringen an den Zehen ausgestatteten Füsse unbekleidet.

[2]) Aus der Petite Poste de Paris (Messidor an V) angeführt bei Goncourt. Histoire de la société française pendant le directoire. Pag. 422. Das Pariser Strassenpublikum protestirte übrigens gegen diesen »excès d'impudicité plastique«.

sendet, das die Aufschrift trug: Costüm von Madame X. Da der Deckel zurücksprang, fand sich in der Höhlung — ein Feigenblatt.

Die Marquise de Lully, die Geliebte des Polenkönigs Poniatowski benutzte als Balltoilette gelegentlich nicht einmal ein Feigenblatt, sondern lediglich ihre Juwelen wie ein noch erhaltenes Gemälde von ihr genügend darthut.

In unserm Jahrhundert sind ähnliche Erscheinungen ebenfalls nicht selten. In dem bekannten Tanzlocal von Paris, dem Moulin Rouge, zeigten sich noch 1893 einige in der Künstlerwelt sehr bekannte Schönheiten »décolletée jusqu' aux bas!« und in den Poses mythologiques der Boulevards Cafés treten Frauen auf, die nur in ein »maillot« gehüllt sind. Die durch ihre Scandale berühmte Amerikanerin Clara Ward, Ex-Prinzessin Chimay, hat das nachgeahmt und die bezüglichen Photographien, Lichtdrucke u. s. w. der excentrischen Dame sind in alle Welt gelangt.

Jean Jacques Rousseau schrieb in seinem bekannten »Theaterbrief«: Weiss man nicht, dass Bildsäulen und Gemälde nur dann unsere Augen beleidigen, wenn ein Kleidermischmasch die Nacktheit anstössig macht? Das unmittelbare Vermögen der Sinne ist schwach und begrenzt. Durch die Vermittlung der Einbildung richten unsere Sinne die grössten Verwüstungen an. Eben die Einbildung sorgt für die Aufreizung der Begierden, indem sie ihren Gegenständen mehr Anziehungskraft verleiht, als dies die Natur selbst vermag. Sie enthüllt dem Auge mit Aergerniss das Nackte, welches scheinbar bekleidet ist. Auch nicht das vollkommenste Gewand wird es verhindern, dass ein flammender Blick in der Einbildung das Ziel seiner Wünsche findet«. . . .

Der Bürger von Genf hat Recht! Nicht die Nacktheit an und für sich ist unanständig. Sie wird erst zum Ausdruck der Unsittlichkeit durch die Art und Weise, in welcher sie sich präsentirt. Im weiteren werden wir sehr vielen Moden in der weiblichen Tracht begegnen, die nicht weniger, als auf moralische Auffassungen seitens der Gesellschaft oder der einzelnen Trägerinnen deuten. Man stelle nur die Chemise grecque von 1799 und die Kleidung der alten Germaninnen einander gegenüber.[1]) So sehr sie sich äusserlich ähneln, so sehr verschieden sind sie thatsächlich; denn die Frauenwelt des Directorialzeitalters benutzte die Chemise, um die körperlichen Reize recht augenfällig in der Oeffentlichkeit darzulegen, die Germaninnen jedoch blieben trotz des unverhüllten Busens keusch und rein in ihrem Denken und Empfinden.

So edel die antike Tracht gewesen ist, so abscheulich hässlich werden die Moden im christlichen Zeitalter. Wie die gesammte Kultur, die Gesittung zurück ging, so verschwand auch die Moralität in der Tracht. In der Periode des höchsten Triumphes der rechtsgläubigen Kirche, im XV. Jahrhundert, herrschte die grösste Unsittlichkeit in der Kleidung bei beiden Geschlechtern vor.

Bis in das XIII. Jahrhundert hinein wurde von den

---

[1]) Tacitus. Germania XVII. »Das Weib hat keine andere Tracht als der Mann, nur kleidet es sich häufiger in leinene mit Purpurstreifen verzierte Gewänder. Die haben keine Aermel, so dass Schultern, Arme und auch ein Theil der Brust unbedeckt bleiben.«

Frauen verlangt, dass sie in der Oeffentlichkeit möglichst verhüllt erschienen. Ohne Mantel auf die Strasse zu gehen, oder gar den Männern die nackten Füsse zu zeigen, oder auch nur kurze Kleider zu tragen, galt im mittelalterlichen Deutschland den Frauen als die grösste Unanständigkeit.[1]

Im Weiteren ist bis ins Alterthum hinein deutlich nachzuweisen, dass es für unmoralisch angesehen wurde, wenn einzelne Vertreterinnen des weiblichen Geschlechtes Männerkleidungen anzogen.[2] In Deutschland wurde eine derartige Maskerade stets hart geahndet. In Frankreich und im Italien der Renaissance scheint man dagegen solche Ausschreitungen höchstens verspottet zu haben.[3]

---

[1] Die salernitanische Chronik (Pertz 5, 505) erzählt, dass Adalgisa, die Gattin des longobardischen Fürsten Sighart unversehens von einem vornehmen Manne erblickt ward, als sie ihre Füsse wusch. Adalgisa liess deshalb in ihrem Zorne dem Eheweibe ihres unabsichtlichen Beleidigers das Gewand bis zu den Knieen abschneiden und sie dann barfuss durch das Lager führen. Der dadurch auf's schwerste gekränkte Longobarde aber erschlug Sighart.

[2] Die Straflisten der Rathsbücher der französischen Städte im Mittelalter enthalten mancherlei Eintragungen von Geldsummen, welche Courtisanen deswegen zu leisten hatten, weil man sie in Männerkleidung an öffentlichen Orten betroffen.

[3] Schon das mosaische Gesetz (5. Buch Moses 22, 5) bestimmt, dass es Gotteslästerung sei, wenn ein Weib Männerkleider trage. Bei den olympischen Spielen mussten alle Kämpfer nackt auftreten, weil Therenice, des berühmten Diagoras Tochter dort einmal in Männerkleidung erschienen war. In früherer Zeit bedrohten selbst die Hellenen das Weib, welches nicht die Tracht ihres Geschlechtes anlegte, mit dem Tode.

Vielleicht regte sich in den Engländern des XV. Jahrhunderts noch der altgermanische Unwille über die Frau in Mannestracht, als sie der Jungfrau von Orléans den bekannten Vorwurf über ihre kriegerische Kleidung machten.

Brantôme, der im zweiten Drittel des XVI. Jahrhunderts die romanische Frauenwelt scharf beobachtete, schüttete die volle Schale seines Zornes über jene Damen aus, die in Männerkleidern erschienen: »elles défigurent du tout leur beauté es gentilesse naturelle.« Was hätte er wohl zu den »Hosenrollen« der modernen Soubretten, zu der englischen weiblichen Reformtracht, die im Inselreiche für Sportszwecke immer mehr benutzt wird und zu den »Bloomers« der Radfahrerinnen gesagt?

Erst der genialen Liederlichkeit des XVIII. Jahrhunderts blieb es vorbehalten, dass Frauen zur männlichen Tracht griffen, um ihre Reize zu erhöhen. So z. B. die natürliche Tochter des Churfürsten August des Starken von Sachsen, die Gräfin Orzelcka, welche in ihrer männlichen Jägerkleidung den nachhaltigsten Eindruck auf Friedrich, den damaligen preussischen Kronprinzen gemacht haben soll, so ferner Katharina II. von Russland, welche als Grossfürstin mit Vorliebe Männertracht anlegte und in ihr auch gelegentlich zu den Stelldicheins mit Poniatowski, erschien.[1]

---

[1] In den Memoiren des Jakob Casanova finden sich einige Belege dafür, dass die vornehme Gesellschaft des XVIII. Jahrh. derlei Ausschreitungen keineswegs anstössig fand.

Im Augenblick sollen zehn französische Frauen die polizeiliche Erlaubniss besitzen, in Männerkleidung öffentlich sich bewegen zu dürfen. Man sieht aber wahrlich die Gründe zu dieser Extravaganz nicht ein und darf die betreffenden Damen wohl ebenfalls dem grossen Heere der nervösen Frauen zutheilen, welche auf die überraschendsten Einfälle kommen und deswegen als — »originell« angestaunt werden.

Die an die antike Gewandung erinnernde weite fliessende Kleidung der Frauen hat schon frühzeitig einzelnen Modenärrinnen missfallen. Bereits im X. Jahrhundert eiferte Dietmar von Merseburg gegen jene Damen, welche ihre durch die enge Kleidung hervorgehobenen Reize »offen, ohne Scham — als ein Schauspiel für das ganze Volk« darboten. Die Minnesänger des XII. Jahrhunderts lassen ihre Heldinnen häufig genug die Gewandung eng um den schmalen Leib schnüren. In der weiblichen Tracht der Zeit des Zwischenreiches, also in der Periode da der Minnedienst wieder verschwindet, wird das Oberkleid der Frauen, das bis dahin die Büsten deutlich zeigte, weit und schlottrich. Diese Thatsache beweist wiederum einmal, dass das von den Männern aus irgend einem Grunde vernachlässigte weibliche Geschlecht gar kein eigenes Gefallen daran findet, sich reizend zu machen.

Um die Mitte des XIV. Jahrhunderts, nach dem Erlöschen der grossen Pest, nach dem Ende der Geisslerfahrten, mit dem Aufkommen der Städtemacht, erhebt sich aller Orten das Streben nach derb-sinnlichen Genüssen, das Vorherrschen von üppiger Lebensführung.

Daneben treten dann die Busspfediger in Schaaren auf und ihr Eifer richtet sich vorzugsweise gegen die weibliche Mode. Die weltliche Macht aber leistet der geistlichen gerne auch in diesen Angelegenheiten ihren Arm und erlässt unaufhörlich ausführliche und scharfe Verordnungen über die Ausschreitungen in der Mode. Natürlich erreichen weder die Prädicanten noch die Polizisten ihr Ziel. Höchstens ist es die einmal gesund urtheilende öffentliche Meinung, welche Narrheiten und Unsittlichkeiten verschwinden lässt.

Das frühere Mittelalter hatte keine Decolletirung bei ehrbaren Frauen geduldet. Am Ende des XIV. Jahrhunderts aber zeigen die Damen Hals und Busen bis tief hinunter entblösst. Zugleich wurde gesucht, die Schönheit des Wuchses recht augenfällig darzuthun; die englischen Damen erfanden denn auch ein hierfür geeignetes Mittel in dem pelzverbrämten und mit edlen Metallborden gesäumten Leibchen.

»Die bedeutungsvollste Veränderung, welche die Frauenkleidung am Ende des vierzehnten Jahrhunderts traf und der ganzen Erscheinung einen abweichenden Charakter aufdrückte, geschah dadurch, dass das, was wir Taille nennen, hoch unter den Busen hinaufrückte. Früher war das Bestreben gewesen, die Länge des Leibes bis über die Hüften herab gleichmässig einzuschnüren; man hatte die Schlankheit des Wuchses, auf die man stolz war, in möglichster Weise zu heben gesucht. Jetzt hat es Mode, Eitelkeit und Demoralisation darauf abgesehen, die Fülle des Busens zu verstärken und sie den Augen erschreckter Moralisten zum Trotz unverhüllt blosszulegen. Der Ausschnitt des Kleides, der vorn die halben Brüste umzieht, geht noch tief den Rücken hinunter«.[1])

Besonders schamlos wurden die Trachten in den reichen deutschen Städten.

»Die Chronisten, die Dichter, die Prediger sind des Entsetzens in gleicher Weise voll und schildern zuweilen mit so harten und offenkundigen Worten, dass wir sie hier nicht wiedergeben können. Die weisen Väter in den Städten mühten sich vergebens ab, auf gesetzlichem Wege dem Uebel zu steuern. Noch am Ende des Jahrhunderts bricht Sebastian Brant in die Worte aus:

»Pfui Schand der deutschen Nation!
»Was die Natur verdeckt will ha'n,
»Dass man das blösst und sehen lässt«.

Schon um die Mitte des Jahrhunderts wird die Decolletirung der Frauen im Gedichte Kittel mit vollster Entrüstung geschildert. Der Dichter erzählt, die Hauptlöcher seien so weit, dass die Achsel herausliege und man unter dem Arm die Gruben sähe; die Brüste würden aufgeschürzt, dass man wohl einen Lichtstock darauf setzen könne. Die gleichzeitigen Bilder bestätigen das vollkommen. Wir finden den Gürtel hoch und hart unter der Brust liegen und das Kleid in horizontaler Linie so tief weggeschnitten, wie es der Dichter angiebt. Häufig sind die Schultern mehr bedeckt, aber der Ausschnitt senkt sich vorn bis unter die Brust und hinten im Rücken bis fast auf den Gürtel herab. Was aus-

---

[1]) J. Falke. Deutsche Trachten- und Modenwelt. I, 233.

geschnitten ist, liegt entblösst, und erst gegen Ende des Jahrhunderts verhüllte man wieder theilweise mit dem gestickten oder feingefalteten Hemde. Es ist sehr bezeichnend, dass die Sitte der blossen Arme in dieser Zeit zuerst in der christlichen Welt entstand, ohne aber bereits eine bleibende zu werden. Zu allen Zeiten waren vorher die Arme bis zum Handgelenk bedeckt gewesen; gegen die Mitte des fünfzehnten Jahrhunderts etwa zeigen sich die ersten Beispiele. Der Aermel scheint langsam bis zum Ellbogen zurückzuweichen. Die Mode ist nicht vereinzelt geblieben, aber auch nicht zur allgemeinen Herrschaft gekommen; mit der Reformation verliert sie sich wieder auf lange Zeit.[1])

Schon frühe im Mittelalter trugen Juden und Courtisanen eine auffallende Kleidung. Die blonde Perrücke der römischen Freudenmädchen verwandelte sich in die gelbe Kopf- und Fussbedeckung, die kurze Tunica in den nur bis zu den Knieen reichenden Rock, der gerade deutschen Frauen besonders schmachvoll erschien.[2])

Um 1360 schrieb die Prévôté von Paris den »filles et femmes de mauvaise vie, et faisant péchez de leur corps« eine ganz einfach gehaltene Gewandung vor. Andererseits erlaubte der Zürcher Bürgermeister Hans Waldmann (1488) den offenen, fahrenden Frauen im Kratz und hinter dem Graben jeden Putz, welcher ehrbaren Bürgerinnen verboten blieb.

---

[1]) J. Falke. Deutsche Trachten- und Modenwelt. I, 284/285.
[2]) Man vergleiche das auf Seite 150 angeführte.

Die Unannehmlichkeit der das schimpfliche Gewerbe ankündigenden Tracht verlor jedoch ihren Stachel, als es im XV. Jahrhundert bei der vornehmen Frauenwelt Mode ward, sich möglichst zu decolletiren.

Der berühmte Strassburger Münsterprediger Geiler von Kaisersberg (1445—1510) klagte einmal: »Ganz eine Schande ist es, dass die Weiber jetzt Barette tragen mit Ohren, gestickt mit Seide und Gold . . Voll von Falten sind die Hemden und die Oberkleider so weit ausgeschnitten, dass man die Ballen sieht. Sie ziehen weite Aermel an wie die Mönchskutten und so kurze Röcke, dass sie weder vorn noch hinten Etwas decken.« In der gleichzeitigen Strassburger Kleiderordnung heisst es: »Item daz keine Frowe, were die ist, hinnanfür me sich nit me schürtzen sol mit iren brüsten, weder mit hemeden noch gebrisen röcken noch mit kleinre ander gevengnüsse, und daz ouch kein frowe sich nit me verwe oder locke von totten har anhencken sülle. Und sonderliche, das houptloch sol sin daz man ir die brüste nit geschen müge, wenne die houptlöcher süllent sin nutz an die ahsseln.« Das Alles stimmte eben geradezu mit der von den Dirnen beliebten Tracht überein. Noch mehr: Ysabeau von Baiern, die Gemahlin des Königs Karl VI. von Frankreich (1380—1422) führte den schwarzweissen Kegelhut, welchen die Strassburger Freudenmädchen seit 1388 tragen mussten, unter dem Namen »hennin« in die Mode ein. Die »femmes prudes«, welche darob zuerst gar sehr zürnten, ahmten das Beispiel der lustigen Landesmutter bald nach wie sie sich hundert Jahre später auch zu der Haarordnung bequemten, welche einer Geliebten

Ludwigs XI. gefallen. Aehnliches mag man wohl auch in unserer Zeit beobachten.

Die Reformation und der durch sie begünstigte Puritanismus brachten merkliche Veränderungen in der Frauenmode hervor. Die deutschen ehrbaren Weiber verhüllten sich nun mit der nämlichen Uebertreibung, wie sie sich vorher entblösst hatten. Von den natürlichen Formen sah man nichts mehr und es kam so weit, dass einzelne protestantische Obrigkeiten gegen die nonnenartige Tracht ähnliche Verbote erliesen wie sie solche früher gegen die zu grosse »Offenherzigkeit« geschleudert hatten.[1]) Die Geistlichen waren denn auch damals (zum ersten und überhaupt zum einzigen Male) mit der Gewandung der weiblichen Welt zufrieden. Sie erklärten: »Der Weiber Kleidung ist jetzt köstlich, aber ehrbar gemacht, und wenig ausgenommen, den fürwitzigen Ueberfluss zu tadeln«.

In Italien und Frankreich, wo die Bussprediger theils völlig verschwunden, theils einzig und allein auf politischem Felde arbeiteten und so reformatorische Ein-

---

[1]) Im »Hoffahrtsteufel« wird uns verrathen, dass die ängstliche Verhüllung nicht immer auf moralische Bestrebungen zurückzuführen war. »Daher auch vielleicht des Adels hoffärtig und geprächtig Vermümmeln genommen ist, aber von vielen missbrauchet wird, denn sich wol etwa viel nicht aus Scham vermümmeln, sondern dass sie klar und weiss bleiben oder wollen mit den schönen Schleiern prangen.«

Herzog Franz von Holstein verbot (1597) allen Frauen, ausgenommen den Wittwen und den in der ersten Zeit ihrer Trauer stehenden Töchtern, die Köpfe während des Gottesdienstes in einen Mantel zu hüllen.

flüsse in Rücksicht auf die Kleidung nur bei den Hugenotten nachzuweisen sind, prunkten die Frauen auch fernerhin mit ihren Körperformen. Freilich kam bald der steif und straff gespannte französische Reifrock auf, den man bezeichnend genug »vertu-galle« oder »vertu-gardien« nannte. Schultern, Nacken und Hals trugen Italienerinnen und Französinnen unverhüllt. Brantôme berichtete von der ebenso schönen wie ausschweifenden Margarethe Valois, der Braut in der Bluthochzeit von 1572: »Sie mochte aber die Form der Kleider und des Putzes ändern, so oft sie wollte, so bedeckte sie nie ihren schönen Hals und ihren schönen Busen, dessen Anblick sie der Welt nicht zu entziehen wagte«.

In Spanien kennzeichnet sich besonders augenfällig die heuchlerische Moralität Philipps II. in ihrem Einflusse auf die Mode. Die »spanische Tracht« ist heute noch verrufen durch die hölzerne Steifheit, welche ihr innewohnt. Die spanischen Damen jener Zeit wünschten zudem körperliche Verstümmelungen, aber sie kokettirten gerne mit ihrer scheusslichen Askese. Den heranwachsenden Mädchen aus den vornehmen Gesellschaftskreisen wurden die sich entwickelnden Brüste mit Bleiplatten flach gedrückt und wenn dann schliesslich an Stelle der natürlichen Erhöhungen unnatürliche Vertiefungen entstanden, so enthüllte man solche »Reize«, mit denen der knochige Rücken bestens übereinstimmte, so viel als irgend möglich.[1] Dagegen mussten die Füsse

---

[1] Oppermann (Aus dem Bregenzerwalde, S. 9) berichtet (1859), dass die Vorarlbergerinnen »solchen Töchtern, die etwa vor anderen

vor jedem neugierigen männlichen Blicke ängstlich verborgen werden. Es wird versichert, dass die spanischen Damen ihren Liebhabern die zweitgrösste Gunst erwiesen, wenn sie sich dazu herbei liessen, vor ihnen die Kleider bis zum Knie zu heben![1]) Diese »Moralität« entspricht dem Gesammtbilde des Spaniens, das als die Heimath der Compagnie Jesu zu trauriger Berühmtheit gelangte.

Im XVII. Jahrhundert und bis zum Aufkommen der Maitressenwirthschaft an den europäischen Höfen, die in ihrer Art das Zeitalter des Minnedienstes in unfreiwilliger Carricatur nachahmte, ist die Frauenkleidung gleichartig weit und bequem zugeschnitten wie die männliche; die Decolletirung tritt auch in Deutschland wieder auf. Je weiter das Jahrhundert fortschreitet, desto mehr gelangt die Mode, Busen und Arme zu enthüllen, auch in die

---

Mädchen sich durch das, was diesen fehlt, auszeichnen könnten, tellerartige Hölzer anschnallen und so mit Gewalt eine der schönsten Zierden des Weibes in ihrer Entwicklung hemmen.«

[1]) »Relation du voyage d'Espagne de la comtesse d'Aulnoy.« (In Raumers Gesandtschaftsberichten.)

Als Maria Anna von Oestreich, die Gemahlin Philipps IV. Spanien zum ersten Male durchquerte, wurden ihr unter anderen Ehrengeschenken eine Anzahl der schönsten seidenen Damenstrümpfe überreicht. Der gestrenge Majordomo wies aber die Gabe mit den pathetischen Worten zurück: »Die Königinnen von Spanien haben keine Beine.« Die unglückliche Kaisertochter glaubte zuerst, ihr stände noch vor der Hochzeit eine Amputation bevor, beruhigte sich dann aber, als man ihr erklärte, es sei ein Frevel gegen die gute Sitte auch nur im Entferntesten an die Beine der höchsten und hohen Damen zu erinnern.

bürgerlichen Kreise.[1]) Von dem Raffinement dieses feinsinnlichen Zeitalters zeugt die Rolle des spitzenbesetzten Hemdes, welches nur scheinbar verhüllt, in Wahrheit aber Nichts verdeckt.

Im XVIII. Jahrhundert forderte die Schnürbrust ihre Opfer. Man verlangte bei den Frauen eine schlanke Figur, ungeheure und folglich künstlich verstärkte Hüften und eine überlange Taille. Die Decolletirung blieb auch in den bürgerlichen Kreisen, obwohl immer und immer wieder dagegen geeifert ward.

---

[1]) In Deutschland eiferte man gegen die »Jungfern, die die Venushügel blössen, unverholen«. Etwa im Stile der (1686 erschienenen) Schrift: »Die zu jetziger Zeit lüderlich und leichtsinnig entblösseten Brüste des Frauenzimmers und die darauf gehörige und hochnöthige Decke«, welche folgendermassen einsetzt:

» Komm, Lüsteler, anher, der du nach Brüsten siehest, die schändlich seyn entblösst und weit herausgelegt

Lies diese Blätter durch, eh du dich so bemühest; ich weiss die schnöde Lust sich nicht so sehr mehr regt.

Kommt näher doch anher, ihr Frauen und Jungfrauen, die ihr mit Brüste-Schmuck vielfältig gehet um;

Ach leset, was hier steht, ich weis es wird euch grauen, forthin also zu thun.

Denkt, dass das Christenthum ein andres haben will.« U. s. w.

Natürlich war der Verfasser ein gelehrter Geistlicher. Die »Entblössung« ist ihm eine »teuflische Sünde« und »laufe wider den ganzen Katechismum«. Dabei beginnt die Arbeit mit einer »Beschreybung der Weiberbrüste und deren Lobsprüche«, worin er zu dem Ergebniss gelangt »die weiblichen Brüste hoch zu loben; denn sie heissen sedes amorum, indem der allerweiseste Weiberschöpfer solche nicht allein äusserlich schön gebildet, mit einer artlichen Runde, subtilenen Weiche

Die Reaction gegen die steif-hölzerne Rococotracht zeigten die Revolutionsmoden. Kurz vor der Staatsumwälzung in Frankreich aber erscheinen das Brusttuch (Fichu) in England und der kropfartig aufgetriebene Busen. Fehlte die natürliche Fülle überhaupt, so wendete man als Ersatz Gestelle von Drahtgeflecht an. England, das prüde, ging auch mit dieser Geschmacklosigkeit voran. »Die englischen Damen haben die Sitte, durch wächserne Anlagen ihren Armen Füllung und Rundung zu geben, auf etwas noch Substantielleres angewandt, und sich statt der Busen, wenn die Natur sie ihnen versagte, künstliche Stellvertreter von Wachs zugelegt, die so künstlich angepasst und eingerichtet sind, dass Argus selbst mit allen seinen hundert Augen den kleinen, unschuldigen (sic!) Betrug nicht gemerkt haben würde, wenn nicht ein unbescheidener Plauderer, der die neue Erfindung bei den Busenfabrikanten ausgekundschaftet hatte, durch eine öffentliche Bekanntmachung zum Verräther geworden wäre«.[1])

und mehr als alabasternen Weisse begabet, auch künstlich neben einander gesetzet, also zwey junge Rehen-Zwillinge, die unter Rosen weiden«.

Das »liebwertheste und galanteste Frauenzimmer« konnte sich noch glücklich schätzen, wenn die Geistlichen nur diese Tonart anschlugen. Sonst betitelte man die Frauen wohl von den Kanzeln herab, als »hoffärtiges Rabenaas; stinkendes Wustgewölb; stercus involutus oder eingewickelter Koth; apokalyptisches Hurenmensch« u. dergl. mehr. Aber die derart Apostrophirten füllten trotzdem die Kirchen und ermunterten die würdigen Diener am göttlichen Worte zu weiteren Ausfällen der gröbsten Art.

[1]) Journal des Luxus und der Moden. 1798. Noch 1805 sah man in den Putz- und Modenartikel-Bazaren im Palais Royal, künst-

Als die pseudo-griechische Mode in Deutschland ebenfalls grassirte (1797—1803) traten die Geistlichen plötzlich für die bis dahin so oft von ihnen geschmähte lange Taille und die Schnürbrust ein. Sie eiferten vergebens gegen die ›schamlose Nacktheit‹ und selbst die Aerzte vermochten nichts dagegen auszurichten.

»In der That ist jetzt die Nuditätenmode bei manchen unserer Schönen des Tages soweit gediehen — schreibt man im April 1797 aus Frankfurt a. M. —, dass sie von oben herab einer schönen Wilden fast ganz gleichen, und nunmehr nach Einführung der langen fleischfarbenen Pantalons und nach Abschaffung der Hemden ihnen schlechterdings nichts mehr fehlt als das elegante Tigerfell oder der leichte Federschurz um die Lenden, um das Costüm à la sauvage mitten in Deutschland, wo ja das Klima dieser Tracht so günstig ist, zu vollenden. Denken sie sich nun vollends das non plus ultra alles Lächerlichen: Alte Weiber von fast fünfzig Jahren in dieser Tracht — und ich kann es Ihnen beschwören, ich habe welche so gesehen . . . . .«

Gerade die erwähnte Mode, welche trotz eisiger Kälte auch zur Winterszeit sich erhielt, beweist, dass die Kleidung nöthigen Falles nicht einmal aus hygienischen Gründen getragen wird.[1] Dass die ›Schamhaftigkeit-

liche Busen-, Schulter- und Rückenstücke von leicht geröthetem Leder mit darauf gemaltem feinen Geäder; Ressorts ahmten das künstliche Athmen nach; der Preis war sieben Napoléonsd'or.

[1] »Erwarten Sie keine Pelz- und Wintermoden von mir. Unsere Damen sind, wenigstens auf dem einen Punkt der Kälte, unverwundbar, alle in die Griechheit wie Achilles in den Styx getaucht.« (Modenbericht aus Frankfurt a. M. vom 15. Dezember 1802.)

lediglich von der Mode abhängt, zeigt die à la sauvage in überzeugendster Weise.

Die Reaction begann in dem nämlichen Frankreich, das der Madame Tallien jubelnd gefolgt war, und zwar am Hofe des modernen Cäsars. Der mochte nicht einmal durch Aeusserlichkeiten an die Revolution erinnert werden und so kamen die langen Gewänder wieder zu Ehren.

Unser Jahrhundert sah dann die Krinoline, das den Busen kropfartig gegen den Hals drängende Corsett, den faux-cul und noch andere — Schönheiten in der Mode.

Auch unsere modernen Moralisten nennen die actuelle weibliche Tracht das »Symbol der Frivolität« und unsere Künstler gehen einig darin, dass ihnen die herrschenden Frauenmoden ausnahmslos ein Greuel sind.

Dennoch, die Damen, welche heute Salon und Strasse bevölkern, am Meeresstrande oder auf den Promenaden fashionabler Curorte spazieren, sind »decent« gekleidet. Das behauptet die höchste Richterin, die öffentliche Meinung und die Polizei giebt ihr Recht.

Wir aber wollen aus dieser kurzen Uebersicht erkennen, dass es auch in der Tracht keine fest begründete Moralität giebt so wenig wie eine thatsächliche Immoral.

Moralität und Weiblichkeit im sozialen Leben.

Von jeher hat die Menschheit an ein goldenes Zeitalter geglaubt, in welchem unsere Vorfahren in paradisischer Unschuld dahin lebten und wir modernen Leute, die wir nicht selbst mehr an dieser schönen Fabel hängen, bemühen uns wenigstens sie unseren Kindern recht glaubhaft zu machen. Die culturgeschichtliche Forschung jedoch lässt uns nirgends ein goldenes Zeitalter entdecken. Bisher hat es jedenfalls niemals bestanden und es darf füglich daran gezweifelt werden, ob es in der Form ein Mal anbrechen wird, wie dies der menschliche Wunsch anstrebt. Das gesammte Leben unseres Geschlechts umfasst Erscheinungen, welche im paradisischen Dasein nicht bestehen dürfen, weil sie es geradezu ausschliessen und die doch unausrottbar sich wie eine Kette ohne Ende durch das Handeln, Denken und Fühlen der Menschen dahin ziehen.

Der Kampf Aller gegen Alle und die Prostitution sind solche Erscheinungen. Mit ihnen waren die ältesten Menschenrassen so gut vertraut, wie das unsere spätesten Nachkommen ebenfalls sein werden. Das aus hohem Idealismus resultirende Streben, den Krieg so gut wie die Prostitution abschaffen zu wollen, gleicht, so ehrenwerth und human es erscheint, wahrlich einem Streite gegen höhere Gewalten. Durch schwärmerische Declamation ist niemals etwas Positives erreicht worden und mit Gesetzeserlassen kann nichts beseitigt werden, das mit zu den organischen Elementen der menschlichen Gesellschaft gehört.

Prostitution und geschlechtlicher Verkehr sind untrennbar von einander, das geht aus den Thatsachen hervor, welche die Sittengeschichte mit unwiderstehlichen Beweisen klar gestellt hat.

So lange es nicht gelingt, die gesammte Menschheit vollständig ihrer Individualität zu entkleiden, sie nach ehernen unnatürlichen Gesetzen unter die Bleidecke des Verzichtens auf jede eigenwillige Aeusserung zu pressen, dürfte es nicht gelingen, sie von dem mehr oder minder ungeregelten Geschlechtsverkehre abzubringen. Uebrigens hat es bereits Staatswesen gegeben, welche der Grosszahl ihrer Angehörigen keinerlei freien Willen zugestanden (z. B. das Inkareich Peru) und dennoch eine weit verbreitete Prostitution kannten. Im alten Sparta gab es keine Individuen, sondern nur Glieder des Gemeinwesens und der Gesetzgeber, welcher seine Ohnmacht gegenüber allem Geschlechtsleben sehr wohl erkannte, schuf ein Eherecht, das sich von der Prostitution — in unserem

Sinne genommen — wahrhaftig nicht unterschied. Das Staatswesen, welches den Begriff der »strengen Ehe« schuf, das alte Rom, leitete seinen Ursprung geradezu auf die »Lupa«, also auf die Prostitution zurück. Die christliche Kirche, welche sich in ihrer ältesten Zeit ehrlich bestrebte, die Prostitution zu beseitigen, die heute noch den Geschlechtsverkehr gerne verdammen möchte und in ihrem rechtgläubigen Bekenntnisse die Priesterehe nicht gestattet, hat den Kampf gegen die Prostitution bald aufgeben müssen.

Auch die Naturvölker kennen die Prostitution! — Die leidenschaftlichen Neigungen des Mannes, die Habsucht des Weibes, ihre natürliche Gleichgültigkeit gegen sexuelle Erregungen, welche in dem intimen Umgange auch mit »Ungeliebten« weder Genuss noch Schmerz empfinden lässt, bestanden zu allen Zeiten, bei allen Rassen und bei allen Völkern.

Die aus dem gesellschaftlichen Leben der Menschen ganz natürlich sich ergebende Gastfreundschaft erzeugte die religiöse Prostitution.

»Der Gast wurde bei allen Völkern des Alterthums mit Ehrerbietung und Freude aufgenommen. Seine Ankunft galt für ein gutes Vorzeichen, seine Gegenwart brachte dem Dache, das ihm Schutz gewährte, Glück . . . Der Ehemann trat dem von den Göttern gesendeten Gaste sein eheliches Lager und damit auch seine Gattin ab; die Frau aber ging gerne auf den Brauch ein, welcher ihrer launischen Neugier schmeichelte und bot sich liebenswürdig zu diesem Akt der zarten Gastfreundschaft dar. Sie wurde dabei freilich auch durch die Hoffnung auf ein Geschenk geleitet, welches ihr der Fremdling oftmals spendete, wenn er am nächsten Morgen von ihr Abschied nahm. Und das war nicht der einzige Vortheil, welchen sie aus dieser ihr erlaubten, ja durch die Eltern und ihren Gatten geforderten Prostitution gewann. Immer bot sich ihr auch die Möglichkeit dar, die Gunstbezeugungen eines Gottes oder eines wohlthätigen Geistes zu empfangen, welcher sie befruchten und mit herrlicher Nachkommenschaft beschenken konnte. Denn in allen Religionen, sowohl in Indien wie in Griechenland und Aegypten, herrschte allgemein der Glaube, dass die Götter unter den Sterblichen in Menschengestalt umherwanderten und ihre Gastfreundschaft in Anspruch nähmen«.[1]) Und, fügen wir hinzu, sollte sich nicht selbst das erste Kapitel der Mariengeschichte geradezu auf diesen antiken Glauben zurückführen lassen? —

Die religiöse Prostitution der alten vorderasiatischen Völker haben wir aus Herodots Beschreibung bereits auf Seite 24 kennen gelernt. Ebenso wie die Religion der Baalsanbeter im schärfsten Gegensatz zu dem hebräischen Gottesglauben stand, war auch die religiöse Prostitution dem Volke Jehovas durchaus verboten.[2]) Moses erliess im fernern eine gesetzliche Verordnung gegen die Prosti-

---

[1]) P. Dufour. Histoire de la Prostitution chez tous les peuples du monde. I, 16.

[2]) 5. Buch Mose 23, 17. »Es soll keine Hure (die im Dienste einer Gottheit steht) sein unter den Töchtern Israels u. s. w.« 18. »Du sollst keinen Hurenlohn, noch Hundegeld in das Haus Gottes, deines Herrn, bringen, aus irgend einem Gelübde; denn beides ist dem Herrn, deinem Gotte, ein Greul.«

tution überhaupt.¹) Aber die Erinnerung an die der Gastfreundschaft entstammende religiöse Prostitution lebte bei den Hebräern fort.²) Dass die Prostitution aber, wenn auch nicht gesetzlich erlaubt, doch allgemein im Lande Israel bestand, zeigt schon die bekannte Geschichte der Thamar.³) Im Weiteren kundet die heilige Schrift an unzähligen Stellen von den vielfachen Ausschweifungen, deren sich die Hebräer schuldig machten. Immerhin scheinen Jüdinnen nur selten der Prostitution ergeben gewesen zu sein; denn die Bibel spricht gewöhnlich von »fremden Weibern«, die in Unzucht buhlen. Hesekiel entwirft uns unter dem Bilde der beiden Buhlerinnen Ahala und Ahaliba eine scharfe Zeichnung von der vornehmen Prostitution seiner Zeit. Dass der Baalsdienst, also die religiöse Prostitution, bei den Hebräern bis in die Periode der Makkabäer hinein bestand, bezeugen die einzelnen Bücher der Bibel. Die gewerbsmässige Prostitution findet sich also selbst bei einem verhältnissmässig armen und lediglich Ackerbau treibenden

---

¹) 3. Buch Mose 19, 29. »Du sollst deine Tochter nicht zur Hurerei anhalten, dass nicht das Land Hurerei treibe, und werde voll Lasters.«

²) 1. Buch Mose 6, 4. »Es waren zu den Zeiten Herrscher auf Erden; denn da die Engel die Töchter der Menschen beschliefen, und ihnen Kinder zeugeten, wurden daraus Gewaltige in der Welt und mächtige, angesehene Männer.«

³) 1. Buch Mose 38. Der »Reiz« dieser Geschichte wird dadurch erhöht, dass der fromme Juda zwar mit Prostituirten Umgang pflegt aber nachher verlangt: »Bringet Thamar her, dass sie verbrannt werde.« (24)

Volke und neben der Polygamie. Man mag daraus ermessen, dass sie unter allen Umständen auftritt und immer bleiben wird.

Auch in Aegypten scheint die religiöse Prostitution bestanden zu haben. Wenigstens deutet Herodot das an, indem er von den Festlichkeiten spricht, die bei Bubastis zu Ehren der Mondgöttin gefeiert wurden.[1]

In den hellenischen Ländern fand sie sich besonders in den kleinasiatischen Städten, auf einzelnen Inseln, in Korinth und zuletzt noch unter den Ptolomäern in Alexandrien. Zu dem Tempel der Aphrodite-Astarte, der ausserhalb Alexandriens in einem Parke lag, gehörten angeblich vierzehnhundert Häuser, welche von mehreren Tausend weiblichen Hierodulen bewohnt wurden. Diese wurden aus allen bekannten Ländern des Erdkreises zusammen gebracht oder weihten sich freiwillig dem Cultus. Die im Tempelkreise geborenen Kinder weiblichen Geschlechtes wurden im Didaskalion in den erotischen Künsten sorgfältig ausgebildet. Alljährlich fand durch die Abstimmung der zu diesem Behufe vereinigten Courtisanen nach einer Art von Prüfung, die Zutheilung von Preisen an die besten Schülerinnen des Didaskalions statt. Als die grösste Ehre galt der Eintritt in das Kotytteion, den je zwölf der Mädchen erlangten. Hier in dem Heiligthum der Kotytto lebten sechsunddreissig Hierodulen. Beim Eintritte des Vollmonds opferte sich je die Aelteste von ihnen, nachdem sie einen Philter getrunken, dem durch die grössten Ausschweifungen

---

[1] II, 60.

herbeigeführten Tode. Der Aufenthalt und das Leben der im Kotytteion Weilenden dauerte demnach nur drei Jahre.

Das Fest der Aphrodite dehnte sich in Alexandrien über drei Tage aus. Am ersten Tage zogen die frei in der Stadt lebenden Courtisanen feierlich in den Tempel der Liebesgöttin, um dort ihre Opfer darzubringen. Die hellenische Litteratur hat uns von diesen Gelegenheiten eine ganze Anzahl Gebete und Gelübde überliefert. Am zweiten Tage erschienen die ehrbaren Frauen, am dritten die Töchter der ersten Geschlechter der Stadt.

Das Alles zeigt deutlich, wie die religiöse Prostitution, dem Morgenlande entsprossen, in die westlichen Länder Eingang fand. Denn auch in Rom begegnen wir derselben, zunächst in den Lupercalien und Florealien, dann aber in den Mysterien, welche direct aus dem Orient übertragen wurden, den Bacchanalien und dem in der späteren Zeit so weit verbreiteten Isisdienst. Besonders der letztere erfreute sich bei der römischen Damenwelt des Zeitalters der Cäsaren der grössten Beliebtheit. Leichtgläubige Frauen glaubten sogar, der Umarmungen von Göttern theilhaftig zu werden und die Priester nutzten das in ihrem Interesse, wie in demjenigen der gut zahlenden Lebemänner, gerne aus. Aus der Regierungszeit des Tiberius ist eine entsprechende Verurtheilung uns bekannt geworden.

Wir haben schon an anderer Stelle gesehen, dass Solon nachgerühmt wurde, er habe in Athen das erste Dikterion errichtet und mit vom Staate angekauften Mädchen bevölkert.

Die Stellung dieser Sklavinnen, welche gewissermassen ein öffentliches Amt versahen, war eine gegebene. Abgeschlossen von dem allgemeinen Leben, etwa auch gekennzeichnet durch eine besondere Gewandung — so sollten sie ihre Tage verbringen. Doch schon zu des Hippias Zeiten (527—510) erschienen die Bewohnerinnen des grossen Dikterion bei allen Festlichkeiten; ihr Stand galt so gut wie ein anderer und mit ihnen einen nahen Verkehr zu pflegen, achtete man für die Bürger keineswegs als ein Laster. »Wer von uns hat niemals eine Buhlerin besucht?« fragte Anaxilas und wenn auch die Lustspieldichter gerne die Freudenmädchen für die Bühne nutzten, so lachte man wohl über die spottenden Worte, ohne jedoch an eine Veränderung der Sitten zu denken.

Der Staat fand seine Rechnung bei dieser Einrichtung. Er versagte den gewöhnlichen Hetären, den Sängerinnen und Tänzerinnen, den Leibeskünstlerinnen wie den Dikteriaden jedes bürgerliche Recht, welches ja auch die Ehefrauen nicht besassen, aber er nahm ihnen gerne hohe Strafsummen ab, unter dem Vorwande, dass Gottlosigkeiten begangen worden seien. Einzelne Beamte wussten dies geschäftsmässig zu Gunsten ihres eigenen Beutels auszunützen. Euthias, der Ankläger der Phryne, hatte in solcher Hinsicht eine gewisse Berühmtheit erlangt. Die Gottlosigkeit konnte natürlich um so eher ein Anklagegrund werden, weil ja die Buhlerinnen nicht selten religiöse Handlungen vornahmen und selbst als Priesterinnen amteten, obwohl ihnen andererseits zu den meisten Tempeln und geheimen Götterdiensten der Zugang streng versagt ward. Die Neugierde mochte da

oft zum Areopag führen, der seinerseits mit harten Urtheilen nicht geizte. Eine weitere Last trug das Hetärenthum in Hinsicht auf die Nachkommenschaft, welche
niemals bürgerliche Ehren beanspruchen durfte, andererseits aber auch völlig frei von jeder kindlichen Verpflichtung erschien. Dies führte zu den in Athen so
gewöhnlichen Aussetzungen der Neugeborenen, welche
dann dem Staate zufielen und, soferne sie weiblichen
Geschlechtes waren, wohl wiederum in das Dikterion
zurück wanderten. Dass eine Buhlerin ihr Kind bei sich
behielt, scheint höchst selten beobachtet worden zu sein.
Wenigstens lässt Lukian in seinen bekannten »Hetären-
gesprächen« eines der Mädchen sagen: »Ich werde mein
Kind nähren; denn ich glaube nicht das aussetzen zu
können, was ich unter dem Herzen getragen« — und
wohl verstanden, dieses Bekenntniss gilt den Hörern als
ein heldenhaftes.

Wie zu allen Zeiten, so bildeten auch im alten Athen
die Courtisanen verschiedene Klassen. Die Dikteriaden
waren, wie wir bereits sahen, Staatsklavinnen; die Auletriden oder Musikkünstlerinnen betrieben ihr freies Gewerbe an den Gastmählern, den Symposien, ohne welche
das private Leben der Athener nicht bestehen mochte;
die Hetären endlich lassen sich sehr wohl mit unserer
neuzeitlichen höheren und höchsten Halbwelt vergleichen,
nur dass sie diese zumeist durch ihre geistigen Vorzüge
überragten. Wir möchten uns sonst schwerlich erklären,
dass das griechische Schriftthum mit Vorliebe die Stoffe
behandelte, welche mit dem Thun und Treiben der
Hetären in enger Beziehung standen.

Nach Aristophanes von Byzanz, Apollodor und Gorgias hatte Athen innerhalb dreier Jahrhunderte fünfunddreissig berühmte Hetären. An ihrer Spitze standen die **Philosophinnen**, welche die Liebe nach den Regeln der Weltweisheit aufgefasst wissen wollten. Bekannt sind die vier Systeme geworden, das lesbische, sokratische, kynische und epikureische. Die lesbische Schule ward der Sage nach von Sappho gegründet. Zu ihr zählte sich unter andern Lanea, die Geliebte der Mörder des Hipparchos, des Harmodios und Aristogeiton. Sie soll auf der Folterbank sich die Zunge abgebissen haben, um kein Geständniss machen zu können und das diesen Heldensinn bewundernde Athen errichtete ihr ein Denkmal, eine Löwin ohne Zunge darstellend. Kleonike, an der Pausanias, der Sieger von Plataeae, unfreiwillig zum Mörder wurde, gewann hohen schriftstellerischen Ruhm; Thargelia, die Milesierin, hoch gebildet und eine Zeit lang das politische Werkzeug des Xerxes, stieg zur Würde der Gemahlin des Beherrschers von Thessalien auf. Lamia aus Athen, welche als Flötenspielerin zur Hofmusik der Ptolomäer gehörte, fiel dem Demetrius Poliorketes anlässlich der Belagerung von Rhodos (304) in die Hände. Obwohl sie bereits nahe an vierzig Jahre zählte und sich manche mit allen Gaben des Geistes wie des Körpers begünstigte Nebenbuhlerin fand, wusste sie den Usurpator Macedoniens durch alle nur denkbaren Mittel an sich zu fesseln. Als Demetrius Athen niederzwang (295), dessen Einwohner die königliche Geliebte mit manchem scharfen Witzwort getroffen hatten, erhob der Sieger eine Brandschatzung im Betrage von

250 Talenten, damit, wie er sagte, Lamia sich Seife dafür kaufen möge. Diese angebliche Bestimmung der ungeheuren Summe gab den Athenern natürlich wieder Anlass zu einer für Lamia recht unangenehmen, spöttischen Behauptung.

Am berühmtesten wurde unter all diesen Damen Aspasia, die Freundin und spätere Gemahlin des grössten athenischen Staatsmannes, des Perikles. Das böse Geschwätz der Oeffentlichkeit behauptete von ihr, sie entstamme der Hefe der milenischen Bevölkerung und sei nicht nur Bewohnerin, sondern sogar Besitzerin eines Dikterion gewesen. In Athen hielt sie gewissermassen Hof inmitten eines Kreises von anmuthigen und wissenschaftlich gebildeten Mädchen. Sie lehrte die Rhetorik, heisst es, mit anderen Worten, in ihrem Hause verkehrten alle Berühmtheiten des damaligen Athen und die gesammte Frauenwelt unterwarf sich den Moden, welche Aspasia erfand. Perikles trennte seine Ehe und machte die Milesierin zur Gemahlin, die auch in den Angelegenheiten, welche den Staat betrafen, einen nicht geringen Einfluss auf den Sohn des Xanthippos ausübte. Die fortgesetzten Anfeindungen führten die bedeutenste Frau des damaligen Griechenlands vor den Areopag; Perikles aber wusste sein höchstes Gut zu schützen. Nach dem Tode des Perikles (429) soll Aspasia noch den Getreidehändler Lysikles begünstigt haben; jedenfalls starb sie im ruhigen Genusse eines ansehnlichen Vermögens und bis zuletzt umgeben von ihren alten Freunden, zu denen unter anderen auch Sokrates und Phidias gehörten.

Die Beziehungen zwischen den Philosophen und den Hetären waren die mannigfaltigsten, welche sich nur denken liessen. Die einzelnen Schulen der Weltweisheit mochten nur dann ihr Glück machen, wenn es ihnen gelang Frauen von Ruf für sich einzunehmen, während andererseits die Hetären sehr gerne der Philosophie alle Unterstützung liehen und die schwierigsten Fragen mit der ganzen Schärfe eines reichen und geübten Verstandes bearbeiteten. Manche athenische Bürgerin, der die Einförmigkeit des ehelichen Lebens als ein drohendes Schreckgespenst vorschwebte, ward zur Hetäre, um frei leben zu dürfen. So sehen wir Hipparchia, ein Mädchen aus angesehenem Geschlechte, die Freundin des Kynikers Krates werden, den sie in der Verneinung jeder menschlichen Sitte womöglich noch übertraf. Selbst die Stoiker entsagten keineswegs dem Umgange mit philosophirenden Damen; Nikaretes, die Freundin des Stoikers Stilpo von Megara, zeichnete sich als Mathematikerin aus. Philenis, die Schülerin Epikurs, genoss des höchsten Ruhmes für ihre Studien in der Physik.

Im Allgemeinen darf jedoch nicht übersehen werden, dass die grössere Zahl der vornehmen Hetären zwar eine gute Bildung besass, aber doch die berühmten Männer mehr durch ihre körperlichen Vorzüge und die Kunst der plaudernden Unterhaltung an sich fesselten. Andererseits fanden die Hetären nicht selten Schriftsteller, welche voll Begeisterung ihr Leben in allen seinen Verumständungen aufzeichneten, oder Künstler, welche ihre Reize der Nachwelt überlieferten. Gnathenes von Athen, die gegen Ende des fünften Jahrhunderts vor unserer

Zeitrechnung lebte, fand in dem Poeten Machon ein treulichen Aufzeichner ihrer witzigen Einfälle, in dem Samier Lynkakos den Beschreiber ihrer Thaten und in dem Lustspieldichter Dyphilos einen mächtigen Beschützer. Laïs aus Hikkara in Sizilien sah den Maler Appelles zu ihren Füssen ebenso gut wie den Demosthenes und den Philosophen Aristipp; ja selbst Diogenes wusste sich ihren Reizen nicht zu entziehen. Phryne endlich wurde das Vorbild für die Arbeiten des Meissels von Praxiteles.

Es mag bei derartigen Schöpfungen ein gut Theil männlicher Eitelkeit mit untergelaufen sein; nichtsdestoweniger muss sich jedem Unbefangenen der Gedanke aufdrängen, dass alle diese Frauen über gewiss nicht gewöhnliche Talente verfügten. Die hellenische Neigung zur Befriedigung des Sinnenreizes reicht nicht aus, allein das Verhältniss und die Stellung der Hetären zum öffentlichen Leben zu erklären. Wo wir der offenen Abneigung, der Lästerung von einer oder der anderen unter ihnen, begegnen, dürfen wir ruhig annehmen, dass die verletzte Eitelkeit, wenn nicht die thatsächliche Zurückweisung der Liebesbetheurungen eines Mannes, den Grund wie die Ursache der Beschimpfung und Verleumdung ausmachen.

Ohne Vorurtheile betrachtet, bei ruhigem Abwägen aller Umstände, mag wohl gesagt werden, dass die althellenischen Hetären besser waren als ihr Ruf es haben will. Jedenfalls bilden ihre Gestalten durchaus keine matt leuchtenden Brennpunkte in der Geschichte der antiken Sitten.

Die Sittenlosigkeit in Rom ward von vielen Autoren gerne der Frauenwelt auf's Kerbholz geschrieben.[1]) Aber, das Studium der römischen Culturgeschichte zeigt uns, dass der Verfall der Moralität lediglich aus der vollständigen Umwälzung des religiösen, gesellschaftlichen und politischen Lebens resultirte, welche ihrerseits durch das Anwachsen Roms zur Alles beherrschenden Weltmacht bedingt wurde. Aus Griechenland, aus Kleinasien, aus Aegypten wie aus Iberien überkam Rom mit dem Reichthum und der staatlichen Gewalt zugleich die Verderbniss. Die Siegerin vergiftete ihren gesunden Leib durch das Uebermaass der so schnell und in so gewaltiger Menge sich folgenden Genüsse. Die quiritische Gemüthsrohheit, welche die Sinnlichkeit nie-

---

[1]) Noch Dr. Jos. Unger jammerte in seinem Werke »Die Ehe in ihrer welthistorischen Entwickelung« (S. 80): ».. Vergebens beschränkt die lex Voconia (585 a. u. c.) die Weiber in ihrem Vermögen, sie finden stets neue Schätze um sich zu schmücken und ihren Genüssen zu fröhnen; vergebens wird die lex Scatinia mit vielen anderen beschränkenden Gesetzen erlassen — die Weiber setzen ihren bacchantischen Taumel fort und reissen die letzten Schranken der Schamhaftigkeit und althergebrachten Sitte nieder. Sie erscheinen öffentlich vor Gericht, um selbst sich zu vertheidigen, und während einst der hierüber betroffene Senat die Götter um Bedeutung solchen Wunderzeichens befragte, und man die Namen solcher Frauen zum steten Angedenken bewahrte, hält Hortensia unter dem lauten Beifall und zur Freude des Volkes eine Rede gegen die den Weibern auferlegte Schatzung der Triumvirn.«

Eine solch »maaslose Emancipation« musste ja unbedingt die Grundlagen des Staates »sittlich gefährden« trotz aller »männlichen Tugend.«

mals ästhetisch durchzubilden vermochte, that das Uebrige. Rom ging an seiner Macht rettungslos zu Grunde, da ihm die innerliche Kraft mangelte, das in jeder überhaupt nur denkbaren Form auftretende Laster zurück zu dämmen. Der Cäsarismus trug noch mehr dazu bei, den Verfall der Sitten zu beschleunigen. Die Freiheit des Einzelwesens trat vor das Gesetz der Allgemeinheit; die nothwendig sich ergebende Folge dieses an und für sich berechtigten Vorganges aber bildete das Aufkommen der Imperatoren. Jeder von ihnen erschien als der princeps legibus solutus, für den das öffentliche Recht zum privaten wurde.

Tugend und Treue fanden sich gewiss viel mehr noch bei jenen Frauen, die nicht zu den höchsten Kreisen der römischen Gesellschaft gehörten; und wenn wir nach dieser Richtung hin auch nur über recht spärliche Nachrichten verfügen, so zeigt doch das Wenige bereits zur Genüge wie ungerecht jene Schriftsteller urtheilen, welche ohne Weiteres von einer allgemeinen Verderbniss reden.

Martial, der sonst wahrlich kein Lobredner des weiblichen Geschlechtes ist, bezeugt ausdrücklich die Keuschheit der padovanischen Frauen.[1]) Aehnlich spricht sich der jüngere Plinius über die Bürgerinnen von Brescia aus.[2]) Sueton erzählt uns von der edlen Mallonia, welche, um den Nachstellungen des Tiberius zu entgehen, Selbstmord beging.[1]) Viele Grabschriften

---

[1]) XI. 16.
[2]) Epist. I. 14.

endlich beweisen, welch' herzliche Seelengemeinschaft oft genug die Gatten verband.

»Es ist zu bedauern, dass diese Inschriften — sagt Friedländer (a. a. O. I. V. 507) — so wenig Individuelles enthalten. Wäre dies der Fall, so würden sie uns ganz andere Einblicke in das Leben der Frauen gewähren, als Geschichte und Sittenschilderung. Denn jene, die von hoher Warte aus die Weltschicksale übersieht, bewahrt das Bild des Einzelnen nur dann für die Nachwelt auf, wenn Verhältnisse oder eigener Werth ihn über das Niveau der Masse erhoben haben, während die Sittenschilderung, die die Menge der einzelnen Eindrücke zu Gesammtbildern zu vereinigen sucht, auch bei der strengsten Wahrheitsliebe in Auffassung wie Darstellung sich von dem Einfluss der Subjectivität nie völlig frei machen kann«.

Die Ursachen sind bereits kurz erwähnt worden, welche zu der ungeheuren Sittenverderbniss Roms führten, der sich viele Frauen nicht zu entziehen vermochten. Verfolgen wir nun die allgemeine Lebensgeschichte des weiblichen Geschlechtes, so werden wir mannigfachen Erscheinungen begegnen, welche auch heute noch in den meisten romanischen Ländern die Sittlichkeit bedingen.

Zunächst fällt es auf, wie jung und unvermittelt das Mädchen in die Ehe trat. Kaum der Kinderstube entwachsen, etwa zwischen dem dreizehnten und dem

---

[1] Tiberius. XLV.

siebenzehnten Lebensjahre, höchst selten über neunzehn alt, schlossen die Töchter der vornehmen Familien den Bund, welcher sie plötzlich aus immerhin enge begrenzten Kreisen in eine Welt voll Genuss, voll Freiheit, voll Selbständigkeit versetzte. Einst, als Rom noch ein armes Landstädchen war und wenige Sklaven die schwersten Arbeiten auf dem Felde, dem vorzüglichsten bürgerlichen Besitze, verrichten mussten, als der Gatte durch seine öffentlichen Pflichten fast völlig in Anspruch genommen ward, blieb der Frau die Sorge um das Hauswesen, und diese Thätigkeit verhinderte sie an jeder Ausschreitung. Jetzt gebot die Frau über eine zahllose Dienerschaft; denn in ihrer Begleitung zogen viele Sklaven und Sklavinnen in das Haus des Gatten hinüber und dieser musste angesichts der reichen Mitgift sich fügen. Der Vermögensverwalter (Procurator) der Frauen, vertraute Freigelassenene, denen sie ihre »Edelsteine, Goldgeschirre, Weine, Lieblingssklaven« anvertrauten, blieben durch Jahrhunderte die Hauptfiguren für den Spott der Dichter. Der »schöne Procurator« mochte eben nicht selten neben dem Schlüssel zur Schatzkammer auch jenen zum Herzen seiner sonst so stolzen Herrin besitzen. Seneca (de matrimon.) spricht ausdrücklich von dem »Procurator mit gekräuselten Locken, unter welchem Namen sich ein Liebhaber verbirgt«.

Innerhalb des Hauses unbedingte Herrscherin — das Gleichniss von der Rolle, welche der Pantoffel spielt, ist auch im Alterthum bekannt gewesen — erschien die Römerin von jeher mit all' den Freiheiten für den Verkehr in der Oeffentlichkeit bekleidet, welche der ehrbaren

Griechin stets mangelten. Bald nach den punischen Kriegen und vollends in der Kaiserzeit gab es für das weibliche Geschlecht keine lästigen Fesseln mehr, soweit nicht etwa die strenge eingehaltenen Standes- und Rangesunterschiede festgehalten wurden, die Frauen von consularischem Range, deren öffentliche Vorrechte überhaupt sehr gross waren, vereinigten sich sogar zu einem Convent (conventus matronarum), der unter Elagabal in den »Frauensenat« erweitert ward, welcher alle möglichen Fragen über die Tracht, das gegenseitige Benehmen und den Prunk behandelte.

Die junge »domina« (madame) erfuhr zudem eine überschwängliche Werthschätzung seitens der Freunde ihres Mannes, welche ihre Eitelkeit nur anstacheln und bald ihr sittliches Gefühl zerstören musste. »Hunderte von Händen waren ihrer Winke gewärtig. In der kleinen Welt, die ein grosses Haus mit seinen ausgedehnten Besitzungen, seinen Legionen von Sklaven, seinem Anhange von Clienten und Untergebenen bildete, entschied ihr Wille über Glück und Unglück, ja über Leben und Tod. Jünglinge und Männer in grauen Haaren, Gelehrte und Tapfere, Verdiente und Hochgeborne, sah sie wetteifernd sich um ihre Huld bemühen. Welche Ansprüche auf Bewunderung sie auch besass, mochte es Schönheit, Geist, Talent oder Bildung sein, sie war eines glänzenden Erfolges gewiss. In den Kreisen, in die sie nun eintrat, wurde der Eitelkeit und Gefallsucht die vollste Befriedigung, fand die Intrigue den günstigsten Boden, die Leidenschaft die stärksten Aufregungen, die Koketterie den unerschöpflichsten Wechsel, und wie hätten schwächere Naturen so vielen Versuchungen nicht erliegen sollen! Als Tacitus den Römern Germanien beschrieb, erwähnte er (XIX.), dass die Hauptschuld an der Sittenlosigkeit der Frauen Roms »die Verlockungen der Schauspiele, die Aufregungen der Gastmähler« trügen. Im Theater aber herrschte die unzweideutigste Unsittlichkeit. Die Christen behaupteten denn auch, dass eine keusche Frau unkeusch von dem Besuche der Schauspiele zurückkehre, zumal sie dort neben Leuten sässe, welche die schlüpfrigen Darstellungen benützten, um die Tugend ihrer Nachbarin zu Falle zu bringen. Tertullian erklärte: »Durch die Parteinahme für und wider den Künstler entstehen Beziehungen, welche die Funken der Begierde anblasen, kurz, Niemand hat beim Besuch des Schauspiels für etwas mehr Auge, als zu sehen und gesehen zu werden«.

Anstössige Verhältnisse zwischen Frauen aus edlen Geschlechtern, Fechtern, Sängern, Tänzern, Schauspielern und Kraftkünstlern bestanden häufig genug. Wie heute in Spanien der Stierfechter mit Gunstbezeugungen der vornehmsten Damen überschüttet wird, so machte in Rom ein berühmter Vertreter »des Eisens«, ein Gladiator gewiss sein Glück. Der Tänzer Mnester war der Geliebte der blendend schönen älteren Poppäa, wie der der Messalina; der Tänzer Paris büsste seine Beziehungen zur Kaiserin Domitia mit dem Tode.

Die Gastmähler, bei denen Jedermann schliesslich der Einwirkung des reichlich genossenen Weines unterlag, sind wahre Fallgruben für die weibliche Moralität gewesen.

Pantomimen, Tänze, Gesänge, theatralische Scenen, die auf der Bühne nicht erscheinen durften, weil sie zu anstössig waren, spielten sich ungescheut in Gegenwart der Frauen bei den grossen üppigen Mahlzeiten vor den geladenen Gästen ab. Dass diese unter dem Einflusse des doppelten Rausches rasch zur zügellosesten Orgie übergingen, versteht sich leicht. Sueton und Petronius berichten neben den Satyrikern über Dinge, die wir uns scheuen, hier wieder zu geben.

Das Schriftthum und die Kunst wetteiferten mit einander, alle bösen Leidenschaften anzuspornen. Die frechen und schamlosen Abhandlungen der Prosaisten, die Verse voll unzüchtigen Inhalt, welche um so schlimmer wirken mussten als der goldene Schein der Poesie über ihnen lag, fanden sich, Dank dem in Rom so stark entwickelten Buchhandelsgewerbe, in allen Händen. Maler und Bildhauer strebten nur darnach, ihren Pinsel, ihren Meissel den Erzeugnissen der ausschweifendsten Einbildungskraft zu leihen — waren sie doch gewiss, in den reichen und vornehmen Kreisen glänzend bezahlende Käufer und Käuferinnen zu finden.

Und trotzdem wagen wir die Behauptung, dass es im Allgemeinen im Rom der Cäsaren noch lange nicht so zuchtlos zuging, wie in dem Rom der Christenheit unter vielen Päpsten; und wie an den Höfen der allerchristlichsten Könige, in der langen Reihenfolge von Ludwig XII. bis auf Ludwig XVI.

In der Vertheidigungsrede, welche Cicero für den Coelius hielt, kam er freimüthig auf die ausserehelichen Beziehungen der Geschlechter zu einander zu sprechen.

Die merkwürdige Stelle lautet: »Wenn Jemand meint, junge Männer müssten sich des Umganges mit Buhlerinnen ganz und gar enthalten, so ist er in der That sehr strenge. Ich kann zwar nicht sagen, seine Meinung sei falsch, aber sie weicht nicht nur von der Freiheit unserer Zeit, sondern auch von dem Gebrauche und der Ansicht unserer Ahnen ab. Denn, wann geschah dies nicht? Wann wurde es getadelt? Wann war es nicht erlaubt? Wann endlich war das, was jetzt gestattet ist, nicht gestattet?« Halten wir damit die oben erwähnte Ansicht des älteren Cato von der verschiedenartigen Auffassung rücksichtlich des Ehebruchs zusammen, so haben wir die Meinung der Römer über die Prostitution. Sie war gesetzlich erlaubt, sie wurde vom öffentlichen Gewissen als eine culturelle Schande empfunden, aber sie bestand seit den ältesten Zeiten und wuchs schliesslich zu ungeheurem Umfange an. Der Staat begünstigte sie niemals in der Weise wie es Solon gethan, aber er verfolgte die »freien Frauen« keineswegs in gewinnsüchtiger Weise durch ebenso lächerliche, wie für die Opfer gefährliche Anklagen. Im Gegentheil gestattete er ihnen eigenartige Handlungen, welche gewissermassen mit den Gebräuchen des Glaubens enge zusammen hingen. So sollte ja nach der Sage die Acca Laurentia, die »Wölfin«, welche Romulus und Remus erzog, eine irrende Prostituirte gewesen sein (»corpus in vulgus dabat, pecuniamque emeruerat ex eo quaestu uberem« erzählt Aulus-Gellius) und die unzüchtige Feier der Lupercalien fand zu ihrem Gedächtnisse statt. Bei den, um den Maitag herum sich abspielenden Florafesten, hatten die Buhlerinnen die Hauptrolle; sie tanzten, nur mit ihren Schmucksachen behangen, im Circus. Andererseits gewannen aber die freien Frauen in Rom niemals die Stellung, welche ihnen Hellas zu Theil werden liess. Philosophisch gebildete Hetären, welche einen Hof feinfühlender Männer um sich versammelten, gab es zu keiner Zeit in Rom, sondern lediglich Prostituirte, welche in allen Ausschweifungen erfahren waren.

Es kam vor, dass angesehene Frauen, aus Gründen, welche wir nicht kennen, freiwillig die Verachtung auf sich nahmen, welche die Prostituirten verfolgte. Tiberius verbannte einige solcher Matronen, darunter Vestilia, die aus senatorischem Geschlechte stammte. Spätere Senatsbeschlüsse drohten den Ehrvergessenen mit dem Tode, aber selbst Kaiserinnen suchten die Schlupfwinkel der niedrigsten Ausschweifungen auf.

Dabei erhob der Staat eine Steuer von den Prostituirten, ohne ihnen irgend welchen Schutz angedeihen zu lassen; denn selbst die Nachkommen der Buhlerinnen trugen das Schandmal »spurci« (garstige) oder »quaesiti« (Hurenkinder) zu sein.

Die lateinische Sprache zeigt sich ungemein reich in den Ausdrücken, welche die verschiedenen Classen von Dirnen bezeichnen. Auf der obersten Stufe dieser gesellschaftlichen Leiter standen die »delicatae« und die »famosae«, zumeist römische Bürgerinnen aus guter Familie, die nur mit den reichsten Leuten Beziehungen unterhielten; die Kaiserin Domitilla, des Vespasians Gemahlin, soll vor ihrer Erhebung auf den Thron zu ihnen gehört haben. Die übergrosse Zahl der Prostituirten stammte nicht einmal aus Italien, geschweige denn aus

Rom selbst, sondern zumeist aus den eroberten Ländern. Wenn sie auch nicht immer, sondern sogar nur in seltenen Fällen Sklavinnen waren, so besassen sie doch vermöge ihrer fremden Abkunft keinerlei Rechte und an und für sich ein höchst geringes Ansehen inmitten jener Bevölkerung, welche so gerne jedes menschliche Gefühl von sich wies.

Die schmachvolle Tracht der kurzen Toga und der gelben Perrücke hatte in früheren Zeiten den Dirnen gehört, unter den Kaisern ward das blonde Haar ein begehrter Modegegenstand. Die vornehmen Damen griffen damals so gut wie die Italienerinnen der Renaissance zu den sonderbarsten Schönheitsmitteln, um ihr ursprünglich schwarzes Haar zu bleichen. Die germanischen Mädchen wurden um ihres goldglänzenden Hauptschmuckes willen sehr beneidet und häufig genug desselben beraubt.

Dass auch die römische Demimonde in den Moden dominirte, versteht sich von selbst. Das ist zu allen Zeiten so gewesen.

Wie wenig das römische Christenthum die Sittenmoral beeinflusste, ward bereits an anderer Stelle auseinander gesetzt. Auch wissen wir schon, dass die Germanen, wenngleich ihnen wirkliche Lüderlichkeit lange fern blieb, die Prostitution wenigstens von fremden Frauen duldeten. Dass die mächtigen Fürsten der deutschen Stämme von jeher neben ihren rechtmässigen »Hauptfrauen« eine gute Zahl von ›Frillen‹ mit ihrer Gunst beglückten, verstand sich von selbst. Dabei wurden immer fleissig, und gewöhnlich recht strenge Gesetze gegen die Prostitution erlassen und die Priester eiferten mit aller Macht gegen die feilen Dirnen. Freilich erfahren wir aber auch, dass unter der Regierung Karls VII. von Frankreich — Coquillard, der Official der Kathedrale von Reims berichtet es — die Frauen und Mädchen, welche von Paris aus unter Anrufung der heiligen Jungfrau sich auf die Wallfahrt begaben, des Abends heimlich zu Mönchen und Pfaffen in die Zellen schlichen, und dass in Beichtstühlen und Kapellen manches andere geschah, als beten«.

Auch die Romantik des Minnezeitalters verblasst merklich, wenn man den Dingen auf den Grund geht. Gerade die südfranzösischen Troubadours, welche die »Liebeshöfe« mit ihren wunderlichen Urtheilssprüchen begründeten und erhielten, haben neben ihren zarten Liebesgedichten die gröblichsten Schmähreden gegen die Frauenwelt hinterlassen.

Freilich äusserte der Minnedienst den grössten Einfluss auf die gesammte ritterliche Welt Mitteleuropas, aber von Sittlichkeit im Sinne der altchristlichen Morallehre ist wenig in ihm zu finden.

Die Minne[1]) in feste Regeln zu fassen, sie zu einer wahren Kunst auszubilden, blieb zunächst den provençalischen Troubadours vorbehalten: Wer heimlich liebt und es der Holden nicht zu gestehen wagt, der steht auf der untersten Stufe des Minnens (feignaire), er ersteigt die zweite Staffel, wenn er der Frau seine Gefühle kund thut

---

[1]) »Minne« rührt her von dem althochdeutschen »minnôn« (zärtlich gedenken), daraus »minna« (Liebe). —

(pregaire), zur dritten gelangt er, wenn er von der Dame zu wirklichem Dienste gewählt, also erhört (entendeire) wird, und auf der höchsten Staffel befindet sich der Glückliche, dem der ersehnte Minnesold nicht versagt bleibt, der demnach ein »Liebhaber« (drutz) wird. Diese Stufenleiter zu erklimmen bedurfte der Herr einer längeren Zeit — bis zu fünf Jahren — der erprobten Treue und des sonstigen Wohlverhaltens. Dann nahm ihn die Dame mit allen bei der feierlichen Belehnung üblichen Gebräuchen, als ihren Dienstmann an. Damit gewann er das Recht, die Farben und das Wappenzeichen seiner Herrin tragen zu dürfen. Die Liebesgabe, ursprünglich ein Ring, ein Haarband, ein Gürtel, ein Schleier — man denke an die bis auf unsere Zeit gekommene Sitte der Vertheilung von Strumpfbandstücken fürstlicher Bräute — trug der Ritter zu Ehren seiner Herrin im Kampfe. Je mehr Spuren er vom Streite heimbrachte, den er als Lehensmann für die Dame bestanden, desto grösser war ihre Freude, und auch ihr Ansehen. Häufig trugen die Ritter Hemden, die das geliebte Weib besessen, oder von ihr gewirkte Gewänder; ein Ueberbleibsel dieser Sitte erhielt sich in romanischen Ländern bis in das XVII. Jahrhundert, wo es wohl vorkam, dass Herren ihre Strümpfe zuerst von den Geliebten tragen liessen.

Alle im Streite überwundenen Gegner sandte der Ritter seiner Herrin zu, die über die Gefangenen nach Gutdünken verfügen durfte, soferne diese dabei keinen Leibesschaden erlitten.

Die Herrin haben wir uns in den meisten Fällen als eine verheirathete Frau zu denken. Desto grösser war auch die Verpflichtung des Minners sein süsses Geheimniss vor aller Welt zu verschweigen. Klatsch und Eifersucht bewirkten aber wohl nicht selten, dass Ehemänner zu rächender Vergeltung für ihre verletzte Ehre schritten. Im allgemeinen waren jedoch die ritterlichen Gatten nicht so ungerecht, von ihren Frauen eine Treue zu fordern, welche sie ihnen selbst nicht hielten. Die Ehe bestand überhaupt unter der feinen Gesellschaft des Mittelalters nur dem Namen nach.

Die Ehe ward als eine äussere Veranstaltung betrachtet, die man wegen dieses oder jenes Vortheils einging, die aber in seltenen Fällen eine innere Wirkung hatte. Bei den vornehmen Herren Frankreichs war die eheliche Verbindung, wie in den hohen Ständen aller Zeiten und Länder, eine politische Veranstaltung, mit der das Herz nichts zu thun hatte. Bei dem Einflusse der Vornehmen und bei der allgemeinen Neigung zu mannigfachem Genusse breitete sich die Geringschätzung der Ehe auf alle aus, welche vornehm und fein erscheinen wollten, und es ward allgemach Grundsatz, Liebe und Ehe völlig zu trennen, so dass selbst in den wenigen Fällen, wo dem Liebesverhältnisse die Vermählung folgte, fortab die Zärtlichkeit ausgeschlossen wurde. Die Lebensphilosophie jener Zeit hatte natürlich einen Grund dafür, den wir durch Nostradamus kennen lernen. Dieser Mönch (er ist mit dem späteren berühmten Arzte und Astrologen, Michael Nostradamus † 1556, den Göthe in dem ersten Monologe des Faust nennt, nicht zu verwechseln) antwortet auf die Frage ob zwischen Ehegatten die Liebe statthaben könne: das sei unmöglich,

denn Wesen der Liebe sei es, in ihren Gaben an keinen
Zwang gebunden zu sein und alles freiwillig zu geben.
Die Ehe verlange aber unbedingtes Fügen in den Willen
des Andern und das schliesse die Liebe aus. Daher
galt in weitester Ausdehnung der Satz, die Ehe sei kein
Grund ein angetragenes Liebesverhältniss auszuschlagen,
und durch mehr als ein Jahrhundert ward diese Lehre
in die crasseste Praxis übersetzt. Wer auf die reiche
Novellenlitteratur des Mittelalters geachtet hat, wer die
kleinen Geschichten kennt, die sich im XII., XIII. und
den folgenden Jahrhunderten in grösster Fülle durch
Frankreich, England, Italien und Deutschland trugen, und
kennte er selbst nur Boccacios Dekamerone, wird in
seinem Gedächtnisse eine Menge von Geschichten auf-
reihen, welche ein Hohn auf die Ehe und Sittlichkeit
überhaupt sind. Die Ehe galt in der That gar nichts
und es ist ein Zeichen der menschlichen Selbstsucht,
dass die leichtfertigen Ehemänner noch eifersüchtig waren;
Peter von Auvergne vergleicht sie sehr treffend den
listigen Schelmen, welche fremdes Brod stehlen und das
eigene verschliessen.[1])

Die provençalischen Minnehöfe (Cours d'amour),
welche in der Form von wohl durchdachten Urtheilssprüchen alle die Liebe betreffenden Beziehungen regelten,
erklärten denn auch, dass eine Frau von mehreren
Männern, ein Mann aber von mehreren Frauen geliebt
werden dürfe. Um 1174 behauptete sogar ein von der
Gräfin von Champagne erlassener Urtheilsspruch, dass es

---

[1]) K. Weinhold a. a. O. S. 180/181.

unmöglich erscheine, die Liebe mit der Ehe zu verbinden. Bei solchen Ansichten darf die allgemeine Sittenlosigkeit in den höheren und höchsten Gesellschaftskreisen des Mittelalters nicht Wunder nehmen, so wenig wie die Thatsache, dass schon frühe und besonders die südfranzösischen Dichter in schlimmster Weise von den Frauen reden, ihnen jede Tugend, jede Ehrbarkeit, jede Wahrheitsliebe, und jede Beständigkeit rundweg absprechen.

Das Liebesverhältniss zwischen Minnern und Geminnten erscheint immer als ein durchaus sinnliches und keineswegs als die »Seelenfreundschaft«, welche die Romantiker so gerne als Thatsache hinstellen wollten. Aber die Liebe war nicht roh, sondern von einer Raffinirtheit in ihren Genüssen, wie sie späterhin nur das XVIII. Jahrhundert am Hofe von Versailles kannte.

Am weitesten ging diese Liebeskünstelei in den romanischen Ländern. Unter Friedrich II., dem Hohenstaufen, erschien es keineswegs für anstössig, dass die Italienerinnen ihren Liebhabern eine Nacht in ihren Armen gewährten, soferne sich der Ritter verpflichtete, nur mit einem unschuldigen Kusse vorlieb zu nehmen. Auf dem Umwege über die Provence, kamen diese Probenächte auch in den deutschen Landen in Aufnahme.¹) Die Bauern in Oberdeutschland und in der Schweiz haben mit ihrem Fensterln und »z' Chilt gehen« die »schöne« Sitte bis heute treulich bewahrt.

---

¹) Man vergleiche u. A. den Iwein, 6375 ff. und die nächtliche Szene zwischen der Königin Kondwiramur und Parsival.

Bei dem Leichtsinn, mit welchem alle Stände des Mittelalters das Leben auffassten, darf es wahrlich nicht Wunder nehmen, wenn die Frauen nicht nur der tausendfältig an sie herantretenden Verführung erlagen, sondern auch mit den Männern wetteiferten, jedem sinnlichen Genusse nachzujagen. Die Ausschweifung galt nicht als ein Laster, sondern als eine durch die Hovischkeit geforderte Nothwendigkeit. Dennoch wäre es zu viel gesagt, wenn man an die frechen Worte von Jean de Meung anknüpfend, behaupten wollte, alle Frauen des ritterlichen Zeitalters seien mehr oder minder Prostituirte gewesen.[1])

Als König Sigismund im Jahre 1414 zu Strassburg, der alten elsässischen Reichsstadt weilte, ereignete es sich, dass eine Schaar angesehener Bürgersfrauen des frühen Morgens zu ihm in das Schlafgemach drang. Kaum mochte der hohe Herr einen Mantel umwerfen, dann zogen ihn die fröhlichen Weiber auf die Gasse und unter lautem Jubel ging es mitsammen, tanzend und jauchzend, durch einen Theil der Stadt. In der Korbergasse kauften die bürgerlichen Bacchantinnen dem König um sieben Kreuzer ein Paar Schuhe und führten ihn dann wieder zu seiner Herberge.

Diese vom Zeitgeschichtsschreiber überlieferte kleine Scene zeigt bereits, wie die Bürgerinnen des späteren Mittelalters das Leben auffassten. Man wollte den Wohl-

---

[1]) »Toutes estes seres ou futes — de fait ou de volente putes — et qui bien vous en cercheroit, — toutes putes vous trouveroit.« Roman de la Rose. 9193.

stand geniessen, dessen man sich erfreute und da das städtische Treiben auf den Märkten und Gassen stets grosse Anregung bot, sich dem Vergnügen hinzugeben, so darf es nicht Wunder nehmen, wenn dieses im Mittelpunkte des Denkens und Trachtens der bürgerlichen Frauenwelt stand.

Schon im XIII. Jahrhundert hielten die Städter selbst Turniere ab[1]), im XIV. wurden die Lanzenrennen unter ihnen ganz allgemein; dies gilt freilich fast ausschliesslich für die deutschen Städte — und auch dort verschwanden die Turniere wieder im XV. Jahrhundert — die Bürger romanischer Länder fanden höchstens als Zuschauer Geschmack an den immerhin lebensgefährlichen Uebungen. Die Frauen spielten bei derlei Gelegenheiten, wie bei den Tanzgesellschaften, den »Geschlechtertänzen«, natürlich eine Hauptrolle. Der Tanz, der der strengen Geistlichkeit von jeher ein Dorn im Auge war, durfte schon in der ältesten Zeit an den Hochzeiten nicht fehlen. »Der Tanz — sagte ein gegen ihn eifernder Gottesgelehrter des XVI. Jahrhunderts — ist anfänglich in ehrbarer Meinung erdacht und erlaubt worden, damit die Jugend, in Gegenwart Vieler, Zucht und Ordnung halte und zwischen Jungfrauen und Jünglingen ehrliche Liebe an-

---

[1]) So ward im Jahre 1279 zu Magdeburg mit Gästen aus Goslar, Hildesheim, Braunschweig und Quedlinburg ein Speerstechen abgehalten, bei dem der Preis in einem schönen Mädchen (!) bestand. Ein alter Goslarer Kaufherr gewann diesen eigenartigen Turnierdank; er war edel genug die junge Dirne auszusteuern und ihr so zu einer ehrlichen Heirath zu verhelfen.

heben möge. Denn beim Tanzen kann man die Sitten der jungen Leute ermessen und darum soll bei diesen Vergnügen Zucht und Ehrbarkeit vorherrschen«. Das scheint nun aber nicht der Fall gewesen zu sein; denn wiederholt sprechen die zeitgenössischen Geistlichen von dem »Tanzteufel«, der die Leute verleite, alle gute Sitte zu vergessen. Der Humanist Agrippa von Nettesheim schrieb (1526) über den Tanz: »Man springt mit unehrbaren Geberden und ungeheurem Gestampfe nach unzüchtigen Weisen und Zotenliedern. Unzüchtige Hände pressen die Mädchen und die Frauen, welche in buhlerischen Umarmungen geküsst werden. Die nämliche Schamlosigkeit verleitet dazu, das häufig zu entblössen und den Frevel scherzhaft zu enthüllen, was doch die Natur verbirgt und die Sittsamkeit verhüllt«. Die Kirchenverbesserung mochte diesen Rohheiten wenig anhaben. Noch Cyriacus Spangenberg sagt in seinem, Ende des XVI. Jahrhunderts entstandenen »Ehespiegel«: »An den Abendtänzen, da man Nichts thut als unzüchtig tanzen, springen, drehen, greifen, verlüret manch Weib seine Ehr und gut Gerücht. Manche Jungfraw lernet alda, das ihr besser wäre, sie hätte es nie erfahren. Wer solche Tänze billigt, ist ein Bube, und wer sie vertheidigt, ist ein Schalk. Denn was ist das anders dann ein wildes, ungehewr viechisches Rennen, Lauffen und durch einander Zwirbeln? Da siehet man ein solch unzüchtig Auffwerffen und Umbwerffen und Entblössen der Mägdlein, dass einer schwört, es hätten die Unfläter, so solche Reyen führen, aller Zucht und Ehre vergessen, wären taub und unsinnig und tanzten St. Veitstanz«.

Zu den grössten Vergnügungen der damaligen Frauenwelt gehörte es auch die Badestuben aufzusuchen, welche bis in das XVII. Jahrhundert hinein beiden Geschlechtern gemeinsam dienten. Wie es in den Bädern zu Baden im Aargau um 1417 aussah, erzählt der Florentiner Poggio ausführlich. Es gab damals in ganz Europa keinen Ort, der den Heilbedürftigen und Vergnügungssüchtigen so viel Abwechselung bot, und was die Beziehungen der Frauenwelt zur Verenaquelle anbetrifft, so fügt Poggio seiner Schilderung das boshafte Wort bei: »Nulla in orbe terrarum balnea ad foecunditatem mulierum magis sunt accomodata«.

Wir dürfen überhaupt nicht unsern neuzeitlichen Maassstab der Sittlichkeit an das Mittelalter und seine Ansichten vom Schicklichen legen.

So erzählte der grosse Humanist Aeneas Sylvio Piccolomini, der Erzieher Kaiser Max I. und spätere Papst Pius II., von Wien (um 1460) Dinge, welche weit eher für eine romanische Stadt als für eine deutsche passten. »Schier alle Bürger, heisst es, halten Wein- und Wirthshäuser; sie laden gute Trinker und Freudenmädchen ein und geben ihnen umsonst zu essen, damit sie desto mehr trinken mögen. Das Volk ist ganz dem Genusse ergeben, und verthut am Sonntag, was es die Woche über erworben hat. Oeffentlicher Dirnen giebt es eine grosse Zahl, aber auch die wenigsten Frauen sind mit einem Manne zufrieden. Die Edelleute machen daher häufige Besuche in Bürgerhäusern, wo dann der Hausherr Wein aufträgt und bei Seite geht, um den Gast mit der Hausfrau allein zu lassen. Viele Mädchen nehmen

Männer ohne Vorwissen ihrer Väter und die Wittwen warten den Verlauf des Trauerjahres nicht ab, um sich wieder zu verheirathen. Reiche Kaufleute, wenn sie alt geworden, nehmen blutjunge Mädchen zur Ehe, welche dann bald zu Wittwen geworden, ihre Knechte heirathen, junge Leute, mit denen sie zuvor im Ehebruch lebten. Man sagt auch, dass viele Frauen ihre Männer, deren sie überdrüssig, mittelst Giftes aus dem Wege räumen. Ganz offenkundig aber ist es, dass Bürger, welche sich anmaassten, den vertrauten Umgang ihrer Frauen und Töchter mit den Edelleuten zu stören, von diesen erschlagen wurden«.

Gewiss, das Mittelalter weist eine gewaltige Menge von fast unglaublicher Sittenlosigkeit auf, aber es kannte nicht die Heuchelei, seine Schäden zu verhüllen. Diese Untugend macht sich erst in den späteren Jahrhunderten bemerkbar.

Zu den Ehrentiteln eines jeden mittelalterlichen städtischen Gemeinwesens gehörte es gleichsam, über wenigstens ein wohl eingerichtetes »Frauenhaus« verfügen zu können.[1]) In der Schweiz wurde das Frauen-

---

[1]) »Man nannte diese Tempel der Venus auch offene oder gemeine Häuser, Häuser der gelüstigen Fräulein, Jungfernhöfe u. s. w., und ihre Bewohnerinnen: Frauenhäuserinnen, offene Weiber, thörichte Dirnen, fahrende, auch wohl schöne Frauen, ihre Gebieter aber: Frauenwirthe und Frauenwirthinnen, Metzenwirthinnen u. s. w.

Die Frauenhäuser selbst waren Eigenthum der Stadt, in welcher sie sich befanden, und wurden sammt dem Inventar an die Frauenwirthe oder Wirthinnen verpachtet, welche gewöhnlich wöchentlich eine gewisse Summe dafür an den Magistrat zu entrichten hatten ....

haus sogar zeitweise eine Staatseinrichtung; die Tagsatzung als die oberste Landesbehörde schenkte den Frauenhäusern wie den berühmten Gastwirthschaften Glasscheiben mit dem cantonalen Wappen und hohe Gäste durften den Fröwlein- Besuche auf Staatskosten abstatten.[1])

Wenn wir auf der einen Seite den Dirnen das Bürgerrecht ertheilen und sie bei Rathsmahlzeiten und auf öffentlichen Bällen und Hochzeiten mit Blumensträussen erscheinen, öffentliche Umgänge halten, eigene Zünfte bilden und Vorsteherinnen wählen, ja einen Gildezwang ausüben und nicht befugte Bordelle zerstören sehen, so finden wir sie auf der anderen Seite wieder dem Stöcker, Henker oder Büttel zur Aufsicht übergeben, und den Schindanger ihnen zum Begräbnissplatz angewiesen. Wir sehen sie zu einer eigenthümlichen Kleidung genöthigt, oder wenigstens verpflichtet, ein auffallendes Kleidungsstück oder Zeichen zu tragen . . . . .

An Sonntagen und Festtagen und deren Vorabenden waren diese Häuser geschlossen, an Sonntagen wenigstens des Vormittags . . . .

Der Austritt aus den öffentlichen Häusern war den Mädchen auf alle Art erleichtert . . . . Wer eine solche heirathete, wurde beschenkt.

Man vermuthet nicht ohne Grund, dass die meisten Städte der Vorzeit solche privilegirten Frauenhäuser gehabt haben.«

J. Scheible. Das Kloster. VI. 466—473.

[1]) In Luzern ernannte der Staat nicht nur den »Meister im Frauenhaus« — nebenbei gesagt ein sehr gesuchtes Amt, sondern kleidete auch zeitweilig die Insassinnen, gab ihnen die benöthigten Möbel (1539 z. B. einige Betten aus dem Jakobsspital!), bestritt die Begräbnisskosten der Dirnen und nahm auch (1455—1503) die Sündengelder in die Staatsrechnung auf. Als 1461 Lodovico il Moro, der Mailänder, nach Luzern kam, hatten er und sein Gefolge freien Eintritt in das Frauenhaus und die Gesandten berichteten unter dem 21. Mai in die Heimath. »Quelle putane quale da ogni hora piu ne va crescendo la obondantia dela quantita e dela belleza«. Aehnliche Ehrung erfuhr

In den romanischen Ländern waren die Lupanare niemals vollständig verschwunden und die bald verderbte Geistlichkeit bemühte sich auch nicht im geringsten, ernstlich gegen die Prostitution einzuschreiten. Wir haben vielmehr Zeugnisse, welche darthun, dass die Kirchendiener sich schamlos ihrer Zuchtlosigkeiten rühmten. Als Papst Innocenz IV., der von 1245 bis 1251 zu Lyon geweilt hatte, von dort verreiste, höhnte beim Abzuge des Hofes der Cardinal Hugo de St. Oaro die Bürger, indem er zu ihnen sagte: »Freunde, ihr seid uns grossen Dank schuldig. Wir sind euch nützlich gewesen. Denn als wir hierher kamen, fanden wir drei oder vier Bordelle vor. Jetzt aber, bei unserm Weggehen, lassen wir nur ein einziges zurück, welches vom östlichen Thore der Stadt bis zum westlichen reicht«.[1])

Zu Paris bestand bereits unter den Vorgängern von Philipp II., Augustus (1180—1223), ein königlicher Beamter, der gewöhnlich der Seneschall oder »Roy des Ribauds«, oder »Grand maistre des filles publiques« ge-

---

1417 König Sigismund in Bern und 1434 in Ulm, während ihm in Luzern die Dirnen vor das Thor entgegen zogen und ihn in die Stadt geleiteten.

Als die Luzerner 1476 gegen den Burgunderherzog zu Felde zogen, begleiteten sie die »Fröwlein« in neuen Kleidern, welche die Obrigkeit geschenkt hatte. Da später der Mensch erst mit dem »Junker« oder »Burger« anfing, wurde 1539 bestimmt, dass fremde Gesellen nur dann in's Frauenhaus dürften gelassen werden, wenn sich in demselben keine Junker oder Bürgerssöhne befänden. — Man sieht, wie weit die staatliche Fürsorge sich ausdehnte.

[1]) H. Floto. Kaiser Heinrich IV. und sein Zeitalter. I, 164.

nannt wurde und erst zur Zeit Franz I. (1515—1547) einer ›Dame des filles de joie de la cour‹ weichen musste. Schon um die Mitte des XIII. Jahrhunderts hatte die Prostitution einen solchen Umfang in den französischen Städten genommen, dass Ludwig IX., der Heilige (1226—1270), eine königliche Ordonnanz erliess (1254), nach welcher die Dirnen, unter Androhung schwerer Strafen, aus der Stadt ziehen sollten. Aber Jacques de Vitry behauptet, dass zu seiner Zeit, also im XIV. Jahrhundert, jedes Haus in dem Stadtviertel der Schulen der Ausschweifung diente. Schon um 1292 mussten die Freudenmädchen von Paris eine oft recht erhebliche Kopfsteuer bezahlen und die betreffende Rolle verräth uns noch die Namen jener Schönen.[1]) Wie der Staat, so beschäftigte sich auch die Kirche mit den Einkünften der Dirnen. Die Bischöfe von Mâcon z. B. besassen zu Paris in der Rue Chapon ein grosses Gebäude, vor dem die Prostituirten sich täglich versammelten und dafür jedenfalls eine Abgabe errichteten. Der Gefangene von Chillon, der Prior von St. Victor in Genf, Franz Bonivart

---

[1]) Die Steuersumme betrug zwischen 12 deniers und 5 Sols: letzteres Geld ist bereits eine erhebliche Leistung. So viel bezahlten z. B. Ysabiau la Camuse, Maheut la Lombarde, Marguerite la Brete, Anès de la Pagesse u. s. w. Geringer eingeschätzt waren Héloys la chandelière, Ameline la Grasse, Jehanne la Sage, Marie la Noire, Ysabiau l'Espinéte, Edeline l'Enragiée, Perronelle-aux-chiens, Aaliz-sans-argent (!), Geneviève la Bien-Fétée, Jehanne la Grant, Jehanne la Meigréte u. s. w.

Man sieht, die noms de guerre der Freudenmädchen sind alten Datums.

bezog einen Theil seiner Einkünfte aus den Steuern öffentlicher Häuser.

Andererseits sehen wir gerade in Frankreich die grausamsten Verfolgungen dem Beförderer einer ausschweifenden Lebensweise drohen. Der Pranger, die Peitsche, das Abbrennen der Körperhaare, das Ohrenstutzen, kamen für Kupplerinnen schon seit dem XIII. Jahrhundert vor; 1449 ward ein solches Weib an der Porte St. Denis gehängt, es ist die erste französische Frau gewesen, welche diese Todesstrafe erlitt. Um der »weiblichen Ehre willen« band man ihr die Beine zusammen und liess sie den verhängnissvollen Sprung in einem langen Gewande und sonderbar geschmückt thun »afin que les femmes s'en souvinssent plus longtemps«. Diese scheinen aber trotzdem wenig abgeschreckt worden zu sein; denn 1457 wurden die Kupplerinnen Ermine Valencienne und Louise, die Gattin von Hugues Chaussier, lebendig unter dem Galgen von Montfaucon begraben. Aehnlich verfuhr man in Deutschland gegen »drivende meghede, de andere vrowen verschündet«, so z. B. in Braunschweig. Dass die Kuppelei dennoch fort und fort blühte und dass wir so viel von ihren nahen Beziehungen zur Geistlichkeit hören, beweist, welch' schreckliche Wirkungen die erzwungene Ehelosigkeit der ungeheuren Priester- und Mönchsschaaren hervorbrachte, die damals ganz Europa überschwemmten. Dass die Kirchen den Freudenmädchen als Schlupfwinkel dienten, scheint nicht eben selten gewesen zu sein; noch 1521 musste der Rath von Strassburg die »Schwalben« aus dem Münster vertreiben und die Stadtbehörde von Metz untersagt es 1332 ausdrücklich den Weltpriestern, wie den Mönchen, an unzüchtigen Tänzen theil zu nehmen, oder die Bordelle zu besuchen.

Die heutige Zeit glaubt gerne, dass gegen früher die Selbstentehrung von Frauen bedeutend zugenommen habe. Es ist das jedoch eine Täuschung! Denn hören wir nur: Zur Zeit der grossen Kirchenversammlung von Konstanz weilten dort etwa fünfzehnhundert Freudenmädchen.[1]) In Rom, welches um 1490 jedenfalls nicht mehr als dreissigtausend Einwohner zählte, lebten damals fast siebentausend Courtisanen. In Paris, dessen Bevölkerung um jene Zeit bei hunderttausend Köpfe betrug, befanden sich fünfzehntausend »femmes libres«.[2]) In Strassburg zählten die Behörden anno 1490 siebenundfünfzig öffentliche Häuser, welche die schuldige Steuer zahlten; die Untergasse allein erfreute sich an neunzehn Bordellen. Luzern, das um 1529 etwa von viertausend Menschen bewohnt wurde, hatte bei dreihundert »schöne Fräuleins« in seinen Mauern.

---

[1]) Eines derselben erraffte bei achthundert Goldgulden von seinen Besuchern, also eine für jene Zeit ganz ungeheure Summe. Als Gegenstück zu dieser Notiz mag erwähnt werden, dass um 1420 anlässlich einer Theuerung in Lothringen die Gunstbezeugungen von vier Dirnen so viel galten wie ein Ei »car un oeuf coustoit un gros, et une femme quatre derniers: encores, les a-t-on meilleur marchié«.

[2]) Der Pariser Polizeibericht von 1867 führt an, dass nur 3853 »filles régistrées« vorhanden seien. Die Stadt zählte damals zwei Millionen Einwohner und sah eine Weltausstellung in ihren Mauern. Niemand wird jedoch behaupten wollen, dass fünfzehn Prozent der Bewohner (also dreimalhunderttausend) öffentliche Mädchen gewesen seien.

Die gesellschaftliche Stellung der Freudenmädchen war im Ganzen genommen während des Mittelalters gar keine schlechte. Jedenfalls wurden sie nur zeitweise durch obrigkeitliche Befehle und Verordnungen bedrängt, welche irgend einer plötzlich auftauchenden und ebenso rasch wieder verschwindenden Bussanwandlung entsprangen.

Die überall eingeführte beschimpfende Tracht, welche die Courtisanen zu ihrer Kenntlichmachung anlegen mussten, verlor gänzlich ihren Character als die Modedamen einzelne Stücke davon entlehnten.

Manchmal ereignete es sich auch, dass einzelnen viel geliebten Frauen, gleichsam als Belohnung für ihre gemeinnützige und aufopfernde Thätigkeit, das Stadtbürgerrecht geschenkt ward, oder die Obrigkeit verlieh ihnen Rechte, welche stark an jene der Zünfte erinnerten. Beschwerden über Beeinträchtigung ihres Gewerbes erhoben die »gehorsam und willigen Unterthaninnen, die gemeinen Frauen im Tochterhause« ebenfalls.[1]) Man erledigte derartige Vorlagen etwa dadurch, dass man den Insassinnen der privilegirten Häuser — wie z. B. in Nürnberg 1508 — erlaubte, die Winkelbordelle zu stürmen.

---

[1]) Anno 1492 in Nürnberg z. B. Es handelte sich darum, dass auch andere Wirthe einzelnen Courtisanen Unterschlupf gaben, die Nachts umherstrichen, Ehemänner verführten und dem Besuch des privilegirten Frauenhauses schweren Abbruch thaten.

Vollständig abgedruckt ist die interessante Bittschrift in Scheibles Kloster, XII. S. 1148/1149 Anmerkung.

»Erst nach der Reformation (1562) verlangte der Rath (von Nürnberg) von den drei vornehmsten Predigern und Juristen ein Gutachten, ob das Frauenhaus abzuschaffen sei? mit der Aeusserung: »wenn man es abschaffen sollte, was dagegen für anderer Unrath verursacht werden möchte, in Ansehn der grossen Menge allerlei Volks dieser Stadt, und etliche Exempla vor Augen, dass es an andern Orten, an welchen die Menge des Volks nicht so gross ist, nicht recht gethan, und man dernach gewünscht, dass man es nicht abgeschafft hätte«. Wiewohl nun die zwei vornehmsten Consulenten die Abschaffung stark widerrathen, »dieweil sich nicht Jeder an den Himmel halten könnte, und durch die Abschaffung ehrliche Töchter in Gefahr gesetzt werden möchten«, so hat doch der Uebrigen Bedenken und der Theologen Ermahnung: quod malum non sit tolerandum, ut bonum inde eveniat, den Sieg erhalten, und es ward wirklich abgeschafft. (Müllners Annalen zum Jahr 1562.)[1])

Wir müssen es uns hier versagen, dieses Thema weiter auszuspinnen, weil wir keine Geschichte der Frauenhäuser geben wollen. Nur soll noch darauf hingewiesen werden, dass die Reformation trotz allem Puritanismus nicht dazu gelangte, die Bordelle vollständig zu beseitigen. Das geschah nicht ein Mal mit den Badestuben, die jeder protestantische Diener am Wort kräftig genug verfluchte.[2])

---

[1]) J. Scheible. Das Kloster. XII. 1149.

[2]) Man lese nur Casanovas Erzählung (IV, 7) von den Szenen, deren Theilnehmer er in der Badeanstalt auf der Matte von Bern (1760)

Es dürfte auch zum Nachdenken anregen, dass der Kindsmord dem Mittelalter fast gänzlich unbekannt blieb, dagegen vom XVI. Jahrhundert ab in allen europäischen Ländern auftritt und eine immer steigende Zahl von Fällen dieser Art bemerkt wird.[1])

In der Ueberwachung der Keuschheit von Ehefrauen steht freilich das Mittelalter mit merkwürdigen Erscheinungen obenan. Schon die Römer hatten Eunuchen gebraucht aber den Byzantinern der christlichen Zeit blieb es vorbehalten, die Verschnittenen als Hüter ihrer Weibergemächer anzustellen. Von Konstantinopel her überkamen die Islàm-Völker diesen schmählichen Brauch. Sie kauften die Eunuchen auf den Märkten von Byzanz und Cordova.[2])

»Vorkehrungen zu treffen zur Verhütung der Untreue hat überall die Eifersucht den Männern Veranlassung gegeben, sowohl bei Natur- als Culturvölkern. Zumeist

---

war. Und dann möge man sich erinnern, dass es zu gleicher Zeit für unsittlich galt, im offenen Fluss zu baden. Das Abenteuer der beiden Stollberge am Sihlufer bei Zürich (Göthe. Aus meinem Leben. 19. Buch) zeigt die Früchte des Puritanismus. In Zürich selbst gab es damals auch verrufene Häuser nnd in Baden, dem fünf Stunden abwärts der Limmat gelegenen Kurort herrschten bis in unser Jahrhundert hinein die sonderbarsten Sitten.

[1]) In Nürnberg kam im XV. Jahrhundert kein Fall vor von Kindsmord, dagegen deren sechs im XVI., gegen dreiunddreissig im XVII. und sechsundsiebenzig im XVIII. Jahrhundert. Wie viele werden es im XIX. sein?

[2]) In Frankreich, besonders in Verdun bestanden bis ins XIV. Jahrhundert weltberühmte, durch Juden gehaltene Eunuchenanstalten.

waren es Apparate, welche den Zugang zu den weiblichen Geschlechtstheilen verschlossen. Einige afrikanische Völker sollen, wie es heisst, ihre Frauen nicht ausgehen lassen, ohne ein Sieb oder eine Rosen-Muschel vor den Geschlechtstheil vorzubinden. Die Keuschheitsgürtel können als ein recht barbarischer Gebrauch bezeichnet werden, der namentlich zur Zeit der Kreuzzüge gebräuchlich gewesen sein soll; doch kommt er auch bei den Indianern vor. So sagt de Paun (Recherches philosoph. sur les Américains, Paris 1781): »Il consiste en une ceinture tresée de fils d'airain et cadenassée, au dessus des hanches, au moyen d'une serrure composée de cercles mobiles, où l'on a gravé un certain nombre de caractères et de chiffres. Il n'y a qu'une seule combinaison pour comprimer le ressort qui ouvre, et c'est le secret du mari«. — Jetzt befinden sich in mehreren Museen für Archäologie und Ethnologie Exemplare jener Gürtel, deren sich in früheren Zeiten die eifersüchtigen Ehemänner bedienten. Im Arsenal zu Venedig soll sich ein Instrument befinden, welches man dort aufbewahrt, und aus einem Prozess gegen Carrara, einen kaiserlichen Gouverneur in Padua vom Jahre 1405 herstammt, indem dasselbe als schlimmes Beweismittel für seine Vergehen diente, für die er auf Befehl des Senates eingekerkert wurde: »Ibi sunt serae et varia repagula, quibus turpe illud monstrum pellices suas occludebat«. (Misson, Voy. d'Italic.) — Trotz dieser exemplarischen Bestrafung scheint sich das Instrument nicht bloss in Italien, sondern auch nach Frankreich verbreitet zu haben. Zuerst wurde der Versuch der Einführung unter König Heinrich II. von einem Geschäftsmann

gemacht, welcher eiserne Keuschheitsgürtel, genannt »à
la Bergamasque«, auf der Messe zu Saint-Germain ausbot,
wenngleich zunächst ohne Erfolg; der Kaufmann musste
fliehen, denn die Bevölkerung drohte, ihn in die Seine
zu werfen.[1]) Später freilich mochte man sich heimlich
mit dem Gebrauche vertraut gemacht haben, denn im
Musée de Cluny zu Paris befindet sich ein solches Instrument,
das durch seine Abnutzung es wahrscheinlich macht, dass
es vielfältig in Anwendung war. Es besteht aus einer
Platte von Elfenbein, befestigt an einem Gürtel von Stahl,
der von rothem Rost bedeckt ist und mittelst eines
Schlosses zugehalten werden kann. — Ein anderes Verfahren, welches die Eifersucht der Ehemänner ersann,
ist die Infibulation, d. h. das Einziehen eines Ringes
in die beiderseitigen Schamlippen, wodurch der Introitus
vaginae verschlossen wird. Das Hülfmittel soll im Orient
sehr üblich gewesen sein«.[2])

Noch eine andere Art von »Keuschheitsgürtel« beliebte man in allen nördlich der Alpen gelegenen Ländern
(wo bis auf unsere Zeit das Weib niemals zur thatsächlichen
individuellen Freiheit gelangte), indem man dem weiblichen Geschlechte die Bildung möglichst vorenthielt.

---

[1]) Nach Brantôme bedrohten nicht das Volk, sondern die für
ihren ungehinderten Liebesverkehr fürchtenden Hofherren den ingeniösen
Kaufmann. Uebrigens giebt die nämliche Quelle eine drastische Anekdote, in der geschildert wird, wie sich die Frauen von den Keuschheitsgürteln zu befreien verstanden.

[2]) Dr. H. Ploss. Das Weib in der Natur- und Völkerkunde.
I. 213/214.

Die Erziehung der französischen Frauen z. B. nahm seit dem XVI. Jahrhundert wesentlich nur Rücksicht auf Aeusserlichkeiten und ermangelte vor Allem jener Betonung der klassischen Studien, wie sie das Italien des Rinascimento forderte. Man glaubte nämlich, die Keuschheit müsse nothwendiger Weise bei einer derartigen Bestätigung des Geistes leiden.

Brantôme z. B. giebt diesem Vorurtheil mit folgenden Worten Ausdruck: »Combien de filles estudiantes se sont perdues lisant cette histoire que je viens de dire (er meint die Geschichte des Tiresias), et celle de Biblis, de Caunus, et force autres pareilles, escrites dans la Métamorphose d'Ovide, jusques au livre de l'art d'aimer qu'il a fait; ensemble une infinité d'autres fables lascives, et propos lubrics d'autres poëtes, que nous avons en lumière, tant françois, latins que grecs, italiens, espagnols! Aussi dit le refrain espagnol: de una mula que haze hin, y de una hija que habla latin, libera nos, Domine! (C'est à dire: D'une mule qui fait hin, et d'une fille qui parle latin, délivre nous, Seigneur!) Et on sçait, quand leurs maistres veulent estre meschants, et qu'ils font de telles façons à leurs disciples, comment ils les sçavent engraver et donner la saulce, que le plus pudique du monde s'y laisseroit aller. Saint Augustin même, en lisant le quatrième livre de l'Eneide, où sont contenus les amours et la mort de Didon, ne s'en esmeust-il pas de compassion, et ne s'en adolora? Je voudrais avoir autant de centaines d'escus comme il y a eu de filles, tant du monde que de religieuses, qui se sont emeues, pollues et despucelées, par la lecture d'Amadis de Gaules. Je vous laisse à penser que pouvoient faire des livres grecs, latins et autres, glossez, commentez et interprétez par leurs maistres, fins renards et corrompus, meschants garnements, dans leurs chambres secrètes et parmy leurs oisivetez«.[1])

Aber, obwohl die französischen Hofdamen den Ovid nicht kannten, waren sie doch in der Kunst des Liebens keineswegs unerfahren, sonst hätte Brantôme sein berüchtigtes Werk überhaupt nicht zu schreiben vermocht. Im Louvre ging es damals recht ungenirt zu. Catharina von Medici, die das leichte Leben politisch zu nutzen verstand, bildete aus den schönsten und ausgelassensten ihrer Begleiterinnen die »bande« oder »l'escadron volant de la reyne«, welche ganz nach dem Muster der venetianischen Staatscourtisanen operirte und bis zu dreihundert Mitgliedern zählte.

Unter den vornehmsten Frauen am Hofe war eine Sprache üblich, wie sie sonst nur den niedrigsten Volkskreisen in den gemeinsten Schenken beliebte.

Dass unter Franz I. die europäische Maitressenwirthschaft ihren Anfang nahm, werden wir späterhin im Zusammenhange besprechen. Häufig genug kam es vor, dass Frauen, Bräute, Töchter und Schwestern das Leben der ihnen Nächststehenden vom Könige mit ihrem Körper erkaufen mussten. Auf diese Art gelangte beispielsweise die glänzende und geistreiche Diane de

[1]) Brantôme. Vies des dames galantes: Discours IV. Der Freund der Königin Margot giebt zu seinen Behauptungen einige Beispiele, aus denen erhellt, wie wenig die Studien an sich und wie viel die Lehrer Schuld an der Verderbniss der betreffenden Mädchen trugen.

Poitiers, die Tochter des Herrn von Saint-Vallier zur Machtstellung, die sich noch erweiterte als sie (durch Vermittelung Catharinens selbst) die Geliebte Heinrichs II. und Herzogin von Valentinois ward.

Den Gipfel der Sittenlosigkeit erstieg die Königin Margot, die erste Gemahlin Heinrichs IV. Ihre Zeitgenossen beschuldigten sie sogar des vertrauten Umganges mit ihrem Bruder, dem Könige Karl IX. Dieser meinte anlässlich ihrer Hochzeit (1572) höhnisch von ihr: »Je ne donne pas seulement ma soeur Margot à mon cousin de Navarre, je la donne pareillement à tous les huguenots de la France!«

Im XVII. Jahrhundert geschah es, dass die Mütter aus den angesehensten Häusern Frankreichs ihre Töchter zwar nicht zu ernsthaften Studien anhielten, sie aber dagegen bei der weltbekannten Ninon de Lenclos einführten, um sie dort »galantes Benehmen« lernen zu lassen. Damals und auch im XVIII. Jahrhundert empfingen die vornehmen Damen vorzugsweise dann ihre Besucher, wenn sie zu Bette lagen und die Herren nahmen in diesem Falle ihre Plätze in dem Raume zwischen Lagerstatt und Wand, der sogenannten »ruelle« ein.

Die französischen wie die italienischen Schriftsteller, welche über die in den beiden Ländern während des XV. und XVI. Jahrhunderts herrschenden Sitten urtheilen, schieben sich in den Klagen über die überall auftretende Sittenlosigkeit gerne gegenseitig die Beschuldigung zu, dass der andere Theil ursprünglich den Lehrmeister darin gespielt habe. Aber, sie haben einander wahrlich im Ernste nichts vorzuwerfen. Die Sittenlosigkeit gab sich jedoch in Italien bei Weitem gekünstelter und verfeinerter als das in Frankreich geschah. Dem Rinascimento wird Niemand seine hohe Bedeutung absprechen können, schon um deswegen nicht, weil es zuerst den Menschen zum Individuum in geistiger Hinsicht werden liess.[1]

Das Italien des Quattro- und des Cinquecento kannte unter allen anderen europäischen Ländern allein die seit der hellenischen Zeit völlig verschwundenen Hetären. Aehnlich wie jene finden denn auch die italienischen Buhlerinnen, und zwar hauptsächlich die fürstlichen Geliebten, Maler, Bildhauer und Dichter, welche ihre Gestalten, ihre geistigen Vorzüge der Nachwelt überlieferten. Was nach dieser Richtung hin in Frankreich bis zum Ausbruch der Glaubenskriege geschah, ist nicht der Rede werth, und von 1560 ab etwa, herrscht dort nur die rohe Sinnlichkeit vor.

Selbst die italienischen Courtisanen, welche ihre

---

[1] »Die Menschen der Renaissance waren in hohem Grade thatkräftig und schöpferisch; sie gestalteten die Welt um mit einer revolutionären Energie und fieberhafter Thätigkeit, gegen welche der Prozess moderner Civilisation sanft erscheinen muss. Ihre Triebe waren roher und gewaltiger und ihre Nerven stärker, als die des heutigen Geschlechts. Es wird immer wunderbar erscheinen, dass die zartesten Blüthen der Kunst, die idealsten Schöpfungen der Malerei auf dem Grunde einer Gesellschaft erwuchsen, deren sittliche Verderbniss und innere Brutalität uns heute Lebenden unerträglich sein müsste. Wenn wir einen Menschen, wie ihn unsere Civilisation erzogen hat, mitten in jene Renaissance versetzten, so würde die tägliche Barbarei, welche an den damals Lebenden eindruckslos vorüberging, sein Nervensystem zu Grunde richten und vielleicht seinen Geist verwirren.« F. Gregorovius. Lucrezia Borgia. I, 93.

Gunst Jedem verkauften, der gut zu zahlen vermochte, zählten hoch gebildete Frauen in ihren Kreisen.

»Die berühmte römische Courtisane Imperia war ein Weib von Geist und Bildung und hatte bei einem gewissen Domenico Campana Sonette machen gelernt, trieb auch Musik. Aretin, im Ragionamento del Zoppino, p. 327, sagt von einer Buhlerin: Sie weiss auswendig den ganzen Petrarca und Boccaccio und zahllose schöne lateinische Verse aus Vergil, Horaz, Ovid und tausend andern Autoren. Die schöne Isabella de Luna, von spanischer Herkunft, galt wenigstens als amüsant, war übrigens aus Gutherzigkeit und einem entsetzlich frechen Lästermaul wunderlich zusammen gesetzt. In Mailand kannte Bandello die majestätische Caterina di San Celso, welche herrlich spielte und sang und Verse recitirte. U. s. w. Aus Allem geht hervor, dass die berühmten und geistreichen Leute, welche diese Damen besuchten und zeitweise mit ihnen lebten, auch geistreiche Ansprüche an sie stellten, und dass man den berühmtesten Buhlerinnen mit der grössten Rücksicht begegnete; auch nach Auflösung des Verhältnisses suchte man sich ihre gute Meinung zu bewahren, weil die vergangene Leidenschaft doch einen bedeutenden Eindruck für immer zurückgelassen hatte«.[1])

Man würde übrigens irren, wenn man alle gelehrten Italienerinnen des Cinquecento der Sittenlosigkeit, in unserm Sinne, bezichtigen wollte.

»Denn die gelehrte oder classische Bildung war bei

---

[1]) Jak. Burckhardt. Die Kultur der Renaissance (1860) S. 396.

den Italienern nicht die Feindin der weiblichen Grazie, vielmehr erhöhte sie dieselbe. Jakob von Bergamo hebt es von dieser und jener Frau ganz besonders hervor, dass, so oft sie als Dichterin oder Rednerin sich öffentlich vernehmen liess, es gerade »die unglaubliche Schamhaftigkeit und Züchtigkeit« ihres Wesens war, was die Zuhörer bezauberte. So rühmt er das von Cassandra Fedeli und so preist er an Ginevra Sforza die Eleganz der Form, die ausserordentliche Grazie in jeder körperlichen Bewegung, die gelassene königliche Art und die sittliche Schönheit überhaupt. Dasselbe rühmt er von Hippolyta Sforza, der Gemahlin Alfonso's von Aragon, welche die feinste Bildung, die ausgezeichnetste Beredsamkeit, eine seltene Schönheit und die höchste Schamhaftigkeit des Weibes in sich vereinigte. Was man damals Schamhaftigkeit (pudor) nannte, war wohl die Cultur der natürlichen Anmuth eines hochbegabten Weibes durch die Erziehung, die durchgebildete Grazie. In hohem Maasse besass sie Lucrezia Borgia. Sie entsprach im Weibe demjenigen, was im Manne der vollkommene Anstand des Cavaliers war«.[1])

Die Rechte, welche der Gemahl oder Liebhaber in Bezug auf die Treue der Gattin oder Geliebten besassen, waren übrigens in Italien niemals so grosse gewesen wie in den nordischen Ländern. Die Ehen wurden ja nach ganz kurzer Bekanntschaft der zukünftigen Gatten, und häufig ohne die direkte Zustimmung des Mädchens, nach Abrede der Verwandten geschlossen. Je selbständiger

---

[1]) F. Gregorovius. Lucrezia Borgia. I, 27/28.

sich die Frau fühlte, desto weniger erkannte sie die Berechtigung von Forderungen an, welche der meist selbst treulose Gatte an ihre eheliche Treue stellte. Der Zeitgeist, welcher sich in den verschiedenen Novellen wiederspiegelt, erkannte der Frau gerne die Erlaubniss zu, ihrem Gatten Hörner aufzusetzen. Man machte sich zwar über den Hahnrei herzlich lustig, versagte aber andererseits dem Gekränkten auch keineswegs die höchste Bewunderung, wenn er sich furchtbar rächte. Aber, die Rache ging keineswegs (oder doch nur in den seltensten Fällen) aus den Gefühlen der Eifersucht, der beleidigten Sittlichkeit hervor, sondern zumeist aus der Absicht, den lieben Mitmenschen den Spott zu wehren.

›Wenn man doch nur nicht täglich hören müsste: Dieser hat seine Frau ermordet, weil er Untreue vermuthete, Jener hat die Tochter erwürgt, weil sie sich heimlich vermählt hatte, Jener endlich hat seine Schwester tödten lassen, weil sie sich nicht nach seinen Ansichten vermählte.[1]) Es ist doch eine grosse Grausamkeit, dass wir Alles thun wollen, was uns in den Sinn kommt und den armen Weibern nicht dasselbe zugestehen. Wenn sie etwas thun, das uns missfällt, so sind wir gleich mit Strick, Dolch und Gift bei der Hand. Welche Narrheit

---

[1]) Die Perugianische Chronik von Graziani (1455) erzählt z. B., dass ein Bruder aus der Sippe der Oddi den Liebhaber seiner Schwester, einen Seiler zwang, der Geliebten die Augen auszureissen. Der Arzt Antonio Bologna, welcher sich in heimlicher Ehe mit der verwittweten Herzogin von Malfi verband, fiel, wie seine Gattin und die Kinder, unter den Dolchen gemietheter Bravi, welche die Brüder der Herzogin aussandten.

der Männer, vorauszusetzen, dass ihre und des ganzen Hauses Ehre von der Begierde eines Weibes abhänge!«[1])

Man darf sich bei solchen Zuständen nicht wundern, dass das Weib der übertriebenen Rache durch Verbrechen zu begegnen versuchte.

»Heute sieht man eine um ihrer Lüste willen den Gemahl vergiften, als dürfte sie dann, weil sie Wittwe geworden, thun was ihr beliebt. Eine andere, aus Furcht vor Entdeckung ihres unerlaubten Umganges, lässt den Gemahl durch den Geliebten ermorden. Dann erheben sich Väter, Brüder und Gatten, um sich die Schande aus den Augen zu schaffen, mit Gift, Schwert und andern Mitteln, und dennoch fahren die Weiber fort, mit Verachtung des eigenen Lebens und der Ehre, ihren Leidenschaften nachzuleben«.[2])

Die Novellisten verrathen uns gerne, was die Zeit unter einer »ehrbaren Frau« verstand.[3]) Von Boccaccio sei dabei noch völlig abgesehen, auch von Giraldi, der mit Behagen erzählt, wie die junge Gattin eines Greises die Anträge eines Jünglings zurück weist, weil sie ihre Ehrbarkeit (honestà) behaupten will. Trotzdem »aber freute sie sich doch der Liebe des Jünglings wegen seiner grossen Trefflichkeit und sie erkannte, dass ein edles Weib einen ausgezeichneten Mann lieben darf ohne Nachtheil ihrer Ehrbarkeit«. Agnolo Firenzuolo berichtet uns in einer sehr anstössigen Geschichte, dass eine Dame,

---

[1]) Bandello. Parte I. Nov. 26.

[2]) Bandello. Parte I. Nov. 9.

[3]) Für Frankreich sei auf die Schilderungen von Brantôme verwiesen, die dieser von den »fort honnestes dames« reichlich entwirft.

wenn nur der äussere Anstand gewahrt bleibe, Allem fröhnen dürfe »senza pericolo dell' onor suo.« Nicolo Machiavelli behandelt in der »Mandragola« eine Scene aus dem Leben der damaligen Bürgerwelt, welche uns zeigt, wie oft die Frauen mit Gewalt verderbt wurden und dass die Diener der Kirche daran nicht immer unschuldig waren.[1])

Nebenbei gesagt: Es wurde damals auch darüber oft und laut genug Klage geführt, dass die Priester die im Beichtstuhl überkommenen Geheimnisse, d. h. die

---

[1]) Der Inhalt des Lustspiels »der Zaubertrank«, welches am Ausgange des XV. Jahrhunderts in Florenz spielt, ist folgender: Des alten Dottore Niccia schöner Gattin Lucrezia stellt der junge Callimaco nach. Da es Niccia an einem Leibeserben fehlt, so erscheint Callimaco, trefflich unterstützt von der alten Sostrata, der kupplerischen Mutter der Lucrezia, vor dem Doktor und giebt sich als einen berühmten Pariser Arzt aus. Er erzählt, dass er über einen Zaubertrank verfüge, der die Frauen fruchtbar mache; nur müsse der Mann, der die behandelte Frau zuerst umarme, alsbald daran sterben. Es wird dem hohlköpfigen Niccia also empfohlen, der Lucrezia zwar den Zaubertrank einzugeben, ihr dann aber einen auf der Strasse aufgegriffenen Bauern beizulegen. Niccia ist damit einverstanden und der Beichtvater bearbeitet Lucrezia so lange mit seiner Ueberredungskunst bis sie ebenfalls einwilligt. Der Nachts hereingeholte Bauer ist natürlich wiederum Callimaco und Niccia hat ihn sogar selbst aufgefunden. Als Lucrezia die ganze Intrigue erkennt, ergiebt sie sich Callimaco mit den Worten: »Da Deine Schlauheit und die Dummheit meines Gatten, die Einfalt meiner Mutter und die Schlechtigkeit meines Beichtvaters mich zu etwas gebracht haben, was ich niemals freiwillig gethan haben würde, so will ich glauben, dass eine göttliche Schickung es so gewollt hat und ich bin nicht im Stande zu verweigern, was der Himmel mir anzunehmen befiehlt.«

Geständnisse treuloser Ehefrauen gegen runde Summen an die Gatten verriethen. Dies geschah vorzugsweise gegen Ende des XVI. Jahrhunderts, als der spanische Brauch in Italien eindrang und die männliche Eifersucht eine Zeit lang keine Grenzen mehr kannte. Hundert Jahre später war man freilich in diesem Punkte wiederum so gleichgültig geworden, dass kaum eine Ehe ohne das in Genua aufgekommene und von dort über die ganze Halbinsel verbreitete Cicisbeat und etwa noch ein paar Patiti (Geduldete) bestehen mochte.

Heute noch sind in Italien Spuren dieser Gebräuche leicht zu entdecken, ebenso wie es immer noch verhältnissmässig selten ist, dass Mädchen einer leidenschaftlichen Liebe so weit nachgeben, dass sie ihren guten Ruf in Gefahr bringen.

Für die Courtisanen blieb Italien und vorzugsweise Venedig durch das ganze XVII. und XVIII. Jahrhundert der klassische Boden.[1]) Die Zunft der Freudenmädchen war eine ganz unentbehrliche Stütze des republikanischen Staates, da obenein nur die jüngeren Häupter aus edlen Familien aus Rücksicht für den Glanz ihres Hauses heiratheten, die älteren Glieder dagegen ehelos lebten. Die Staatsinquisition bediente sich mit Erfolg der Courtisane, um die diplomatischen Geheimnisse fremder Gesandten auszupähen. Als in einer späteren Periode die Regierung einmal bussfertige Anwandlungen hatte, beschloss man

---

[1]) Für das Leben der vornehmen Leute in Venedig galt das bezeichnende Sprichwort: La mattina una messetta, l'apodisnar una bassetta, e la sera una donnetta.

die Freudenmädchen aus der Dominante zu vertreiben. Aber, das Familienleben, die Zucht der Nonnenklöster unterlagen nunmehr den schlimmsten Anfechtungen. Die Signoria sah sich deshalb gezwungen, nicht allein den Bann zu widerrufen, sondern die Vertriebenen auch zu entschädigen. Wie in Paris zur Zeit der cellamareschen Verschwörung, dienten die Courtisanen oft als die brauchbarsten Spione und ferner oft genug dazu, junge Männer zu verderben, deren Reichthum der argwöhnischen Regierung Anlass zu politischen Besorgnissen gab. In der Urkunde, welche die Freudenmädchen nach Venedig zurückrief, hiessen sie »nostre bene merite meretrici«; es ward ihnen ein öffentlicher Fonds angewiesen und zudem erhielten sie miethsfreie Wohnungen in den Häusern, die man Case rampane nannte.[1])

In Spanien, wo sich die mittelalterlichen Zustände und Ansichten am längsten erhielten, blieben die Frauen, selbst die vornehmsten, bis in unser Jahrhundert hinein, so gut wie ohne Bildung. Die bekannte spanische Eifersucht, ein Erbtheil aus den Tagen der Mauren-Herrschaft, sorgte dafür, dass die Frauen in keine Berührung mit Fremden kamen. Nur in ihrem ersten Ehejahre durften die bei Hofe zugelassenen Damen in offenen Wagen, natürlich in Begleitung ihrer Männer, ausserhalb des Hauses

---

[1]) Es ist nicht nöthig hier näher auf dieses Thema einzugehen. Wir verweisen die Interessenten u. A. auf das bekannte Geschichtswerk von Daru, auf die Reisebriefe von Keyssler, die Memoiren von Pöllnitz, Bonneval, Rousseau, Casanova, Alfieri, die Sittenschilderungen von Baretti (Uebers. von Schummel) und auf den ersten Theil des Buches »Das galante Sachsen«.

erscheinen. Nachher mussten sie sich fest verschlossener Kutschen bedienen und niemals verliess sie die Duenna, jene oft so kupplerische, aus allen spanischen Liebesgeschichten bekannte Tugendhüterin. Auch darin finden sich Anklänge an morgenländische Gebräuche, dass der Hausherr allein speiste, indess Frau und Kinder ehrerbietigst auf Teppichen mit gekreuzten Beinen verharrend, ihm bei seiner Beschäftigung zusahen. Es bestand neben einer ausgebreiteten Prostitution eine Art von geduldeter Polygamie; denn jeder Ehemann, der es irgend vermochte, hielt sich wenigstens eine Beischläferin. Nach mittelalterlicher Art betete man überdies eine Minneherrin an und die grossartigen Glaubensübungen gaben zum Liebesspiel die beste Gelegenheit. Von Sittlichkeit nach unserer Auffassung berichten die litterarischen Ueberlieferungen Spaniens wenig genug und der die höchste Wollust athmende Tanz, der »Fandango«, den schon die Lusitanierinnen und Gaditanerinnen im alten Rom aufführten, wird heute noch in aller Oeffentlichkeit im Reiche seiner allerkatholischsten Majestät gerne zum Vortrag gebracht.

Englands Lebenslust wurde nach und nach von den strengen Puritanern in eine widerliche Heuchelei verkehrt. Dann kam es bei der Rückkehr der Stuarts zu einer Verkehrung der Grundsätze, welche schliesslich nur die schlimmsten Folgen nach sich ziehen konnten. Das Schriftthum liefert dafür den besten Beweis.

Fast die ganze schöne Litteratur unter der Regierung Karls II. ist von dem Geist antipuritanischer Reaction durchdrungen, das komische Theater jedoch bietet die

Quintessenz dieses Geistes. Die Schauspielhäuser waren jetzt wieder gedrängt voll. Zu ihren alten Reizen waren neue und mächtigere hinzugekommen. Scenerie, Costumes und Decorationen, wie sie jetzt für gemein und abgeschmackt gelten würden, die aber damals für unerhört prachtvoll gehalten wurden, blendeten die Augen der Menge. Den Zauber der Kunst zu erhöhen, wurde der Zauber des schönen Geschlechts zu Hülfe genommen und der junge Zuschauer sah jetzt zarte und muthige Heldinnen durch liebliche Frauen und Mädchen dargestellt. Von dem Tage an, wo die Theater wieder geöffnet wurden, wurden sie auch zu Pflanzstätten des Lasters und das Uebel verbreitete sich reissend. Die Ruchlosigkeit der Vorstellungen trieb gesetzte Leute bald hinweg, aber die Frivolen und Wüstlinge blieben und diese verlangten von Jahr zu Jahr stärkere Reizmittel. Auf diese Art verderbten die Schauspieler die Zuschauer und die Zuschauer die Schauspieler, bis die Abscheulichkeit der Bühne einen Grad erreichte, der Jeden in Verwunderung setzen muss, welcher nicht bedenkt, dass äusserste Erschlaffung die natürliche Folge äussersten Zwanges ist und dass im regelmässigen Verlauf der Dinge einer Periode der Heuchelei nothwendig eine Periode der Ausgelassenheit folgt. Höchst charakteristisch für jene Zeit ist der Umstand, dass die Dichter Sorge trugen, ihre zügellosesten Verse Weibern in den Mund zu legen. Die schamlosesten Sachen wurden in den Epilogen gesagt. Diese Epiloge liess man fasst immer durch beliebte Schauspielerinnen vortragen und Nichts bereitete den verderbten Zuhörern grösseres Ergötzen, als grobe Zoten von einem schönen Mädchen hergesagt zu hören, von welchem man annahm, es habe seine Keuschheit noch nicht eingebüsst. Die englische Bühne entlehnte damals viele Stoffe und Charaktere aus den Werken spanischer, französischer und altenglischer Meister, was aber unsere Dramatiker berührten, das verderbten sie. In ihren Nachahmungen wurden aus den Häusern der stolzen und hochherzigen castilischen Edelleute Calderon's — Bordelle, aus Shakespeare's Viola — eine Kupplerin, aus Molière's Menschenfeind — ein Nothzüchtiger. So war der Zustand des Drama's«[1]) und fügen wir hinzu auch der englischen Gesellschaft überhaupt unter den letzten Stuarts und noch im XVIII. Jahrhundert.

Von der unglaublichen Rohheit aller dieser Verhältnisse im England des Zeitalters der Aufklärung haben wir eine geradezu klassische Darstellung in den widerlichen Kupferstichen, welche Hogarth hinterliess. Die sprechen Bände und wiegen alle die oberflächlichen Schilderungen auf, welche windbeutelige Beobachter so massenhaft vom englischen Leben entwarfen.

Die gesammte Culturgeschichte weisst nicht einen anderen Abschnitt mehr auf, in dem der Einfluss einer einzigen Person maasgebender war für alle Sitten und Gebräuche wie in dem Zeitalter Ludwigs XIV. Im »Sonnenkönig« erblickte die europäische Welt das leuchtende Vorbild eines Herrschers und während die Höfe seine Beispiele nachahmten, so viel sie es nur vermochten, bemühten sich auch die Bürger in den Fran-

---

[1]) Macaulay. Geschichte Englands. I, 350.

zosen ihre Lehrmeister zu erschauen und deren Sitten anzunehmen. Deutschland besonders blieb fast anderthalb Jahrhunderte vollständig abhängig von dem Geschmacke der überrheinischen Nachbarn und das »alamodische Wesen« lässt sich im Reiche in einzelnen Zügen noch weit später nachweisen.

Die Frauen haben alle Ursache, dem Zeitalter des Rococo« die grösste Aufmerksamkeit zuzuwenden; denn in ihm birgt sich einerseits die tiefste Erniedrigung der weiblichen Würde, andererseits aber auch das Muster jener Herrschaft, die man kurzweg als »Maitressenwirthschaft« bezeichnet.

Die Sittengeschichte der vornehmen französischen Kreise im XVII. und XVIII. Jahrhundert fasst sich in dem Schlagworte zusammen, dass der Ehebruch unter Ludwig XIII. ein Zeitvertreib, unter Ludwig XIV. eine Regel und unter der Regentschaft und unter Ludwig XV. eine Pflicht gewesen sei. Man würde jedoch sehr fehl gehen, wenn man annehmen wollte, jene Zeit habe die Sittenlosigkeit als eine Tugend aufgefasst. Im Gegentheil, man war sich sehr wohl bewusst, man treibe schlimme Dinge, die das Licht des Tages zu scheuen hätten, aber man fand, obwohl das Laster sich kunstfertig zu verstecken suchte, die bare Liederlichkeit so angenehm, dass man ihr nur dann entsagte, wenn eine völlige Uebersättigung in den Genüssen eintrat. Die vielberufene französische »Galanterie« war nichts anderes als die wohl verschleierte und umschriebene sinnliche Leidenschaft, deren Nacktheit man als Rohheit anerkannte, von der man aber nicht lassen mochte.

Das Alterthum hatte die Hetären, das Mittelalter die fürstlichen Beischläferinnen höheren Ranges, das Rinascimento die vornehmen Geliebten gekannt. Aber alle diese weiblichen Personen hatten wohl einzelne Personen zu Grunde richten, aber niemals ganze Länder nach ihrem Belieben ruiniren können. Denn die Monarchen waren damals noch nicht die absoluten Herrscher, wie sie uns in der neueren Geschichte erst entgegen treten und ihre Geliebten konnten also gar nicht den Staat, durch das ihnen willenlos gebeugte Haupt desselben, nach ihrem Wunsche regieren.

Auch die ersten wirklichen Maitressen, die Duchesse de Valentinois auf französischem, die »schöne Giesserin« Anna Sydow auf brandenburgisch-deutschem Boden, stehen doch nur (in Rücksicht auf ihre politische Wirksamkeit) in sehr lockerem Zusammenhange mit den zwei Jahrhunderte später auftretenden, ihnen geistesverwandten Damen. Gabriele d'Estrées musste vor Maria Medici das Feld räumen und die schöne Diana konnte sich nur durch die Freundschaft ihrer Gönnerin, der Königin Catharina in Gunst erhalten.

Der Hof Ludwigs XIII. war, im Gegensatze zu dem seines Vaters, im Allgemeinen strenge in seinen Sitten, wenigstens so weit es die Auffassung des Jahrhunderts überhaupt zuliess. Der König selbst begnügte sich (»soit timidité de caractére ou principe religieux«) nur zwei Frauen aus der Umgebung seiner Gemahlin Anna von Oesterrreich, den Mlles de la Fayette und de Hautefort, seine Zuneigung zu schenken. Gegen die Königin blieb er angeblich, obwohl er sie als eine kaum Fünfzehnjährige heimführte und sie ausdrücklich als eine reizende Erscheinung bezeichnet wurde, volle dreiundzwanzig Jahre gleichgiltig; der spätere Ludwig XIV. erblickte erst im September von 1638 das Licht der Welt.[1]

Die Maitressenwirthschaft ist eine Blüthe, welche auf dem Sumpfboden jenes Zeitalters üppig wuchernd, zuerst in den Kreisen der Hofwelt entstand. Seit Franz I. Regierungsepoche wurde es für alle Männer, welche durch Geburt oder Vermögen zu den höheren Ständen sich zählten, Pflicht »une mignonne« zu unterhalten. Das einzige, was die öffentliche Meinung in dieser Hinsicht forderte, war, dass die unterhaltene und unterhaltende Frau nicht unter dem nämlichen Dache mit ihrem Freunde wohne, er sich nicht offen mit ihr zusammen zeige. Diese letztere Sitte wurde jedoch bald nicht mehr beobachtet und zwar um so weniger, je berühmter die Buhlerin war. Den Geistlichen freilich verbot die Staatsgewalt es geradezu, Beischläferinnen zu halten und die Kirche hatte aus guten Gründen keine Lust, Widerspruch gegen diese Einmischung in ihre

---

[1] Der Hofklatsch bezeichnete bald einen Grafen von Rochefort, bald den Cardinal von Richelieu als Vater des »Sonnenkönigs«. Es steht jedoch nur so viel fest, dass Richelieu alle Anstrengungen machte, um die Gunst der Königin zu erlangen. Nachmals ist sie thatsächlich die geheime Gemahlin des Cardinals Mazarin gewesen. Ihre Beziehungen zu Buckingham hingegen überschritten niemals die Grenze, welche das heutige Englisch mit dem Ausdruck: »flirt« bezeichnet. Das Capuzinergeschwätz, welches einen Herrn von Rantzau als Erzeuger Ludwigs XIV. bezeichnete, verdient gar keine Beachtung.

Rechte zu erheben.[1]) Die Polizei mischte sich jedoch niemals in ausserchcliche Verbindungen der Laienwelt; sie schützte vielmehr ausdrücklich die »femmes entretenues« vor rohen Gewaltthaten, während sie die Prostituirten mit aller nur denkbaren Schärfe verfolgte. Diese Handlungsweise ist übrigens von den französischen Aufsichtsbehörden bis auf den heutigen Tag beibehalten worden und die geltenden Ansichten vom Rechte, die stets auf das römische Bezug nahmen, beförderten nur diese eigenartige Moral. Vornehme reiche Herren hielten sich auch wohl einen Harem, wie das z. B. der Herzog von Chevreuse that, von dem Tallemant erzählt: »Wenn es zur Beichte kurz vor Ostern kam, so führte die nämliche Kutsche, welche den Beichtvater holte, die Mignonnes (anstandshalber!) aus dem Hause und brachte diese dann wieder zurück, wenn sich der geistliche Herr entfernte«. Andere vergeudeten ihr ganzes Vermögen an die »don-

---

[1]) Dass derlei Verbindungen hin und wieder vorkamen, erhellt u. a. aus einem Schreiben, das der Marquis de Seignelay am 25. VI. 1676 an den Polizeilieutenant de la Reynie richtete und worin es heisst: »Le Roy ayant esté informé du commerce scandaleux que le sieur Thoreau, chanoine de Dol, a dépuis quelque temps avec Marie Chenel, dite Beaucorps (sic!), S. M. a fait expédier les ordres pour envoyer ledict chanoine au séminaire de Poictiers, et la femme, au Refuge« . . . . . etc.

Um die flüchtigen Beziehungen der Priester zu einzelnen Damen kümmerte man sich übrigens niemals. Der galante Abbé ist ja eine Lieblingsfigur des französischen Schriftthums im XVII. und XVIII. Jahrhundert und die chronique scandaleuse der Zeit berichtet auf jeder ihrer Seiten von seinen Abentheuern.

zelles galantes«, so z. B. François Charron, Marquis von Saint-Ange, der erste Haushofmeister der Königin Anna, der für diesen Zweck bei achthunderttausend Franken, eine in jener Zeit ganz auffallend grosse Summe, verbrauchte. Es kam denn auch bald so weit, dass Niemand mehr geachtet wurde, der nicht wenigstens eine Maitresse aushielt, und dass sogar sehr vornehme Frauen ihre Gunstbezeugungen dem am besten Zahlenden ungescheut verkauften. Tallemant (in seinen »Historiettes«) zählt eine ganze Reihe von grossen Damen bei Hofe auf, darunter Mme de Montbazon, Mme de Bassompierre, die Marquise de Brosses und verschiedene Frauen von Parlamentspräsidenten, die ihre Nächte für tausend bis dreitausend und mehr Franken verkauften, um das so gewonnene Geld in allerlei Nichtigkeiten umzusetzen. Die Ehemänner waren gefällig genug, derartige Vergnügungen nicht zu stören. Und wie die Grossen, so die Kleinen. Während der Unruhen der Fronde (1648—1653), wo der höchste französische Adel mit allen seinen Begleitern in Paris lag und das Geld keinen Werth mehr zu besitzen schien, galt es für unmöglich, dass eine junge Pariserin, gleichviel welchen Standes, ohne Liebhaber sei. Selbst unter der Regierung Ludwigs XIV., die sich wahrlich alle Mühe gab, jeden öffentlichen Scandal zu verhindern, kamen deren doch genug vor.[1])

Frankreich versuchte wenigstens darin das Erbe des

---

[1]) Man war, wie die Liselotte in ihren Briefen erzählt, in allen »Debauchen« auch denen von unnatürlicher Art, in allen weiblichen Kreisen bestens vertraut.

italienischen Rinascimento anzutreten, dass es sich bemühte, ebenfalls einige weltberühmte Courtisanen zu besitzen, deren Namen in engster Verbindung mit den ersten Personen des Zeitalters genannt werden können. Da sind vor Allem Marion de Lorme und Ninon de L.'Enclos.¹) Aber, so viel Verehrung dieses

¹) Marion wurde 1611 in einer bürgerlichen Familie zu Châlons-sur-Marne geboren; um 1627 begann sie ihr abentheuerliches Leben in Paris. Obwohl sie weder über eine grosse Schönheit noch über eine hervorragende Bildung verfügte, sah sie doch rasch eine ganze Zahl der damaligen Berühmtheiten zu ihren Füssen. So den Grafen Cinq-Mars und den Cardinal Richelieu, von welch' letzterem freilich das Wort ging »quel ne payoit guère mieux les demoiselles que les tableaux«. Marion stand sich mit der Kirche immer recht gut; verstand sie es doch unter ihren protestantischen Liebhabern Proselyten zu machen, indem sie ihre viel begehrte Gunst nur Rechtgläubigen zuwendete. Als sie tief verschuldet, in Folge des Genusses eines zu starken Abortivmittels im Juni 1650 starb, erhielt die Leiche als Schmuck auf dem Paradebette durch den Geistlichen — eine Jungfernkrone.

Ninon de L.'Enclos, welche am 15. Mai 1616 zu Paris geboren ward, galt dem Zeitalter als das Abbild der mit einer Laïs verschmolzenen Aspasia. Sie besass neben einer blendenden und unverwüstlichen Schönheit eine umfassende Bildung. Ihr erster »Freund« war Richelieu, der ihr 1632 ein Jahrgeld von zweitausend Livres zusicherte. Um 1634 begann der glänzendste Abschnitt in ihrem Leben. Sie hielt geradezu Hof und der Hochadel drängte sich an ihren Empfangstagen in den Sälen, obwohl Ninon mit den »Précieuses« im steten Hader lag. Berühmt waren ihre Symposien, aber die Geistlichkeit sah gerade in diesen Festen ein schweres Vergehen; denn Ninon kümmerte sich wenig um die kirchlichen Gesetze. In der Fastenzeit von 1651 entging die lebenslustige Dame nur mit Mühe einer Anklage auf Ketzerei, fünf Jahre später musste sie als Büsserin in das Kloster

ruchlose Milieu der französischen Gesellschaft den vornehmen Buhlerinnen spendete, so roh benahm es sich gegenüber den »femmes publiques«. Glücklich sind die Elenden wahrlich nicht gewesen, welche in den seit Anfang des XVIII. Jahrhunderts wieder mehr und mehr in Erscheinung tretenden Klöstern für Büsserinnen, Unterkunft fanden, aber ihr Schicksal gestaltete sich doch ungleich milder als das jener Frauen und Mädchen, die in die Krankenhäuser und Gefängnisse wanderten. Man hatte in Paris z. B. die öffentlichen Häuser unterdrückt, aber dadurch nur erreicht, dass die Regellosigkeit der Prostitution und die Seuchen gewaltig überhand nahmen. Von Zeit zu Zeit schritt dann die Behörde ein. Sie liess durch die königlichen Bogenschützen alle irgend wie übelbeleumdeten Weiber aufgreifen und beförderte die jüngsten von ihnen in die Colonien, hauptsächlich nach Canada, wo sie von den Ansiedlern stets gerne geheirathet wurden. (!) In England scheint man nicht selten ähnliche Maassnahmen getroffen zu haben, wenigstens finden sich wiederholt Nachrichten von Schiffssendungen, die ausschliesslich derartige lebendige Fracht

---

»les Madelonnettes« eintreten. Als sie wieder zurückkehrte, bereitete ihr Paris, um gegen die Ninon hassenden Précieuses zu demonstriren, den Einzug einer Königin. Von da ab lebte die merkwürdige Frau jedoch zurückgezogen, obwohl immer noch in stetem Verkehr mit der geistigen Elite Frankreichs, in ihrem bequemen Hause in der Rue des Tournelles und dort ist sie am 17. Oktober 1706 mit dem echt französischen Worte auf den Lippen gestorben: »On aime peut-être encore là-bas!«

geladen hatten. Den von diesem Schicksal betroffenen Mädchen erschien ihr Loos freilich erschrecklich. Sie zogen es vor, selbst die Peitsche in den Krankenhäusern zu erhalten, wo sie von der Seuche geheilt werden sollten, oder durch alle möglichen Vergehen die Verurtheilung zu Haftstrafen zu erzielen — nur, um nicht gezwungen auswandern zu müssen. Man sieht, die uralte pariserische Sehnsucht nach den schmutzigen Strassen der Grosstadt ist auch bei den am tiefsten auf der gesellschaftlichen Klassenleiter stehenden Geschöpfen von jeher zu bemerken.

Noch unter Ludwig XIV. kam es vor, dass hochadelige Familien »lettres de cachet« gegen ihre ausschweifenden minderjährigen Töchter erwirkten, um sie im grossen Krankenhause (Hôtel Dieu) einschliessen zu können. Man mag sich wohl vorstellen, welche »Besserung« diesen Mädchen dort — inmitten des Abschaumes der weiblichen Bevölkerung von Paris — zu Theil ward. Es scheint, dass auch die Ehemänner damals öfters Versuche machten, solche Internirungen für unbequeme Gemahlinnen zu erlangen, dass der König aber die bezüglichen Gesuche einzig den Bittstellern bewilligte »qui ne pourroient sans un grand scandale, poursuyvre leur séparation par les voies ordinaires«.[1])

Ludwigs XIV. Art, Wohlanständigkeit zu heucheln, fand leider überall Nachahmung wohin auch nur der

---

[1]) Mittheilung des Grafen von Pontcharain an den Erzbischof von Paris d. d. 24. Sept. 1693.

französische Einfluss reichte.[1] Er selbst, lediglich ein gelehriger Schüler, wurde bald, vermöge seiner politischen Machtstellung, tonangebend in ganz Europa und so erklärt es sich auch, dass die Maitressenwirthschaft rasch bei allen Höfen Eingang fand.

Welche »Moralität« unter der, aus Heuchelei gewobenen Schutzdecke in den vornehmen Kreisen zu Versailles steckte, lehren die Briefe der wackeren Lieselotte, der Mutter des späteren Regenten, welche sich trotz aller Verführungen »allezeit ein teutsches Hertz und gemüthe« bewahrte. Wir erfahren von ihr, wie die ersten Damen des Königreiches »Landsknecht« spielten und dabei betrogen wo sie nur konnten und sich mit Wein und Likören betranken.[2]

Auf Ludwigs des Göttlichen gekünstelte Galanterie folgten die unbeschreiblichen Orgien, welche Philipp Orléans im Palais Royal gab. Ihn löste Ludwig XV. ab, dessen Regierung die Maitressenherrschaft in Permanenz erklärte, wobei eine Pompadour und Dubarry die Geschicke Frankreichs lenkten, indess der hohe und niedere Landesadel sich schmeichelte, seine Töchter in den be-

---

[1] Ueber die Skandale in der grossen Welt des XVII. und XVIII Jahrhunderts haben schon so viele berichtet, dass wir uns hier wohl kurz fassen dürfen.

[2] »Madame de Montespan und ihre älteste Tochter haben brav schöppeln können ohne einen Augenblick voll zu werden. Ich habe sie, ohne was sie sonst getrunken, 6 Rasaden vom stärksten Turiner Rosoli trinken sehen; ich meinte, sie würde unter die Tafel fallen, aber es war ihr wie ein Trunk Wasser.«

rüchtigten Parc au Cerfs liefern zu dürfen.[1]) Die grössten Ausschweifungen wurden mehr und mehr verbreitet. Kurz vor der grossen Revolution bestand in Paris eine nur aus den vornehmsten Damen gebildete Gesellschaft, die sich »Vestalinnen« nannten und nur der lesbischen Liebe fröhnten.[2])

Intersssant ist es auch zu beobachten, wie die Standesunterschiede selbst auf diesen Gebieten während der ersten Hälfte des XVIII. Jahrhunderts festgehalten wurden. Die »Maitresse en titre« musste nothwendiger

---

[1]) Ueber den »Hirschpark« sind besonders die Lebenserinnerungen der Madame du Hausset zu vergleichen.

Auch in Deutschland kannte man ähnliche »Ehren«. So interessirte sich August der Starke für ein Fräulein von Dieskau. »Er eilte nach Leipzig zurück, wo die Frau von D. schon ein Brautfest angeordnet hatte, an welchem sie ihre Tochter dem König übergab. Sie war mit einem Myrtenkranze geschmückt und die Mutter hatte sogar die Dreistigkeit, sie im Zimmer der Königin dem Könige vorzustellen.« Dr. Fr. Förster; Die Höfe und Cabinette Europa's im XVIII. Jahrhundert. III, 445.

Das Fräulein von Schlotheim wurde von ihren eigenen Eltern gezwungen, sich dem Churprinzen von Hessen-Cassel (späteren Churfürsten Wilhelm I.) zu ergeben. Als eine fremde Dame darüber ihren Abscheu äusserte, erwiderte eine hessische Edelfrau: »Was wollen Sie? — Der hessische Adel durfte sich doch diesen Vortheil nicht entgehen lassen«. Zu vergl. Pertz; Das Leben Steins. II, 597.

[2]) Näheres hierüber in: Eros (Berlin 1823) S. 310. Vor einem Altar, auf dem ein Phallus thronte, brannte als Parodie des vestalischen Feuers Weihrauch. »Ce sénat auguste est composé des Tribades les plus renommées, et c'est dans ces assemblées que se passent des horreurs que l'écrivain le moins délicat ne peut citer sans rougir«.

Weise eine adelige Dame sein und um sie völlig fähig zur Ausübung ihrer Pflichten zu machen, vollzog man wohl eine Erhöhung ihrer Geburtstitel. Ludwig XV. galt für einen Revolutionär als er die Pompadour in seine Nähe zog. »Es schien (schreibt Duclos damals), dass die Stellung einer königlichen Maitresse Geburt und Stand erfordere. Die Männer drängten sich dazu, eine solche und zwar wenn immer möglich, aus ihrer Verwandtschaft zu beschaffen; der Ehrgeiz der Frauen war es, hierzu ausersehen zu werden. Es fehlte wenig, dass nicht allgemeiner Unwillen sich darob erhob, dass einer Bürgerlichen der Vorzug gegeben ward. Ich habe anfangs öfters daran zweifeln hören, dass man sie anständigerweise desswegen besuchen dürfe. Aber bald bildete sie selbst sich ihre Gesellschaft und liess nicht einmal alle daran Theil nehmen, welche diese Ehre suchten«.[1])

Die Sänger und Sängerinnen, welche zumeist Italien entstammten, wurden in Frankreich erst in der zweiten Hälfte des Jahrhunderts gesellschaftsfähig, in England gelangten jedoch schon damals schöne und liebenswürdige Primadonnen durch Ehebündnisse in die höchsten Kreise.[2])

---

[1]) Zwei Jahrzehnte später war man nicht mehr so scrupulös am Versailler Hofe. Als die Dubarry dort erschien, besass sie vom ersten Augenblick an die vollständigste Machtvollkommenheit. Und sie war doch lediglich ein hübsches Freudenmädchen gewesen.

[2]) »Vor einiger Zeit sprach man in Gegenwart einer alten Herzogin von der Unverständigkeit, mit welcher mehrere unserer schönen und vornehmen Damen die Schauspieler und Sänger Clairval, Caillot u. s. w. in ihren Zirkeln aufnähmen. Wie! Frauen von Stande empfangen solche

Als Gegenstück zu der französischen Maitressenwirthschaft darf füglich das Favoritenthum bezeichnet werden, welches sich besonders in Russland unter den Zarinnen Elisabeth und Catharina II. breit machte. Die »Generaladjudanten« der einstigen Prinzessin von Zerbst (Gregor Orlow, Wassiltschikow, Potemkin, Sawadowskij, Soritsch, Korssakow, Lanskoi, Jermolow, Mamonow, Subow) haben freilich dem heiligen Russland eine anständige Summe gekostet, aber diese ist nicht im entferntesten so hoch wie die, welche die Maitressen Augusts des Starken z. B. dem Lande Sachsen entzogen haben. Die damalige Welt, welche eine Pompadour oder Cosel göttlich fand, verurtheilte im nämlichen Augenblick die aus der Nervenconstitution der Zarin entspringenden Leidenschaften.¹) Die »nordische Semiramis« selbst hat darüber ein interessantes, aber ganz im Rococo-Stile gehaltenes Bekenntniss abgelegt:

»Ich gefiel; folglich war die eine Hälfte des Weges der Versuchung schon zurückgelegt, und in solchen Fällen liegt es in dem Wesen der menschlichen Natur, dass es

---

Menschen vertraulich in ihrer Gesellschaft? Ei das ist unerhört, das ist ja scheuslich! — Zu meiner Zeit, da durfte so was wohl ins Vorzimmer und mitunter ins Bett kommen; allein in Gesellschaft nimmer!«

Grimms und Diderots Correspondenz von 1753 bis 1790 an einen regierenden Fürsten Deutschlands gerichtet (Brandenburg 1820) S. 285.

[1]) Ein Engländer urtheilte über sie: »She was a stranger to love« und die Eingeweihten behaupteten »que leurs amours ne sont qu'un besoin physique.«

auch an der anderen Hälfte nicht fehlt — denn versuchen und versucht werden, hängt nahe zusammen und trotz der Einprägung der schönsten moralischen Maximen in den Geist, ist man, so wie die Sinnlichkeit sich hineinmischt und zum Vorschein kommt, schon unendlich weiter als man glaubt, und ich weiss noch immer nicht, wie man sie verhindern kann zum Vorschein zu kommen. Flucht allein könnte helfen; aber es giebt Fälle, Lagen, Umstände, wo Flucht unmöglich ist — denn wie soll man fliehen, ausweichen, den Rücken kehren inmitten eines Hofes? Schon dies würde Geschwätz hervorrufen. Wenn man aber nicht flieht, so ist meiner Ansicht nach nichts schwieriger, als dem zu entgehen, was im Grunde gefällt. Aber was man hiergegen sagen mag sind Aeusserungen der Prüderie, welche dem menschlichen Herzen nicht eingegraben sind, und Niemand hält sein Herz in der Hand und kann es, indem er sie schliesst oder öffnet, nach Belieben zusammendrücken oder fahren lassen«.[1])

So plausibel das aber auch klingen mag, die mächtige Zarin hat dabei nur übersehen, dass das Beispiel, welches sie der Gesellschaft gab, in dieser den Sinn für das leichtfertigste Leben wach rief und dass die sonderbaren Auffassungen über Treue und Tugend noch lange nachwirken mussten.

Von Wien, wo sich der Hof in altspanischen Förmlichkeiten gefiel, hören wir — aus den Schilderungen der Lady Montague, welche die Kaiserstadt 1716 be-

---

[1]) Catharina's II. Memoiren; S. 305.

suchte — dass ein wirkliches Familienleben dort gar nicht bestand, sondern dass alle Welt einzig darnach strebte, dem ödesten Genusse zu fröhnen. Noch ein Jahrhundert später, zur Zeit des berühmten Congresses, herrschten in Wien ganz ähnliche Zustände. Maria Theresia setzte zwar die berüchtigten »Keuschheits-Commissarien« ein, die jede arme Unglückliche stäupten, die verführerischen Fremden auswiesen und die den jungen Aristokraten gefährlich werdenden Schönen in enge Klosterhaft setzten — aber die es natürlich nicht verhindern konnten, wenn die Hohen und Höchsten der Gesellschaft, der Kaiser an der Spitze, mit Maitressen lebten. Von dem Furor Pudicus, welchen damals die, vom dicken Grafen Schrotembach geleitete, Wiener Polizei beseelte, sind Thatsachen überliefert worden, die einestheils ebenso schamlos-roh sich geben, wie sie anderntheils von der ekelhaftesten Heuchelei zeugen.[1]) Gewiss war die Kaiserin der Meinung, sie thue nur Gutes, wenn sie despotische Aufsicht über die Tugend ihrer Unterthanen halte; dennoch muss ihr der Vorwurf gemacht werden, dass sie eigensinnig-beschränkt darauf bestand, alle persönliche Freiheit nach dieser Richtung hin zu vernichten.

In Berlin hielt sich der erste Preussenkönig, sehr wider seinen ureigenen Willen und nur weil die Mode es erforderte, eine anerkannte Maitresse. Er erlustigte

---

[1]) Ergötzliches und Unerfreuliches erzählt z. B. Casanova an verschiedenen Stellen seiner die gesellschaftlichen Zustände im XVIII. Jahrhundert, so ungemein aufklärenden Lebenserinnerungen.

sich mit seiner »Freundin«, der Küferstochter und späteren Gräfin Wartenburg, daran, täglich bei sinkender Sonne eine Stunde lang feierlich auf und ab zu wandeln. Dieser Spaziergang vollzog sich zur Sommerzeit in einem Garten und in den kalten Monaten in einem Zimmer, über dessen Eingang Schlüter das Bild der auf dem schlafenden Löwen ruhenden Liebesgöttin (!) anbrachte. Sein Sohn, der Schöpfer der preussischen Macht, gedachte, wie die Markgräfin Wilhelmine von Baireuth höhnisch erzählt, auch einmal »den Jungfernknecht zu spielen«. Seine Auserwählte jedoch, ein Fräulein von Pankewitz, wusste ihre Tugend so kräftig zu vertheidigen, dass der König, obwohl aus der Nase blutend, zu ihr sagte: »Sie sind ein braves Mädchen, aber bös wie der Teufel«.[1])

---

[1]) Berlin wurde freilich trotz aller Bemühungen Friedrich Wilhelms I. bald eine ganz und gar unsittliche Stadt. Um 1772 berichtete Lord Malmesbury, der englische Gesandte am preussischen Hofe von der Berliner Gesellschaft, es gäbe in ihr weder einen ehrlichen Mann noch eine keusche Frau. Und ferner: »Eine vollständige Sittenverderbniss beherrscht beide Geschlechter aller Klassen .... Die Frauen sind Harpyen, die mehr aus Mangel an Scham als aus Mangel an etwas Anderem so weit gesunken sind. Sie geben sich dem preis, der am besten zahlt und Zartgefühl, wahre Liebe sind ihnen unbekannte Dinge.« — Georg Forster schrieb (1779) seinem Freunde Jacobi, alle Berliner Frauen seien verderbt. Der Verfasser der »Vertrauten Briefe über die inneren Verhältnisse am preussischen Hofe seit dem Tode Friedrichs II.« erzählte 1799: »Die Weiber sind so verdorben, dass selbst vornehme Damen von Adel sich zu Kupplerinnen herabwürdigen, junge Frauen und Mädchen von Stand an sich ziehen, um sie zu verführen, wobei sie die Kunst verstehen, leichte Ansteckungen

In Württemberg, wo auf Herzog Eberhard Ludwig, der mit dem Fräulein von Grävenitz die Einkünfte des

zu kuriren, für Schwangerschaften aber künstliche Präservative zu verkaufen. Manche Cirkel von ausschweifenden Weibern vereinigen sich auch wohl und miethen ein möblirtes Quartier in Compagnie, wohin sie ihre Liebhaber bestellen und ohne Zwang Bacchanale und Orgien feiern. Du findest oft in den B . . . . noch wahre Vestalinnen gegen manche vornehme Berliner Dame, die im Publiko als Tonangeberin figurirt. Es giebt vornehme Weiber in Berlin, die sich nicht schämen, im Schauspielhause auf der II . . . . bank zu sitzen, sich hier Galane zu verschaffen und mit ihnen nach Hause zu gehen. Da Berlin der Centralpunkt der preussischen Monarchie ist, von wo alles Gute und Böse über die Provinzen sich ausgiesst, so hat sich die dortige Verdorbenheit nach und nach über diese ausgebreitet. Der Offizierstand, dem Müssiggange hingegeben und den Wissenschaften entfremdet, hat es am weitesten unter Allen in der Genussfertigkeit gebracht. Sie treten Alles mit Füssen, diese privilegirten Störenfriede, was sonst heilig genannt wurde, Religion, eheliche Treue, alle Tugenden der Häuslichkeit. Ihre Weiber selbst sind unter ihnen Gemeingut geworden, die sie verkaufen und vertauschen und sich wechselweise verführen. Kein ehrlicher Bürgersmann, kein solider Civilist kann ein Weib mehr bekommen, was jene Schmeissfliegen nicht schon verunreinigt hätten, oder, wenn sie unschuldig in den Ehestand trat, nicht zu beflecken suchten.«

Man erlebte es denn auch, dass 1806 die Berliner den Franzosen derartig liebenswürdig entgegen kamen, dass die Sieger sich von solchem Benehmen angeekelt fühlten.

Uebrigens stand es in anderen deutschen Städten nicht besser. Das üppige Leben gehörte in Hamburg so gut zum feinen Tone wie in Frankfurt, Nürnberg und Ulm u. s. w. Noch schlimmer ward es, besonders in den Rheingegenden, als dort die französischen ausgewanderten Adligen nach 1791 erschienen.

Landes verprasste,[1]) Karl Alexander folgte, welcher vorzüglich welsche Sängerinnen mit kostbaren Gaben uberschüttete, reichten auch unter Karl Eugen die ordentlich geleisteten Abgaben niemals aus, um die wahnsinnige Verschwendung zu decken. Immerhin hat die Maitresse des Herzogs, Franziska von Hohenheim, einiges Verdienst um die Cultur Altwürttembergs. Komisch freilich muss uns die Unschicklichkeit berühren, dass »'s Franzele«, die mit ihrem Geliebten in doppeltem Ehebruche lebte, von den Zöglingen der »Ecole des Demoiselles« einmal mit den Worten begrüsst wurde: »Stets feuervoller wird der Vorsatz uns beleben — Dir, Musterbild der Tugend, nachzustreben«. Das allein zeigt uns, wie wenig die Rococozeit in Deutschland von Vorurtheilen befallen war.[2])

Um das Bild der Maitressenwirthschaft zu vervollständigen, müsste hier noch eine lange Abhandlung über das Sachsen von 1690 bis 1730 folgen. Aber das damalige Leben in Dresden ist bereits so oft und so

---

[1]) Schlosser (Geschichte des XVIII. Jahrhunderts, 1, 253) berichten von diesem Geschöpfe: »Spielsucht, Habsucht, schmutziger Geist und Wollust ganz gemeiner Art, verbunden mit unerhörter Unverschämtheit, zeichneten die Regentin aus«.

[2]) Und heisst es nicht auch in Schillers »Cabale und Liebe« (II, 1): »Unter allen, die an den Brüsten der Majestät trinken, kommt die Favoritin am schlechtesten weg, weil sie allein dem grossen und reichen Manne auf dem Bettelstabe begegnet.« Die Lady Milford soll auch keineswegs Tadel, sondern Achtung gepaart mit Mitleid erfahren; besitzt doch die »bewundernswerthe Brittin« — ein »grosses feuriges Herz.«

ausführlich beschrieben worden und das Thema ist so wenig ansprechend, dass wir uns füglich gestatten, darüber hinweg zu gehen — umsomehr als es wenig Raffinement aber unendlich viel Brutalität in sich. barg.[1]) Sachsen hat freilich lange genug an den Folgen des Wahnsinnes seiner Regenten in der Rococozeit zu leiden gehabt.

Das Theater, oder vielmehr das französische Schauspiel, die welsche Oper und das italienische Ballet sind die drei vornehmsten Angelpunkte, um welche sich das rein gesellschaftliche Leben des XVIII. Jahrhunderts drehte. In allen diesen drei Faktoren hatte das Weib die Hauptrolle zu spielen — aber nicht das edle, sondern das corrumpirte, welches sich unbewusst an der Societät rächte für alles Unrecht, das dem ganzen Geschlechte angethan ward.

---

[1]) Hierüber möge man u. A. vergleichen: Vehse. Geschichte der Höfe in Europa (Bd. V). Förster. Die Höfe und Cabinette Europas im XVIII. Jahrhundert (Bd. III). Das galante Sachsen. K. G. Helbig. Die Gräfin von Rochlitz.

Moralität und Emancipation.

Die grosse französische Staatsumwälzung erscheint ganz undenkbar ohne die Mitwirkung der Frauen. Diese lange Reihe von Kämpferinnen, die da fast plötzlich auftreten und zu den begeisterten Verfechtern der Menschenrechte gehören, muss in uns den Glauben erwecken, als sei eine lange Zeit der Vorbereitung verflossen. Das Gegentheil davon ist der Fall! Der zündende Blitz, welcher in die Seelen schlug als man von dem Beschlusse der im Versailler Ballhaus Versammelten vernahm, bewirkte mit einem Mal, dass die Fesseln fielen, die noch immer die Geister umschlangen.

Alle diese Frauen, die in Frankreich zwischen 1789 und 1799 zur Berühmtheit gelangten, selbst Madame de Staël und ganz gewiss Manon Roland, wären kaum über die vier Wände ihres Pariser Empfangsaales hinaus bekannt geworden, wenn nicht jene grossen Ereignisse auf staatlichem Gebiete stattgefunden hätten. Aber, es bleibt zu ermessen, ob die Frauen sich daran betheiligten als es galt die Werkzeuge zu schmieden, deren Eingreifen das alte Frankreich nicht zu widerstehen vermochte.

Ausgenommen in England, gab es in dem Europa vor 1789 keine öffentliche Meinung. In Frankreich, das nicht einmal gut bediente Zeitungen besass und dessen »Gesellschaft« einzig den Hof umfasste, für den alles Uebrige als eine »Bande plumper Pfahlbürger« (»roturiers«) galt, ersetzten höchstens die Scandalgeschichten aus dem Leben der Grossen die öffentliche Meinung. Das gesammte französische Schriftthum aus der zweiten Hälfte des XVIII. Jahrhunderts beweist es, dass nur sehr, sehr wenige Unterthanen Ludwig XVI. daran dachten, die Ursachen des allgemeinen Leidens zu erforschen. Man ahnte wohl in weiteren Kreisen, dass ein schliesslicher Zusammensturz unvermeidlich sei, aber bis zum letzten Augenblicke glaubte man ihn nicht in nächster Nähe.

Die Umwälzung vollzog sich dann freilich sehr rasch, zu schnell sogar, als dass alle ihre Errungenschaften hätten für immer fortbestehen können, aber dies geschah immer unter dem Eindrucke äusserer Verumständungen. Wenn uns einzelne Zeitgenossen glauben machen möchten, sie hätten den ganzen Verlauf der Dinge im Voraus geahnt, so dürfen wir derartige Behauptungen ruhig als Denkmäler der menschlichen Eitelkeit auffassen. Europa hatte ja bis dahin überhaupt nur ein ähnliches Beispiel von dem Ausbruch der unterdrückten Volksmeinung gesehen und zwar in England vor 1649. Und diese Ereignisse schwebten allen denkenden Franzosen allein vor Augen. Dass man weiter gehen könne und auf dem gestürzten Königthum einen wahren Volksstaat aufrichten müsse, diese Erkenntniss kam schliesslich nur den Jacobinern. Alle Uebrigen dachten einzig an die Befreiung des dritten Standes, also an die Gleichstellung der Bürger mit den bis dahin bevorzugten Klassen. Für eine wirkliche Volksherrschaft, an der Theil zu nehmen alle, ohne Unterschied des Standes und Geschlechtes berufen sein sollten, erwärmte man sich wohl mit Worten aber niemals schritt man zu Thaten.

Gerade die Stellung der Frauen zu der grossen Umwälzung zeigt deutlich wie halb die ganze Handlung durchgeführt wurde. Man entwarf am 4. August von 1789 die Erklärung der Menschenrechte. Da hiess es gleich im ersten Absatz: »Die Menschen werden frei geboren und bleiben frei und gleich in allen Rechten und der gesellschaftliche Unterschied beruht einzig auf dem Gemeinwohle«.[1]) Der Begriff des Gemeinwohls ist nun aber zu allen Zeiten nicht nur in sehr verschiedenem Sinne aufgefasst worden, sondern auch ein höchst dehnbarer gewesen. Trotz der schönen Worte dieser Erklärung zeigt sie doch eben den Pferdefuss, dass sie überhaupt von einem durch das Gemeinwohl bedingten Unterschied spricht. Von vorne herein wollte man demnach nicht einmal alle männlichen Menschen einander gleichstellen, geschweige denn dem weiblichen Geschlechte ein Recht gewähren. Zudem, die Erklärung spricht auch einzig von den Rechten des Bürgers. Das geht klar aus

---

[1]) »Article Premier. Les hommes naissent et demeurent libres et égaux en droits; les distinctions sociales ne peuvent être fondées que sur l'utilité commune«.

ihrem sechsten Abschnitte hervor, welcher u. A. dahin lautet, dass alle Bürger vor dem Gesetze gleich und zu allen Würden u. s. w. zuzulassen seien, soferne ihre Fähigkeiten diesen entsprächen.[1]) Von den Frauen findet sich kein Wort. Die »Menschenrechte«, über deren anscheinend so freisinnigen Ausdruck viele Geschichtsschreiber noch heute in Verzückung gerathen, waren bei Licht betrachtet das Grundgesetz eines Bürgerthums, welches den durch Besitz und geistige Gaben Ausgezeichneten den Weg zu den höchsten Staatsämtern öffnen wollte, das aber von dem weiblichen Geschlechte stillschweigende Unterwerfung unter die Bevormundung durch das männliche forderte. Wenn wir die endlosen Verhandlungen der verfassunggebenden Versammlung durchgehen, welche am 27. August 1789 mit dem Erlass der »Menschen- und Bürgerrechte« schlossen, so finden wir keine einzige Silbe, die die Frauen berührt. Es blieb demnach von vorne herein jede Berücksichtigung derselben bei der Verhandlung von Staatsgeschäften ausgeschlossen. Sie galten auch fernerhin als Unmündige, nur nicht vor dem Strafgesetze.

Wenngleich die Jacobiner, als die zielbewusstesten Veränderer des alten Frankreichs, den Ruhm für sich in Anspruch nehmen dürfen, dass sie in ihrer durch Hérault de Sechelles bearbeiteten und vom Convent am 24. Juni

---

[1]) »Tous les citoyens étant égaux à ses yeux (la loi), sont également admissibles à toutes dignités, places et emplois publics, selon leur capacité, et sans autres distinctions que celles de leurs vertus et de leurs talens«.

1793 fast unverändert genehmigten Verfassung[1]) die Grundlage für einen wirklich auf der Volksherrschaft beruhenden Freistaat schufen, so haben auch sie darin der Frauen mit keinem Worte gedacht. Sie schwangen sich in der Verfassung vom Jahre I nur zu der Bestimmung auf, dass jeder mündige Franzose Staatsbürger sei und in allen daraus erwachsenden Rechten, ohne Unterschied des Vermögens, besitzkräftig erscheine. Von den Französinnen hören wir auch hier wiederum Nichts und die Partei der Schreckensmänner, welche so gerne die Frauen zu ihren Spielereien bei den angeblichen Volksfesten gebrauchte, dachte nicht im Geringsten daran, ihnen volle Gerechtigkeit widerfahren zu lassen.

Es darf nun aber nicht übersehen werden, dass die Frauen in jener Zeit kaum jemals den Gedanken erfassten, wirkliche Staatsbürgerinnen sein zu wollen.

Einzelnes deutet darauf hin und sicher haben verschiedene lebhaft Denkende es geplant, aber die grosse Masse besass hierfür noch kein Verständniss.

Jene regelmässigen Frauenversammlungen, welche die Gegner spöttisch den »Weiberconvent« nannten, waren nun freilich nicht dazu angethan, grosse Zuneigungen zu erwecken. Zwar ward dort keineswegs verworrener und drohender geschwätzt wie in den Männervereinen aber während man hier die Phrase doch hin und wieder in

---

[1]) Diese Verfassung vom Jahre I ist übrigens niemals zur Einführung gelangt.

die That umsetzte, blieb sie natürlich bei den Frauen die höchste Leistung.

Die Jacobiner, deren Club mehr und mehr zu einer anerkannten Macht auswuchs, liessen auch das weibliche Geschlecht an ihren Sitzungen Theil nehmen; sie räumten diesem dabei berathende aber nicht beschliessende Stimmen ein.

In den übrigen Parteikreisen finden sich die Einflüsse der Frauen nicht minder, aber es ist das nicht der ehrliche, wenngleich unangenehme und oft sinnlose Strassenlärm der Jacobinerinnen, sondern das feine Ränkespiel am Kaminfeuer der Empfangssäle.

Obenan in diesen Künsten standen die Königin Marie Antoinette und ihre Schwägerin Madame Elisabeth. Beide sind durchaus nicht die heiligen und schuldlosen Wesen, wie uns mancher Geschichtsschreiber gerne glauben machen möchte. Unsinnig wäre es an ihrer sexuellen Moralität zweifeln zu wollen, trotz all' der gehässigen Klatschereien, die auf dem wirklich naiven Leichtsinn sich begründeten, den die Königin in ihren jungen Jahren nicht allzu selten hervortreten liess. Ihr grösster Fehler war die Verschwendungssucht; diese liess Marie-Antoinette alle Klugheit vergessen und zog ihr den ersten grossen Hass des Volkes zu. Sie stellte sich von vornherein in ein schiefes Licht, als sie ihren nächsten Freunden einen grossen Theil jener unsinnigen Jahresgehälter zuweisen liess, welche dann durch das berüchtigte "rothe Buch" verrathen wurden. Zu diesem trat der maassloseste Hochmuth, der blindeste Starrsinn, der es nicht erlaubte, auf irgend welche Forderungen der vorläufig durchaus nicht feindlich gesinnten Gegnerschaft einzugehen. Unaufhörlich ward der König von seiner Gemahlin bearbeitet, fortgesetzt unterhielt diese Verbindungen mit dem Auslande, um Frankreich durch fremde Waffen knechten zu lassen.

Jede Gelegenheit, die sich bot, benutzte Marie Antoinette, um der neuen Ordnung der Dinge ihre grenzenlose Verachtung zu zeigen.[1]) Sie konnte sich nicht wundern, dass ihr diese Unterschätzung der immer mehr anwachsenden Volksgewalt bald als ein Verbrechen ausgelegt wurde. Gewiss wollen wir zugeben, dass trotzdem der 16. Oktober von 1793, an dem Marie Antoinettens Kopf unter dem Fallmesser fiel »einer von jenen Tagen gewesen sei, welche das Buch der Weltgeschichte beflecken« aber es lässt sich doch auch mit ziemlicher Sicherheit behaupten, dass die unglückliche Königin den Herzog von Braunschweig nicht gehindert hätte seine unsinnige Drohung auszuführen, eine exemplarische, auf ewige Zeiten unvergessliche Rache zu nehmen und die Stadt Paris einer Militärexecution und gänzlicher Zerstörung preiszugeben.

---

[1]) Es sei hier nur kurz an das Benehmen der Königin erinnert, das sie beobachtete, als man ihre Flucht hinderte. Erst behandelte sie den Marie Sausse von Varennes mit ausgesuchtem Hochmut, dann flehte sie ihn um Rettung an. Als der Abgesandte der Nationalversammlung, Romeuf, ihr den Verhaftsbefehl der Behörde überreichte, warf sie das Blatt verächtlich auf das Bett ihrer Kinder, um es dann wieder mit den Worten an sich zu nehmen: »Nicht doch, es würde sie nur beschmutzen«.

Auch Manon Roland bezahlte ihre Irrthümer mit dem Leben. Wir besitzen von ihr die Aufzeichnungen, welche sie während der langen Haft in der Conciergerie niederschrieb. Sie verrathen uns deutlich das Bestreben der geistreichen Frau, der Gattin ›eines Philosophen‹, ihren ›antiken‹ Character in günstigster Beleuchtung zu zeigen. Manon wäre gar zu gerne die französische Aspasia, die Gemahlin des französischen Perikles im Zeitalter der Umwälzung geworden. Sie ist vielleicht die einzige französische Frau gewesen, welche von dem Augenblicke ihrer Verheirathung angefangen (1780) unentwegt darnach strebte, sich für eine politische Rolle vorzubereiten. Die Geschäftigkeit, mit welcher sie ihre und ihres Mannes Gedanken in die That umzusetzen suchte, ruft Bewunderung hervor. So lange die Gironde am Ruder blieb war Manon hoch angesehen, volksthümlich wurde sie nie; denn wenn auch ihre Wiege in einem kleinbürgerlichen pariser Hause stand, so hat die Gattin des Leiters der inneren Angelegenheiten Frankreichs während des ersten Conventministeriums, doch Zeit ihres Lebens eine gewaltige Abneigung gegen die allgemeine Herrschaft der grossen Massen bewiesen. Die Gegner der Gironde sahen denn auch in Manon eine nicht zu unterschätzende Feindin; der maratistische Aufstand vom 2. Juni 1793, welcher die thatsächliche Schreckensherrschaft einleitete, kostete ihr folgerichtig die Freiheit. Als sie am 8. November vor dem Gerichtshofe erschien, der nur Todesurtheile fällte, war der Vorsitzende feige genug, ihr das Wort zur Vertheidigung abzuschneiden. Dies allein kennzeichnet schon die Stellung von Manon: Man fürchtete sie bis zum letzten Augenblick! Muthig wie die meisten Frauen jener Zeit starb sie, ihrem zagenden Todesgefährten den Vortritt lassend, wobei sie es nicht unterdrücken mochte auch hier noch zu antikisiren.[1])

Die Girondisten als die Vertreter des vornehmen Bürgerthums zeitigten auch die Gestalt der Charlotte Corday, welche in Marat die bösen Grundsätze der Revolution, den verbrecherischen Verfolger ihrer Freunde erblickte und die darum mit dem kalten Blute einer Verzweifelnden dem Volkstribunen das Messer in's Herz stiess. Charlotte ist heute noch in mancher Beziehung ein ungelöstes geistiges Räthsel. Es reicht nicht aus ihre That durch die schwärmerische Liebe zu dem guillotinirten Verlobten erklären zu wollen, man muss schon das Ideal der Römertugend dazu heran ziehen, das Charlotte so gut wie Manon beseelte. Gerade die Unklarheit in den Meinungen begründet am ehesten das Verbrechen, welches das junge Mädchen beging; es glaubte sich für eine Idee opfern zu müssen, die so nebelhaft war, wie es die ›Römertugend‹ eben immer gewesen ist. Characteristisch genug gab sie im gerichtlichen Verhöre zu, dass sie zwar nicht glaube alle Marats getödtet zu haben. ›Aber‹, setzte sie dann mit erhobener Stimme hinzu, ›ich tödtete einen Menschen, um hundert Tausende, einen Bösewicht, um viele Unschuldige zu retten‹.

---

[1]) Sie sagte zu Lamarche: »Passez, vous n'auriez pas le courage de me voir mourir«. — Die sonst noch überlieferten Worte: »O Liberté, que de crimes commis en ton nom«, sind höchst wahrscheinlich ungeschichtlich.

Sie ist denn auch mit der Ruhe, welche nur reine Herzen besitzen, in den Tod gegangen und ihre That, so wenig wirklichen Erfolg sie hatte, ist mindestens von der nämlichen tragischen Grösse wie die der verschiedenen Tyrannenmörder, welche die Geschichte aufzählt.

Von Charlotte Corday zu Théroigne de Méricourt ist's freilich ein ziemlicher Sprung aber auch sie gehört zu dem Bilde, das man die grosse französische Staatsumwälzung nennt und in dem sie keine unwesentliche Rolle spielt. Haben wir schon bei Manon Roland ein gut Theil Ehrgeiz neben hervorragender Eitelkeit kennen gelernt, so ist's die letztere allein, welche die Gestalt der »belle Liégoise« erklären kann. Es ist sehr schade, dass kein Bildniss von Théroigne auf uns gekommen ist, von dem wir mit Sicherheit sagen dürfen, so habe sie im Leben ausgesehen. Die Bildung war es jedenfalls nicht, welche die Männer zu ihren Füssen zwang, eher ein gut entwickelter Mutterwitz und jene liebenswürdige Frechheit, die man hin und wieder als Picanterie bezeichnen hört. Es ist unglaublich, welche Macht Théroigne zu jener Zeit besass, als die Bewegung noch vorwiegend den von den Girondisten vorgezeichneten Bahnen folgte. Der Tag des 10. August von 1792 zeigte sie auf der Höhe ihrer Macht. Kaum dass die entschiedenen Jacobiner zur Herrschaft gelangten, war es auch um Théroigne geschehen. Sie hat ihr grausames Schicksal[1]) geistig

---

[1]) Die berüchtigten Tricoteusen fielen über die Unglückliche (1793) im Tuileriengarten her, rissen ihr die Kleider vom Leibe und peitschten sie von der Stätte, welche einst ihre höchsten Triumphe gesehen. Théroigne verlor darüber den Verstand.

nicht überlebt, aber erst 1814 starb sie im Irrenhause von Bicêtre.

Die Zeit des Schreckens zeigt uns keine hervorragenden Frauengestalten mehr. Es scheint fast, als ob diese nur in den höheren Bürgerkreisen zu finden gewesen wären. Dennoch verzichteten auch die Jacobiner keineswegs auf die Unterstützung ihrer Politik durch das weibliche Geschlecht. Wir finden dieses bei allen Gelegenheiten vertreten, in den Strassenunruhen so gut wie auf der Tribüne des Convents, hinter den Schranken des Gerichtes wie auf den Wegen, den die Karren mit den Verurtheilten zurücklegen mussten, im Angesichte der Guillotine wie bei dem Heere, im Gefängnisse wie bei den Festlichkeiten. Diese letzteren lassen sich gar nicht ohne die rege Theilnahme der Frauen denken und der Cultus der reinen Vernunft sah ja selbst eine lebende Vertreterin der »Göttin«.[1])

---

[1]) Jene Schriftsteller, die mit Bewusstsein die Revolution schmähen, haben sich die Gelegenheit nicht entgehen lassen, davon zu fabeln, die »Göttin der Vernunft« sei durch ein nacktes Freudenmädchen dargestellt worden und in der Notre-Dame-Kirche wäre der Cultus in eine schamlose Orgie ausgelaufen. Kein Wort von alledem ist wahr. Die »Göttin der Vernunft« wurde durch die züchtig verhüllte und durchaus ehr- und tugendhafte Gattin des Gemeinderaths Momoro dargestellt und der Cultus bestand vornehmlich in höchst langweiligen Reden und Gesängen. — Es mag noch beigefügt werden, dass die öffentliche Sittlichkeit in Paris niemals grösser und vollkommener war als in der so oft verleumdeten Schreckenszeit. Die Männer des Berges — mit alleiniger Ausnahme von Danton etwa — hatten für galante Vergnügungen durchaus keinen Sinn.

Auch die Jacobiner kannten ihre »Römertugend« und deren Grundsätze auf das weibliche Geschlecht übertragen, hiess, die Frauen dürfen an allen Dingen Theil nehmen aber — mulier taceat in ecclesia! Dieses vollständige Schweigen war um so leichter zu erreichen, als jene Frauen, welche die Lust und die Kraft empfanden, eine höhere Rolle in der Gesellschaft zu spielen, entweder bereits auf das Schaffot gewandert waren, oder die dieses Schicksal in den verschiedenen Gefängnissen erwarteten.

Aber die mundtodt Gemachten rächten sich! Es war eine Frau, die schöne üppige Bordeleserin Therese de Cabarus, welche von der Conciergerie aus, wo sie dem sicheren Tode entgegen sah, ihren Geliebten, den übrigens nicht minder bedrohten Conventsabgeordneten Tallien, mit allen Mitteln der weiblichen Kriegskunst dazu anspornte, Robespierre zu stürzen. Der Schlag gelang, die Männer des Thermidors wurden nun zu Directoren und ihre noch eben vor der Guillotine zagenden Freundinnen hatten nichts eiligeres zu thun, als die völlig aus der Mode gekommene »Römertugend« zum alten politischen Gerümpel in die vergessenste Ecke der fröhlich gewordenen Republik zu werfen. Immerhin mochte man mit der lieben Antike nicht brechen und so wurden denn die stolzen Römerinnen der girondistischen Zeit die lebenslustigen Hetären des Directoriums — nicht nur in der Kleidung,[1]) sondern auch in der sittlichen Auffassung.

---

[1]) Hierüber mag das auf Seite 146/147 Gesagte verglichen werden.

Jede Seite der Sittengeschichte der französischen Directorialzeit bezeugt uns den grossen Einfluss, den die Frauen damals ausübten. Nicht im Luxemburg-Palaste, dem Sitze der Regierung wurden die Geschicke Frankreichs entschieden, sondern in den Empfangssälen der Frau Tallien, Récamier und Beauharnais. Barg doch der Hochzeitskorb Josephinens die Bestallung Bonapartes als Oberbefehlshaber des Heeres in Italien — eben des nämlichen Mannes, der nachmals als Beherrscher Frankreichs einen so ausgesprochenen Widerwillen gegen »die gelehrten weiblichen Ideologen«, à la Madame de Staël, bewies.

Es ist unleugbar die Schuld eben dieser Frauen gewesen, dass sie die günstigste Gelegenheit, ihrem Geschlechte die volle Anerkennung seiner Würde, die volle bürgerliche Befreiung zu erkämpfen, versäumten. Sie begnügten sich mit dem Ränkespiel am Kaminfeuer oder in den kleinen Gesellschaften der Machthaber, mit den rauschenden Vergnügungen und der wahnwitzigsten Verschwendung des von ihren Freunden gestohlenen öffentlichen Gutes. Sie waren glückselig darüber, dass die freistaatliche Gesetzgebung die Scheidungen eben so leicht und formlos zu vollziehen erlaubte wie dies einst im kaiserlichen Rom geschehen. Sie begehrten keine weitere Befreiung; denn nur die Ehe erschien ihnen als eine Fessel und so taumelten sie durch das Leben, dessen Ernst sie nicht einmal begriffen hatten, als sie noch in der Conciergerie auf ihr Todesurtheil warteten.

Und dann kam der »kleine Corporal« und richtete seinen von Bajonetten gestützten Kaiserthron auf dem blutigen Grabe der Republik auf. Was er von den Frauen erwartete, wie er ihre Würde auffasste, erhellt am besten aus seinem Gedanken, den in guter Hoffnung Befindlichen — militairische Ehren erweisen lassen zu wollen, weil sie ihm neue Soldaten für seine ununterbrochenen Kriegszüge liefern würden.

In dem dritten Abschnitte ihres Werkes über »Deutschland« erklärt Frau von Staël:

»Die deutschen Frauen haben einen ganz eigenartigen Reiz, einen rührenden Ton in der Stimme, blonde Haare, eine herrliche Hautfarbe; sie sind bescheiden, aber weniger furchtsam wie die Engländerinnen und man bemerkt, dass sie weniger häufig Männern begegnen, die sie überragen und dass sie im Uebrigen weniger die strengen Urtheile der Oeffentlichkeit zu fürchten haben«.

Die geistreiche und leider nicht selten geistreichelnde Tochter Neckers, welche mit ihrem Buche vor den Franzosen gerne die Rolle eines neuzeitlichen Tacitus gespielt hätte, kannte von Deutschland herzlich wenig, nämlich einzig den weimarschen Hof und diesen auch nur höchst oberflächlich. So wenig auch viele andere ihrer Urtheile den Thatsachen entsprechen, in diesem Falle jedoch sprach sie die Wahrheit. Das grosse Unglück, welches mit der Fremdherrschaft über Deutschland gekommen war, hatte die Nation im Allgemeinen sittlich gekräftigt.

Geradezu wunderbar äusserte sich diese glückliche Veränderung bei den Frauen Berlins, über die kaum ein Dutzend Jahre zuvor so harte Urtheile gefällt wurden. Als es 1813 galt die Selbständigkeit Preussens zu erringen, standen die Berlinerinnen in der vordersten Reihe. So schreibt der Geschichtsforscher Niebuhr unter dem 21. Dezember 1813: »Das Betragen der Frauen ist ehrwürdig. Hunderte entsagen nicht nur jedem Vergnügen, sondern selbst der genaueren Sorge für ihren Hausstand, um in den Lazarethen zu verwalten, zu kochen, zu pflegen, Wäsche zu flicken, Geld und Bedürfnisse herbei zu schaffen, die Miethlinge zu controlliren und zur Pflicht anzuspornen. Manche sind schon der Raub des Nervenfiebers geworden«.

Kein anderes europäisches Volk, selbst das polnische nicht, sah jemals eine solche alles umfassende weibliche Opferwilligkeit, wie das preussische 1813. Die Schmach von Jena wurde auch von den Frauen getilgt und nur wenige, verschwindend wenige von ihnen entsagten dem vaterländischen Gefühle und huldigten auch ferner noch dem Feinde.

Man erinnere sich nur jenes jungen schlesischen Edelfräuleins, das in seiner bitteren Armuth nichts anderes für die Ausrüstung der Freiwilligen beizusteuern vermochte als seinen köstlichen Schmuck, das prachtvolle blonde Haar. Und man denke an das einfache Lüneburger Dienstmädchen Johanna Stegen, das den kämpfenden Schützen die Patronen in ihrer Schürze zutrug und an die Kleinbürgerin Leonore Prohaska, welche unerkannt in den Reihen der Lützower stritt, bis die im Gefecht an der Göhrde empfangene tödtliche Verwundung ihr das Geheimniss raubte.

Ein Volk, das solche Frauengestalten aufzuweisen

vermochte, konnte nicht untergehen im Kampfe um sein Bestehen.

Bei alledem blieben die deutschen Frauen in ihrer bescheidenen Stellung und noch lange nachher, als bereits in dem Nachbarlande die neuen Forderungen auftraten, wussten sie nichts anderes, als dass das Haus ihre Heimath und ihr Lebenszweck allein darin bestehe, eine gute Wirthschafterin zu sein.

Die »Frauenfrage« konnte ursprünglich nicht auf deutschem Boden in Betracht fallen, weil man dort länger wie im übrigen Mitteleuropa und in England, an der altväterischen Lebensführung festhielt und auch festhalten durfte. Die neue Zeit, welche die Maschinen, den ins ungemessene erhöhten Gewerbefleiss brachte, begann für Deutschland eine gute Zahl Jahre später wie in England und in Frankreich. Bei den westlichen Nachbarn hatten die in der grossen Staatsumwälzung bedingten Veränderungen zuerst freilich nur in schwachen Umrissen, dann aber in nicht zu unterschätzender Dringlichkeit die Frauenfrage auf's Schild erhoben.

Eine Frau von Staël, die, nachdem sie erst in Napoleon kennen gelernt, wohin die männliche Verachtung der Frau führt, den Kampf muthig aufnimmt um die Rechte ihres Geschlechtes, ist ebenso wie eine Georges Sand in Deutschland ganz undenkbar. Es giebt auch heute gewiss noch wenige deutsche Frauen, die »Delphine«, »Corinna« oder »Indiana« mit einem anderen Gefühle als dem des Peinlichberührtwerdens, lesen können.

Welche deutsche Frau wird sich aber nicht dennoch eins fühlen mit Corinna, wenn diese am Cap Misene sagt: »Christus erlaubte einem schwachen und vielleicht reuevollen Weibe, seine Füsse mit den kostbarsten Wohlgerüchen zu salben; und Denen, die für dieselben eine bessere Verwendung anriethen, verwies er es: Lasst sie gewähren, sagte er, denn ihr habt mich nicht allezeit bei euch. Ach, Alles, was gut und erhaben ist auf dieser Erde, bleibt uns nur für kurze Zeit. Alter, Gebrechlichkeit und der Tod werden bald den Thautropfen verzehren, der vom Himmel fällt und nur auf Blumen haftet. Theurer Oswald, lassen wir Alles in einander strömen: Liebe, Religion und Geist, Sonne und Blüthenduft, Musik und Poesie. Es giebt keinen anderen Atheismus, als die Kälte des Gefühls, als Selbstsucht und Niedrigkeit. Christus sagt: Wo Zwei oder Drei in meinem Namen versammelt sind, da bin ich mitten unter ihnen. Und was, o mein Gott, heisst in Deinem Namen versammelt sein, denn anders, als die erhabene Güte Deiner schönen Natur geniessen, Dich dafür preisen, Dir für das Leben danken und vor allem danken, wenn ein von Dir erschaffenes Herz voll dem unsern entgegen schlägt«.

So praktisch man die Frauenfrage von jeher auffasste, so wenig sind ihre idealen Forderungen verständnissvoll betrachtet worden. Wenn wir den überklugen Vorfechtern der Parteien glauben wollen, so stehen sich die beiden Geschlechter seit jeher in erbittertem Kampfe gegenüber und die Sclavin, welche nun darnach strebt, ihre Ketten zu sprengen, wird uns gemalt als die zukünftige erbarmungslose Siegerin. Solche Luftgebilde mögen als Hintergrund für schlechte Possen am Platze sein aber sie sollten niemals an die Stelle von ernsten Betrachtungen gesetzt werden.

Wie widersinnig erscheint es, sich gegen den natürlichen Entwickelungsgang der Dinge auf dieser Welt zu sträuben. Wie selten erinnern wir uns doch der uralten natürlichen Regel, dass die Bäume nicht in den Himmel wachsen.

Man gewähre die grösste Freiheit, und das grösste Wohlbefinden in jeder Beziehung wird der Lohn dafür sein. Man suche auch die Frauenfrage dadurch zu lösen, dass man das weibliche Geschlecht ausrüste mit allen, aber mit allen Waffen, die der Mensch je nach seinen Fähigkeiten nöthig hat, um den harten Kampf um's Dasein zu führen.

Man verliere sich aber nicht in Utopien, sondern man bleibe mit beiden Füssen auf unserer lieben Mutter Erde, dann wird die Zukunft keine unsichere, nebelhafte, sondern gleichsam ein ewiger heiterer Maimorgen sein.

Aber es liegt an den Frauen selbst, sich diese schöne Zukunft zu erkämpfen und der Sieg wird ihnen gewiss sein, wenn sie die Lehren zu würdigen und zu benützen wissen, welche ihnen die Sittengeschichte bietet.

Vielleicht ist das weibliche Geschlecht einmal in der Lage, thatsächlich handelnd in den Gang der Entwickelung unserer Cultur einzugreifen. Vielleicht wird die grosse gesellschaftliche Reformation, der wir entgegen gehen nur dann möglich sein, wenn sich die Frauen mit ihren Gedanken und Grundsätzen in der nämlichen Weise vertraut machen, wie sie das im Urchristenthum mit seinen Lehren thaten.

Die höchste Moralität ist doch wohl nur denkbar in dem Medium der grössten individuellen Freiheit. Wie weit wir aber von dieser noch immer entfernt sind, ersehen wir am besten daraus, dass die Vorkämpferinnen für die Frauenemancipation selbst noch sehr uneinig unter einander sind, welche Reformen sie überhaupt und welche zunächst sie fordern wollen.

Die »Emancipation« an sich gilt zwar nicht mehr für den Gipfel der weiblichen Immoralität im XIX. Jahrhundert, man hat sich daran gewöhnt, in den »Emancipierten« nicht nothwendigerweise »ganz und gar sittenlose Geschöpfe« zu sehen, »die jeder edlen Weiblichkeit entfremdet sind« aber man glaubt doch z. B. in den verschiedenen Frauenzeitungen, es immer und immer wiederholen zu müssen, dass die Studentinnen, also die sichtbaren Vertreterinnen der Emancipation, in Zürich, Genf u. s. w. ebenso sittsam leben wie ihre zu Hause gebliebenen Schwestern.[1]

---

[1] Das ist immerhin zu entschuldigen! Man denke nur an solche dramatischen Machwerke wie der »Salon-Tyroler« u. s. w. Der (im Frühjahr 1897) verstorbene Rosenthal-Bonin veröffentlichte z. B. (1872/1873) in »Ueber Land und Meer« eine Novelle, die den unglaublichsten Blödsinn von dem Leben der Studentinnen in Zürich brachte, die angeblich in Bloomers umherliefen, conversirten und rauchten. Studentinnen haben wir dies alles niemals verrichten sehen, wohl aber Radfahrerinnen — ohne ihr Benehmen jemals »unsittlich« zu finden. Andererseits sind wir noch vor einigen Jahren einmal ernsthaft inter-

Während es jetzt Mode wird, Mädchengymnasien zu gründen und die Familien des wohlhabenden Mittelstandes mehr und mehr sich mit dem Gedanken vertraut machen, ihre Töchter in diesem oder jenem gelehrten Berufe unterzubringen, bleibt die Verachtung für die grosse Masse der arbeitenden weiblichen Bevölkerung gerade in diesen Kreisen ein charakteristischer Zug.

pellirt worden, ob die weiblichen Studirenden in Zürich nicht alle ein Grisettenleben führten. Man sieht, dass die Ideen von Brantôme (Seite 207/208) immer wieder auftauchen. So wurde uns in einer süddeutschen Hauptstadt, in einem grossen Bierrestaurant eine Kellnerin gezeigt, die über ein paar lateinische studentische Ausdrücke verfügend, schlankweg behauptete, sie habe »mehrere Semester Medizin« in Zürich studirt. Das hatten die Bierphilister in ihrem horror feminae literatae auch ohne Weiteres geglaubt und die freche Dirne, der das Laster in der unauslöschlichen Schrift gewisser constitutioneller Charactere auf der Stirne geschrieben stand, Jedem als abschreckendes Beispiel von den Wirkungen des weiblichen Studententhums vorgewiesen. Drei kurze Fragen überzeugten uns natürlich, dass dieses Frauenzimmer nie in Zürich gewesen war, keine Ahnung von der Sprache des Cicero besass und von dem gesammten Gebiet der Medizinwissenschaften nur den Theil und zwar aus der Praxis kannte, welchen die Franzosen als Mal de Naples und die Italiener als Morbo francese bezeichnen.

Ein deutscher Commilito versicherte uns einmal, an das weibliche Studium auf Deutschlands Hochschulen sei gar nicht zu denken: »Man werde gegebenen Falles die Besen gleich das erste Mal da sie auftauchen würden, derart anöden und heulken, dass sie gewiss das Wiederkommen vergässen«. Der Ritterlichkeit der deutschen Studentenwelt stellte dieser Aesculapsjünger in der That ein sonderbares Zeugniss aus.

Seitdem ist bereits ein überraschender Umschlag in den Meinungen erfolgt und die deutschen Universitäten beginnen ihre Pforten dem weiblichen Geschlechte zu öffnen. Nur der Aesthetiker Hermann Grimm hält noch die Thüre seines Hörsaals ängstlich vor den Frauen geschlossen.

Wir sind eben auf dem besten Wege, uns zu dem leider recht reichlich vorhandenen männlichen gebildeten Proletariate auch ein weibliches zu schaffen, das zunächst gleich hochmüthig wie jenes auftritt, um schliesslich in seiner natürlichen Unzufriedenheit anarchistische Bestrebungen lebhaft zu fördern. Wir persönlich sehen keine Rettung vor den unausbleiblichen Folgen als in der vernünftigen Beschränkung des weiblichen Studiums, nicht etwa durch den Staat, sondern durch die allgemeine Erkenntniss, dass kein ehrlicher Beruf, weder für den Mann noch für die Frau, eine Schande in sich birgt. Wir haben ja in der Theorie die Standesunterschiede längst abgeschafft; denn vor dem Gesetze sind wir alle gleich, aber in praxe dürfen wir uns mit unserm Klassenbewusstsein, unserer gründlichen Verachtung aller angeblich niedriger Stehenden noch immer an die Seite derjenigen stellen, die vor hundert Jahren die »göttliche Weltordnung« gegen die »fluchwürdigen Neuerungen« der grossen Revolution vertheidigten. Und Niemand ist mehr von der Nothwendigkeit, dass die Standesunterschiede aufrecht erhalten werden müssen, durchdrungen, wie gerade die Frauen.[1]) Diese Vorurtheile zu bekämpfen bleibt für die Vertreterinnen der wahren Emancipation des Weibes eine Hauptaufgabe!

Wird eine kommende Zeit auch die Ehe umgestalten? Wir glauben dies, soweit die äussere Form

---

[1]) Niemals z. B. wird ein Mann seinen Dienstboten mit der nämlichen Verachtung behandeln, wie das eine Frau zu thun vermag und häufig genug thut.

derselben in Betracht fällt. Der Staat kann mit all' seiner bezüglichen Gesetzgebung niemals das Wort von »den im Himmel geschlossenen Ehen« in die irdische Realität übersetzen und niemals das erreichen, was er hauptsächlich anzustreben sucht, die Zukunft der Kinder sicher zu stellen. Es muss ein Tag kommen, wenn auch in einer uns noch fernen Periode, wo für die sexuellen Beziehungen der Individuen beider Geschlechter kein anderes Gesetz gelten darf, als das, welches sie selbst sich geben. Das wird die wahre, die edle freie Liebe sein, welche während ihres Bestehens das höchste Glück von Mann und Frau ausmacht, ohne dass diese zu fürchten haben, auch nach einem etwaigen Erkalten ihrer gegenseitigen Gefühle an einander gekettet bleiben zu müssen.[1]) Man behaupte nur nicht, dass die Ehen in Folge der absoluten Freiheit (oder wegen des Mangels einer entsprechenden Gesetzgebung) unbeständiger sein werden wie sie das heute sind. Polygamie und Polyandrie kommen dann gewiss seltener vor wie jetzt, weil die sie bedingende Grundlage — Mangel an Liebe in der Ehe — fortfallen. Und wo sie wirklich auftreten sollten, ent-

---

[1]) Aber, wer soll für die Nachkommenschaft sorgen? Nun, entweder beide Eltern oder der eine Theil derselben oder endlich der Staat. Der muss dies ja heute schon in sehr vielen Fällen thun, weil die Eltern es nicht vermögen, oder weil sie sich ihren Pflichten entziehen. Wenn man alle »frommen Stiftungen«, welche heute nur das Wohlergehen einzelner erwachsener, unproductiver Individuen sichern, für Erziehungszwecke verwendete, könnte der Staat seinen Verpflichtungen gegen die heranwachsende Bürgerschaft wahrlich in vollem Umfange gerecht werden.

sprängen sie individuellen Bedürfnissen, um die sich Niemand zu kümmern hat als das betreffende Individuum selbst. Bei einer absoluten Gleichstellung der Geschlechter in Rücksicht auf die individuelle Freiheit wird auch die Prostitution aufhören eine Sclaverei und folglich eine Schmach unseres Geschlechtes zu sein. Die Frauen, welche aus Temperament sich prostituiren — d. h. für ihre körperliche Leistung Geld nehmen ohne durch irgend welche Nothlage dazu gezwungen zu sein — wo sind sie? Das wirklich emancipirte Weib wird sich niemals prostituiren, sondern höchstens eine Abwechslung im geschlechtlichen Verkehre lieben ohne daraus materiellen Nutzen zu ziehen. Und die feinfühlige weibliche Natur dürfte dann bald genug einsehen, dass sie bei zu häufigem Wechsel in den Objekten ihrer Liebe nur verliert. Es wird demnach unter der Herrschaft der wahren Freiheit sicherlich mehr ›Sittlichkeit‹ uns entgegentreten als in irgend einer anderen Periode des Lebens unseres Geschlechtes.

Dann erst kann für die Frau die Forderung aufgestellt werden und dann erst mag sie sie erfüllen, in ihrer Liebe ihre höchste Ehre zu suchen.

Buch- und Kunstdruckerei F. E. Haag, Melle i. Hann.

Urtheile der Presse
über neuere Werke aus dem Verlage von
Carl Duncker in Berlin W. 35.

Marholm, Laura, „Frau Lilly als Jungfrau, Gattin und Mutter." Preis eleg. broch. M. 3,50.

Was Frau Lilly als Mädchen, Gattin und Mutter erlebt, ist in diesem höchst gelungenen Buche der Wirklichkeit mit vollendeter Meisterschaft abgelauscht. Der Typus der Mütter, die ihre Töchter um jeden Preis an den Mann zu bringen bestrebt sind, die sogenannten „Jagd-Partien", ebenso jener andere Typus, der nicht an's weibliche Lebensziel Gelangten, der Freundschaftscultus unter den auf diese Bethätigung des weiblichen Liebesbedürfnisses reducirten älteren Jungfrauen mit all' seiner inneren Unwahrheit — das öde Gerede von einer Entsagung, die doch stets schielt nach dem Unverschmerzten und nicht mehr Erreichbaren -- die Scheinbefriedigung in der das innerste Sehnen des Herzens doch nicht ausfüllenden Theilnahme an den weiblichen Fortbildungsbestrebungen — kurz all' die Herbigkeit des Looses so vieler weiblicher Angehörigen des gebildeten Mittelstandes mit seiner für die große Mehrzahl eben doch unveräußerlichen Enge der Denkweise und kleinbürgerlich-ehrenwerthen Solidität der Lebensanschauung, — Alles das gelangt in einer Weise zur Darstellung, — die wenn es dessen noch bedürfte — das hervorragende Talent L. Marholms beweist. Eine weniger bedeutende Schriftstellerin hätte den Stoff zu einem mehrbändigen Roman ausgesponnen; statt dessen erhalten wir eine Reihe von Bildern, jedes in seiner Art vorzüglich. Zweifellos ist viel Selbsterlebtes in dem Buche; manche Gestalten muthen wie Porträts an, deren Herkunft nach dem Lokalton nicht schwer zu errathen ist. Frau Lilly, die Trägerin der Idee des Buches, ist die sympathische Repräsentantin des gesunden weiblichen Lebens- und Liebesdranges und über sie selbst, wie über die humorvoll geschilderte Misère der Alltäglichkeit ihrer Lebensgestaltung, an der Seite des von des Gedankens Blässe nicht angekränkelten, arbeits- und genußfreudigen Gatten, ist die unvergängliche Poesie des echt Menschlichen ausgegossen.

(St. Petersburger Herold.)

Nordau, Max, „Entartung." 2 Bände, broch. M. 13,50. geb. M. 15,25.

Wider litterarische Irrwege des heutigen Zeitgeschmacks sind in der letzten Zeit verschiedene, schwerwiegende, kritische Urtheilssprüche ergangen. Als neu aber, wenigstens inbetreff der ernsten und konsequenten Durchführung, muß der Gesichtspunkt bezeichnet werden, von dem Max Nordau in seinem jüngst unter dem Titel „Entartung" bei Carl Dunker in Berlin veröffentlichten Buche an diese in der That mannigfach bedrohlichen Erscheinungen herangetreten ist. Nordau ist bekanntlich praktischer Arzt und als solcher ein Anhänger der Theorie Lombroso's von dem Umsichgreifen der Hysterie und körperlich-geistigen Entartungen im gegenwärtigen Geschlecht des Civilisationsbereichs. „Die Entarteten", so schreibt er an Lombroso, „sind nicht immer Verbrecher, Prostituirte, Anarchisten und erklärte Wahnsinnige, sie sind manchmal Schriftsteller und Künstler." Es sei dringend nothwendig, einen Warnungsruf an die zahlreichen Bewunderer solcher Entarteten des Schriftthums, der Malerei und Musik ergehen zu lassen, „daß sie für Kundgebungen des moralischen Irrsinns, des Schwachsinns und der Verrücktheit schwärmen." Natürlich kann es uns nicht einfallen, im Rahmen dieser Hinweisung ein Bild der Auffassung Nordau's und seiner Beweismethode geben zu wollen. Gesagt muß aber sein, daß in dem merkwürdigen, geistsprühenden, wiederum durch die brillanteste stilistische Eigenart sich heraushebenden Buch viele große, beherzigenswerthe Wahrheiten mit allem Muth und schneidigem Nachdruck wissenschaftlicher Ueberzeugung und mit tiefer und vielseitiger Kenntniß des Lebens und seiner geistigen Offenbarungen ausgesprochen wird.

(Leipziger illustr. Zeitung.)

Poritzky, J. E., „Wie sollen wir Heinrich Heine verstehen." Eine psychologische Studie. Eleg. broch. M. 1,50.

Der Autor dieses Werkchens beabsichtigt keineswegs, uns ein Charakterbild über Heine zu liefern, und obgleich der Titel seines Buches einer Fragestellung gleichkommt, läßt er die Frage offen und scheint vom Leser zu verlangen, daß er selber sich ein Urtheil über den Dichter bilde. Zu diesem Behufe registrirt der Autor all das, was auf den Menschen und Dichter Heine irgendwelchen wesentlichen Bezug hat. Dadurch entsteht nun ein Bild, wie es treuer und natürlicher nicht gewählt werden kann. Wir gewinnen den Eindruck, daß wir die hehre Dichtergestalt Heine bisher noch nicht genügend ge-

kannt haben, und daß uns jetzt so Manches deshalb verständlicher geworden, weil uns Gelegenheit geboten wird, nachzudenken, um uns ein eigenes Urtheil darüber bilden zu können.
(Rundschau für Kunst.)

Schultze, Dr. Siegmar, Privatdozent an der Universität Halle-Wittenberg. „Wege und Ziele deutscher Kunst und Literatur." Preis eleg. broch. M. 2,40.

Wiewohl dieselben nur 150 Seiten umfassen, gehören sie doch zu dem Inhaltreichsten der modernen Literaturgeschichte. Seiner Eigenart entsprechend, stellt unser vielbelesener Forscher auch diesmal leitende Ideen auf, deren Wirken er selbst in den geringsten Erscheinungen der Literatur und Kunst mit ungewöhnlichem Feingefühl heraushört, wodurch die Anordnung des überreichen Stoffes in hohem Maße lichtvoll wird. Der Grundgedanke (der Künstler soll sich zur freiesten Individualität hindurcharbeiten, aber in seinem Volk, in seiner Zeit wurzeln) tritt überall scharf hervor. Mit seltener Beobachtungsgabe und Urtheilskraft ausgerüstet, versteht der Verfasser in das Gewirr der sich kreuzenden, parallel laufenden oder sich bekämpfenden künstlerischen Richtungen Klarheit zu bringen und zum Schluß kennzeichnet er, ganz in der Gegenwart wurzelnd, mit dem Seherblick des echten Literarhistorikers die großen Ziele, denen die moderne Kunst bewußt oder unbewußt entgegenstrebt.
Eugen v. Jagow. (Deutschland).

Poritzky, J. E. „Kasimir Wirda". Moderner Roman aus dem Berliner Kleinleben. 2. Aufl. Preis 2 M.

Der Verfasser, der durch seine in demselben Verlage erschienene psychologische Studie: „Wie sollen wir Heinrich Heine verstehen" sich schon in weiten Kreisen einen Namen gemacht hat, tritt diesmal mit einem psychologischen Roman vor das Publikum, der von der feinen Beobachtungsgabe des Schriftstellers ein vollständiges Zeugniß ablegt. Der Held des Romans ist ein vom Unglück schwer heimgesuchter Flickschuster, der aber trotz alledem einen gewissen Humor bewahrt hat, der ihm über manche bittere Stunde hinweghilft. Sein einziger Sohn, der die Freude seines Lebens war, ist ihm gestorben, ein Auge hat er durch einen bösen Zufall verloren, daher geht die Arbeit auch nicht mehr recht vom Fleck, still ist es in der engen Wirtschaft, die ihm seine Frau Katinka in Ordnung hält, bis diese ihm einen Pudel ersteht, der nun durch sein munteres Wesen die trüben Tage des Ehepaars aufheitert. Da greift das Unglück von neuem mit schwerer Hand ein, Katinka erleidet einen komplizirten Beinbruch, eine Amputation wird nothwendig, welche ihren Tod herbeiführt. Aber damit ist das Unglück noch nicht abgeschlossen: der einsam zurückgelassene Gatte verliert auch noch sein Augenlicht, und in der Verzweiflung nimmt er sich das Leben. — Dies ist die kurze Skizze des Romans, der uns in die Tiefen der menschlichen Gesellschaft hinabführt, aber nicht in den Schmutz, der sich in der Tiefe ansammelt. Das Wort poor man poor mans friend wird hier in seiner ganzen Wahrheit zur Darstellung gebracht, und diese Seite der Behandlung wird den vollen Beifall des Lesers finden, ob aber auch die anderen, wo mit größter Treue eine chirurgische Operation und ein Wundfieber uns vorgeführt werden, ist fraglich.

(Berliner neuesten Nachrichten, 22. April 1897).

Günther, Dr. Reinhold. „Sclaven der Feder." Roman. Preis eleg. broch. M. 4,—.

Dr. Reinhold Günther, welcher uns bereits aus seinen kultur- und militärhistorischen Arbeiten vortheilhaft bekannt ist (sein Werk „Geschichte des Feldzuges von 1800 wurde von der schweizerischen Offiziersgesellschaft preisgekrönt) begegnet uns hier auf einer neuen Sphäre und müssen wir gestehen, daß uns seine Vielseitigkeit überrascht hat. — Das sichere gewandte Schreiben, sein lebendiger klarer Stil, frei von jeder Künstelei, heimelt an, und seine Schilderungen sind natur- und lebenswahr. „Sclaven der Feder" versetzen uns in die Redaktionsräume einer Tageszeitung und zeigen uns an allen Ecken und Enden die Intriguen in anschaulichster Weise, deshalb empfinden wir gewiß schon das vollste Mitleid mit Hortense von Hoeven, nachdem sie erst kurze Zeit an der Stadtzeitung ihre Reporterstellung angetreten, zu welcher sie nicht die Sucht nach Ruhm, sondern die „einst besseren Tage der Familie" getrieben. — Der Roman ist spannend geschrieben, wirkt mitunter recht erregend und der Ausgang — doch wir wollen unseren Lesern und Leserinnen nicht mehr verrathen, es lohnt sich ein solches Stück aus dem täglichen Leben kennen zu lernen, und sie werden sich gewiß lieber selbst von dem Schlusse überraschen lassen. — Ob sie den gleichen Ausgang gewünscht hätten — wer weiß?

Marholm, Laura, „Zur Psychologie der Frau." Preis broch. M. 4,50; eleg. gebd. M. 5,50.

Dies Buch hat überall berechtigtes Aufsehen erregt, denn Laura Marholm ist auf dem Gebiete der Frauenfrage bewandert wie keine andere Schriftstellerin, was vielfach von ersten Autoritäten anerkannt wird; ihre Beobachtungen sind scharf, ihre Urtheile treffend, und —was wäre wohl interessanter als eine Frau sich offen und ehrlich „über die Frauen" aussprechen zu hören? —

Hansson, Ola, „Alltagsfrauen." Beiträge zur Liebesphysiologie der Gegenwart. 2. Aufl. Preis eleg. broch. M. 2,50; gebd. M. 3,25.

Wie die moderne Schönliteratur durchweg, behandelt auch dieses Buch die Frauenfrage — das moderne Weib! Wie das Weib des 19. Jahrhunderts eigentlich beschaffen ist, das einmal als kultureller Typus ebensogut dastehen soll, wie die Typen des Roccocos und der Renaissance. Der Verfasser liefert einen Beitrag zur Beantwortung dieser Frage; auf der einen Seite schildert er die hohe Würdigung des Mannes für das Weib als Intelligenz, moralisches Wissen, Charakter, Gesellschaftsmitglied, Kulturamazone, auf der anderen, die tiefste Verachtung, die die intelligentesten, verfeinertsten Männer für das Weib in allen diesen Hinsichten hegen. Die Novellen sind sehr lesenswerth und interessant, und dürfen wir sie unsern Lesern auf's Wärmste empfehlen.

(Neue Badische Landeszeitung.)

Meebold, Alfred. „Vox Humana" Eleg. broch. Preis M. 2,40.

Unter dem Titel „Vox Humana" sind soeben zum Theil allerliebste Skizzen von Alfred Meebold erschienen, dessen Name uns bisher in der Literatur noch nicht begegnet ist. Er führt sich als Schriftsteller außerordentlich gut ein. Zeigen doch die Skizzen, die er uns bringt, nicht nur von einem vortrefflichen Beobachtungstalent, sondern auch von tiefer Empfindung, gleichzeitig ist die Darstellung so einfach und so natürlich, die Zeichnung der Charaktere so wahr, daß wohl jeder Leser hier und da an Erfahrungen aus seiner Umgebung mehr oder weniger erinnert werden wird Das ganz verschiedene Milieu, in das uns die einzelnen Skizzen versetzen, trägt nicht wenig zu dem Interesse bei, das sie gewähren. Die unglückliche Liebe, die uns die Vox Humana, die erste Erzählung, zeigt, steht schon in einem bemerkenswerthen Gegensatz zu dem kleinen Familienidyll, die uns in der zweiten Skizze vorgeführt wird.

(Berliner Tageblatt. 14. II. 97.)

von Pabberg, Alexander. Königl. Preuß. Ober-Regierungsrat. „Weib und Mann". Versuche über Entstehung, Wesen, Wert. Preis eleg. broch. M. 3,—; gebd. M. 4,—.

Der Grundgedanke dieses Buches ist, dem Wahne von der Minderwerthigkeit des Weibes ein für allemal den Garaus zu machen. Ausgehend von einer Theorie der Differenzirung der Geschlechter, die der jenem Wahn dienenden landläufigen Vorstellung nachdrücklich entgegenwirkt, stellt der Verfasser auf Grund einer sehr umfassenden Belesenheit Alles zusammen, was gegen die rücksichtslosen Schmäher der Frau, die Philosophen des Pessimismus, in's Feld geführt worden ist, erörtert das Verhältniß von Weib und Mann historisch, in der vor- und nachchristlichen Zeit, und giebt dann einen Ueberblick über die Frauenbewegung der letzten Jahrzehnte in allen Ländern der Welt. Ohne auch nur annähernd dem Radicalismus auf dem Gebiete der Frauenemancipation das Wort zu reden, verhält sich der Verfasser doch von seinem christlichen Standpunkt aus, durchaus sympathisch zu den Erfolgen, welche die Bewegung zur Erweiterung der Berufsthätigkeit der Frau bisher gehabt und weist ihr eine entscheidende Rolle in dem großen socialen Kampf der Zukunft zu: „Der Sieg wird auf die Seite sich neigen, auf der die christliche Frau steht."

(Petersburger Herold. 9. April 1897.)

Lindau. Dr. Paul, Altes und Neues aus der neuen Welt. Eine Reise durch die Vereinigten Staaten und Mexiko. 2 Bde. Preis broch. M. 8, —; geb. M. 9,50.

In flottem Stile geschriebene, anziehende Schilderungen von Stadt und Land der Vereinigten Staaten und Mexikos. Das dortige Leben und Treiben hat Lindau ausgezeichnet beobachtet und anschaulich dargestellt, aber noch angenehmer lesen sich die Erinnerungen an die wunderbaren Naturgebilde im National-Park.

(Westermann's Monatshefte.)

Eine Perle der amerikanischen Reise-Litteratur scheint im Sande versickert zu sein. Wie wäre anders zu erklären, daß die „Deutsche Zeitung in Mexiko" erst heute Veranlassung nimmt, durch Abdruck einer ganzen Serie von Abschnitten ihren Leserkreis mit dem Inhalte eines Reisewerkes bekannt zu machen, dessen Titel der Name eines Paul Lindau beigedruckt ist? Auf diesem Umwege ist unsere eigene Aufmerksamkeit und die zahlreicher Mitglieder der mexikanischen

Colonie am Orte des Verlages erst verspätet auf ein Reisewerk hingelenkt worden, das wie kein anderes geeignet erscheint, uns mit Land und Leuten von Mexiko vertraut zu machen.

(Südamerikan. Rundschau.)

Marholm, Laura, "Wir Frauen und unsere Dichter." Zweite umgearbeitete und wesentlich vermehrte Ausgabe mit 8 Portraits. Preis eleg. broch. M. 3,50; gebunden M. 4.50.

Die bekannte und begabte Verfasserin, an der wir ebenso die Kraft unmittelbarer Empfindung wie die Kunst feinsinniger Darstellung bewundern, schildert hier, nicht in lehrhaftem, trockenem Tone, sondern in feiner, geistsprühender, eigenartiger Weise die Auffassung der Frauen bei Gottfr. Keller, Paul Heyse, Henrik Ibsen, Björnson, Tolstoi, Strindberg, Maupassant, Barbey d'Aurevilly. Wenn wir auch in der Auffassung der Dichter und der Beurtheilung des Weibes mit der Verfasserin nicht überall einverstanden sind, so haben wir uns doch nirgends dem gewinnenden, fesselnden Eindruck der Schilderung entziehen können.

(Deutsche Tageszeitung.)

Georgy, Ernst, "Dämon Liebe." Roman aus der Bühnenwelt. Eleg. broch. Preis M. 4, —.

Es steckt nicht nur Kraft und Originalität darin, sondern eine hinreißende Leidenschaft der Darstellung, die immer ihres Erfolges sicher ist. Die Verfasserin ist ein junges Talent, das sich durchringen möchte. Nicht aus Langeweile oder aus weiblicher Eitelkeit greift sie zur Feder, sondern um sich los, was sie bedrückt, von der Seele zu schreiben. Sie identificirt sich mit ihrem Helden, sie durchlebt seine Leiden und Freuden innerlich mit, und dadurch weiß sie ihn uns menschlich ganz nahe zu bringen. Die Geschichte des gefeierten Schauspielers Joseph Leonie wird so trotz aller starken Effekte zu einem tiefergreifenden Seelengemälde, dessen Tragik erschüttert. Der Fluch des Genies, daß sich selbst zerstören muß, wird mit erbarmungsloser Folgerechtigkeit dargestellt, und über dem Ganzen liegt doch der Zauber schwärmerischer Bewunderung, der Hauch echt menschlicher Theilnahme. Man wird vielleicht in unseren Schauspielerkreisen das Original des Helden finden wollen; einzelne Erzählungen, wie sie durch die Klatschsucht der modernen Gesellschaft oder in der ausschweifenden Phantasie schwärmerischer Backfische sich leicht bilden und die hier geschickt benutzt sind, lassen auf eine bestimmte Persönlichkeit deuten. Aber wir glauben keineswegs an eine absichtliche Indiskretion, der Held steht als künstlerischer Typus weit über allem Persönlichen. Daß die Verfasserin noch eine junge Schriftstellerin ist, zeigen manche kleine Züge, vor allem eine gewisse Ueberschwänglichkeit nicht nur in der Häufung der Motive, sondern auch gelegentlich in der Schreibweise. Aber überall verräth sich ernste Arbeit, ein klarer kritischer Blick, wie er uns nicht gerade häufig bei schreibenden Frauen begegnet. Sie weiß zu sehen und das Beobachtete auch zu veranschaulichen. Neben seltenen Oberflächlichkeiten finden sich feine, große Gedanken. Hoffentlich erhalten wir bald durch ein neues Werk die Bestätigung, daß wir sie nicht zu sehr gelobt haben. Ernst Georgy erscheint uns bestimmt, einen fesselnden Ich-Roman aus dem Seelenleben einer modernen Frau zu schreiben.

(Vossische Zeitung)

Hansson, Ola, Der Weg zum Leben. Sechs Geschichten. Preis eleg. broch. M. 3, —; geb. M. 3,75.

Ola Hansson ist einer der begabtesten jüngeren Schriftsteller, die wir kennen. Zwar trägt auch er das Gepräge der sogenannten „Modernen", er hat sich aber von den Uebertreibungen und Auswüchsen meist fern gehalten. Die sechs Geschichten sind mit großer Kunst geschrieben. Sie gehören fast sämmtlich in das Gebiet der feinen Seelenmalerei und ergreifen mehr durch die Art als durch den Stoff der Schilderung, es liegt eine eigenthümliche, seltsame Stimmung über ihnen, sie wollen genossen und nachempfunden, nicht verschlungen oder zum Einschlafen gelesen sein.

(Deutsche Tageszeitung.)

Ichenhaeuser, Eliza, „Die politische Gleichberechtigung der Frau". Elegant broch. Preis M. 1,50.

Obige Broschüre hat, kaum erschienen, bereits ein ungewöhnliches Interesse zahlreicher Frauenorgane, wie auch politischer Zeitungen in Anspruch genommen. Während die Verfasserin in ihren bisherigen Schriften die wirthschaftliche, intellectuelle und rechtliche Stellung der Frau behandelt, liefert sie in ihrem Buche „Die politische Gleichberechtigung der Frau" das für die fernere Behandlung dieser Frage in Deutschland nicht zu umgehende Buch. — Frau Dr. Ichenhaeuser hat sich durch ihren weitschauenden Blick, ihr umfangreiches Wissen auf allen Gebieten der Frauenbewegung, sowie durch ihre sorgfältigen statistischen Studien einen wohlverdienten Namen errungen; nachdem sie uns den durch Condorcet entfesselten Kampf um die Gleichberechtigung der Frau zeigt und dem Einflusse Englands auf die Frauenbewegung besondere Bedeutung zuschreibt, führt sie uns in die Staaten, welche dem politischen Frauenwahlrecht wohlgesinnt und den Frauen das Stimmrecht verliehen haben, berichtet jedoch nicht nur die an sich interessanten Thatsachen, sondern hat das Buch durch die Vorführung aller einschlägigen Gesetze, durch die Umfrage welche sie bei den Gouverneuren der betreffenden Staaten gehalten, durch das historische und literarische Material und durch die ihren Arbeiten niemals fehlende scharfe Polemik so anziehend gestaltet, daß auch die Feinde der politischen Gleichberechtigung der Frau in dem Buche Belehrung und Unterhaltung finden werden. — Jedem jedoch, welchem es Bedürfniß ist sich klare Anschauungen über die schwebende Frage zu verschaffen, kann ein eingehendes Studium dieses Buches nur empfohlen werden, denn es ist vorerst das erste und einzige Buch, welches diese Seite der Frauenfrage erschöpfend behandelt und auf welches, sobald das Thema hier erst actuell zu werden beginnt, stets zurückgegriffen werden dürfte.

Abels, Ludwig, „Aus der Schule der Liebe." Novellen. „Frau Venus." — „Rauhreif." — „Sumpfrose." Preis broch. M. 3.—, elegant gebd. M. 4.—.

. . . . für ausgezeichnet und des höchsten Lobes werth halte ich die 2. Novelle. Hier zeigt sich eine Fähigkeit fein abgetönte Stimmungen festzuhalten und die Handlung mit prägnanten Zügen rasch weiterzuführen, eine Fähigkeit die für die Zukunft Vollendetes verspricht und Ihnen die Gewähr bietet, daß Sie nicht auf Sand gebaut haben, wenn Sie Großes von sich fordern. Ich beglückwünsche Sie von ganzem Herzen zu dieser Leistung.
Herrmann Sudermann.

Diese „Schule der Liebe" ist freilich nichts für Kinder, sondern nur für Erfahrene, welche dieser Schule längst entwachsen sind. Aber der Autor hat auch sein Buch nur für solche Leser bestimmt und diese werden die drei Novellen, welche das Buch Abels enthält, mit großem Interesse lesen und dem Verfasser zugestehen, daß er das Herz des Menschen genau kennt und dessen Stürme und Sonnenschein mit großem Geschick zu schildern weiß. Er ist ein junger, sehr gebildeter und geschickter Schriftsteller aus Wien, der jetzt in Berlin als Journalist lebt und den sein jetziger Beruf hoffentlich nicht der Novelle entfremdet, auf welche ihn eine ungewöhnliche Begabung hinweist. Der vornehme Duncker'sche Verlag hat sein Buch sehr hübsch ausgestattet.

J. Stettenheim (Kl. Journal.)

**Crusius, G. „Eine Ethik des Geschlechtslebens."
Preis M. 1.20. („Sehr zeitgemäß.")**

Diese Broschüre, die mit einem Vorworte von Ed. Aug. Schroeder versehen ist, dürfte berechtigtes Aufsehen in Interessenkreisen, d. h. in diesem Falle in gebildeten Kreisen erregen. Sie geht freilich so weit in ihren Forderungen, daß unsere Generation deren Erfüllung nicht erleben wird. Aber das sollte Niemanden daran hindern, das Büchlein kennen zu lernen; daß es auch eine vollständige Umwälzung betr. der Frauenfrage beantragt, sei aus dem Inhalte verrathen.

(Neue Badische Landeszeitung.)

Lee, Heinrich, „Die Radlerin." Roman. 2. Aufl. Preis M. 2.—, gebd. M. 3.—.

Unseres Wissens der erste ausgesprochene Tendenz- oder Zweckroman des Radsports, liegt uns zur Besprechung vor. Realistisch beginnend, wie es zwar nicht unserm Geschmack, aber immerhin den stofflichen Motiven entspricht, gelangt der Verfasser in flotter, geistvoller Sprache, die sich höchst kurzweilig liest, zu überraschenden moralistischen Effekten. Handlung und Ausdrucksweise wird nach und nach sogar sinnig. Aeußerst geschickt, ohne daß der unbefangene Leser die Absicht merkt, wird die Tendenz in die Erscheinung gezogen. Die Lust am Radfahren macht aus der Verkettung der Umstände einen blasirten Lebemann zum Verehrer eines unverdorbenen Mädchens und zu einem strebsamen, gewissenhaften Menschen, verbindet beide natürlich zu einem glücklichen Paare und weckt erneute gegenseitige Zuneigung in zwei entfremdeten Eheleuten. Das alles wird durch ungesuchte Wendungen erreicht, obgleich das ganze Werkchen eine zielbewußte Verherrlichung des Fahrrades bedeutet.

(Fahrrad-Zeitung.)

Hansson, Ola, „Nordisches Leben". Band I.: Goldene Jugend. Preis eleg. broch. M. 3,—; geb. M. 3,75.

Ola Hansson hat hier, zunächst mit diesem ersten Bande: „Goldene Jugend", ein Buch geschaffen, welches seine früheren

Schriften bei Weitem übertrifft. Er führt uns in das Leben der skandinavischen, im Besonderen der schwedischen Jugend und geizt nicht mit seiner Kunst der dramatisch-lebendigen Darstellung. Ein Satz aus Hansson's Vorwort scheint mir für die Typen charakteristisch zu sein, die uns vorgeführt werden: „Gute, klare Köpfe ohne Ziele, starke Körper und starke Triebe ohne Bethätigungsmöglichkeit für den ganzen Mann — wir sehen sie täglich im goldenen Jugendwirbel untergehen, während der Kork obenauf schwimmt." Hansson's interessante, mit neuen Wortwerthen arbeitende Gestaltungsart ist schon bekannt, aber mehr als sonst kann man von dem vorliegenden Buche sagen: es enthält eine fesselnde, durchgeistigte Arbeit.

(Hamburg. Fremdenblatt.)

Lee, Heinrich, „Die Geliebte." Moderner Roman. Preis broch. M. 3.—, eleg. gebd. M. 4.—.

Mit angenehmer Rücksichtslosigkeit und Aufrichtigkeit schildert der Autor dieses Buches das Verhältniß eines jungen Mannes zu einem Mädchen, welches ihm der Zufall in die Arme trieb und die Gewohnheit für eine kurze Zeit beinahe liebgewinnen ließ. Das Interessante und Werthvolle an diesem Roman ist die Charakterzeichnung des Helden, eines Menschen, dem der Tumult des Lebens nicht für immer das Steuer entrissen hat, der nach den Kämpfen endlich dazu kam, ruhig, vorsichtig, pactirend soviel Genuß als möglich aus dem Leben zu nehmen. In Allem hat er die Grundsätze des Lebenskünstlers. „Er liebte die Natur wie manche gereifte Männer ihre stille, gute, kluge Mutter lieben. Sie verstand ihn, ohne daß er zu ihr sprechen mußte. . . . Seine Neignng trieb ihn zu den Menschen, die geduldet und gelitten hatten. Das Leid erschien ihm wie ein Pflug, der erst das Herz aufreißt und es empfänglich macht für das Verständniß eines anderen. Von Natur Sanguiniker, schnell zur Begeisterung veranlagt, aber durch die Erfahrung von Mißtrauen, auch gegen sich selber, erfüllt, hatte er ein heimliches Panzerhemd um sich geschmiedet, das sein Herz verwahrte. Darum galt er oft für kalt und hart. Mit innerer Sicherheit nach außen wie von einer hohen Burg, geschützt durch Mauern und Gräben, sah er auf das sich unten tummelnde Heer der Empfindungen herab. Manchmal ließ er zu seinem eigenen Vergnügen die Zugbrücke herunter, und eine Empfindung, wenn sie ihm wohlgefiel, herein . . . Ernstlich erregte er sich nicht mehr und große Augenblicke seines Lebens, gute und schlechte, fanden ihn gelassen." Dieser Mensch verbindet sich mit einem deklassirten, jungen Frauenzimmer, an dem ihm eigentlich eine Aehnlichkeit der Charakterzüge am meisten gefiel. Er liebt sie nicht. Sie, die Verlassene, Haltlose klammert sich an ihn, will sich auf diesem letzten Balken aus dem unverschuldeten Schiffbruch ihres Lebens retten. Es gelingt ihr nicht. Ebenso kühl, wie er sie einst empfangen und bei sich behalten, entläßt er die Flehende. „Sein Sehnen hatte sich nicht zur Ruhe gefunden. Ohne Rast trieb er weiter in unbekannte Fernen. Er dachte an Ahasver, der, mit dem Fluche beladen, ohne Ziel und ohne Ende durch die Lande wandert, und die ganze Menschheit blickte ihn aus seinem fahlgewordenen Angesicht an. — Der Schatten Annas schwebte an ihm vorbei. Sie war ein Stück Natur gewesen, weil sie wahrhaft war. In einem Weibe, das zugleich unverkümmerter Natur war, hatte er zu finden gemeint, was er suchte: Ruhe und Verlangen. — Sie war nur seine Geliebte gewesen, wie es Andere gewesen, waren, nicht mehr... Ruhe und Verlangen; zwischen beiden pendelte die Menschheit wie ein gefügtes Uhrwerk hin und her, und sie bildeten die Grenzpunkte in einem geordneten Leben... Wie er sich aber tausendfältig in sich selber widersprach, so war sein ganzes Leben eine Dissonanz und meinte er, wenn er einsam in der Natur war, dem großen Weltaccorde sich einzufügen, so täuschte er sich über sich selbst, nur daß die große Harmonie den kleinen Mißklang in dem eigenen Innern übertönte." So schließt dieses klare, unsentimentale, mit innerer Wahrheit geschriebene Buch, welches unserer Zeit eigenthümliche Verhältnisse und die Seele eines fin de siècle-Menschen mit vieler Kunst und Treue schildert. („Die Zeit.")

Kretzer, Max, „Berliner Skizzen". Preis eleg. broch. M. 2,—

Seitdem Berlin Weltstadt geworden ist, wird es von den deutschen Schriftstellern als besonders willkommenes Jagdgebiet betrachtet. Die Zahl der „Berliner Romane", „Berliner Theaterstücke" und „Berliner Federzeichnungen" ist bis ins Unendliche gewachsen. Mancher Weizen, aber auch viel, viel Spreu ist darunter. Zu den besten und reichsten Gaben, die wir von deutschen Schriftstellern aus und über Berlin bisher erhalten haben, gehören die im Verlage von Karl Duncker (Berlin W. 35) erschienenen „Berliner Skizzen" von Max Kretzer. Das heißt, es sind eigentlich gar keine Skizzen, insoweit man mit der Bezeichnung „Skizze" den Begriff des flüchtigen, schnell hingeworfenen verbindet, sondern vielmehr sehr sorgfältig gezeichnete, farbenreiche Sittenbilder, mit genauester Kenntniß von Ort und Menschen entworfen, sehr stimmungsvoll abgetönt und mit liebevollem Verständniß ausgeführt. Das sind Arbeiten eines Mannes, der nicht nur Berlin und die Berliner kennt, sondern auch Welt und Menschen überhaupt, eines feinen Psychologen und eines Meisters der Darstellungskunst. Einzelne seiner Kleinmalereien — wie der „Façadenraphael" und der „Rundreisewirt" — sind von lustigster Laune erfüllt; im „Bühnenconfectionär", „Förderer der Kunst" und „Omnibusonkel" nimmt uns der wehmüthige Humor gefangen, der unter Thränen lächelt, aber der überwiegenden Mehrzahl der Bilder liegen sehr ernste Motive zu Grunde, und „Kleine Genossen", der „Garderobenhalter", „Brennender Blick", „Ein Bettler" und „Die alte Ebel" ergreifen und rühren den fühlenden Leser in tiefster Seele. Wir können das Buch angelegentlich empfehlen. Es ist nur ein knapper Band von 189 Seiten, aber es steckt mehr Menschenkenntniß und Menschenliebe darin, als in manchem dreibändigen Roman.

(Straßburger Post.)

Thomas, Emil, „Vierzig Jahre Schauspieler". Erinnerungen aus meinem Leben. 2 Bände, eleg. broch. mit dem Bilde des Verfassers. Preis M. 6,—, gebd. M. 7,—.

Um zum richtigen Genuß dieses Buches zu kommen — denn entschieden vermag es einen solchen zu bieten — darf man nicht vergessen, das Emil Thomas kein Schriftsteller ist und wohl auch keiner sein will. Allein auf ein so abwechslungsreiches und mit Erlebnissen angefülltes Wirken blickt er zurück, daß auch die schlichte Erzählung jeden Leser fesseln muß. Hinter dem „Up and down" dieses Lebens entrollt sich ein farbenreiches Kulturbild, denn Thomas ist mit offenen Augen und mit offenem Künstlerherzen durch die Welt fahren. Das, was er auf seinen Streifzügen beobachtet, erfahren und empfunden hat, ist nicht spurlos an ihm vorübergegangen. Da, wo die Erlebnisse, Reisen und rauschenden Erfolge nicht im Vordergrunde stehen und den Text an sich interessant machen, wird es dem Verfasser freilich nicht so leicht, die Theilnahme des Lesers dauernd auf der Höhe zu erhalten, dafür entschädigen aber einzelne Episoden des Buches, z. B. die amerikanischen, die mit großer Frische geschrieben sind und geradezu ergötzliche Schlaglichter auf das Leben jenseits des Wassers werfen. Man stelle sich vor, wie Thomas als ein ganz „Grüner" die amerikanische Küste betritt und zu seinem Staunen in New-York beim ersten Betreten der Straße sieht, wie eine Riesenreklame sein Kommen bereits seit Wochen verbreitet hat. „Bilder in ungeahnten Größen, colorirte und Photographien, fand ich an allen Ecken, sogar auf den Omnibussen und Pferdebahnen waren kleine Fähnchen ausgesteckt, die mein Portrait trugen. Auf den Trottoirs las ich alle zehn Schritt mit schwarzer Schrift: „Emil Thomas kommt!" sodaß die gewaltige, arbeitsthätige Stadt förmlich fieberhaft auf das Eintreffen dieses Wunderthieres wartete." — Dieses Letztere (nicht das Wundertier) ist freilich nur eine subjektive Empfindung des Künstlers, denn er wird es später doch wohl selbst erfahren haben, daß ganz mit demselben Eifer auch für „Ayers' Sarsaparilla", „Codliveroil" und Stiefelwichse Reklame gemacht wird, ohne daß die Stadt, die dergleichen längst gewohnt ist, in Aufregung geräth. Den Künstlerstolz, der an manchen Stellen des Buches etwas aufdringlich hervorbricht, muß man mit in den Kauf nehmen. Thomas darf sich schon etwas leisten. Das Buch gewährt übrigens auch einen tiefen Blick in die Nachtseiten des Bühnenlebens, man kann vieles aus ihm lernen. (Hamburg. Fremdenblatt.)

Nordau, Max, Drohnenschlacht. Roman, 2 Bände, brosch. 10 Mk., gebd. 12 Mk.

Wir haben den Roman, Feuilleton für Feuilleton, mit unaufhaltsam wachsender Spannung verfolgt, als er im vorigen Jahre in der „Köln. Zeitung" unter dem Strich veröffentlicht wurde, und wir haben ihn jetzt noch einmal gelesen, da er in zwei stattlichen Bänden vor uns liegt, nicht mehr mit der brennenden Gier nach der Entwickelung des Unbekannten, sondern mit ruhigem Genuß, so etwa, wie ein feiner Weinkenner einmal in einer ruhigen, freundlichen Stunde ganz allein eine Flasche Schwarzhofberger Auslese trinkt. Denn so etwas ist Max Nordau's neuester Roman, ein vollendetes Kunstwerk, freilich nicht der Natur, aber der Erzählungsgabe. Das Werk eines reichen, feinen Geistes, der viel gelernt und viel gelesen und viel gedacht hat, der mit scharfem Blick beobachtet und mit unerbittlichem Urtheil richtet, aber dabei das ganze menschliche Getriebe mit dem überlegenen Wohlwollen des echten Philosophen beurtheilt, dessen Devise „Tout comprendre c'est tout pardonner" ist. Max Nordau schildert uns das Paris zur Zeit der letzten Weltausstellung, die reiche, glänzende, elegante Stadt, in der flüchtige Besucher, die das bunte Treiben auf den menschenwimmelnden Boulevards bewundern und die prachtvollen Paläste und zierlichen Villen in der Avenue du Bois anstaunen, soviel Glück zu Hause wähnen, während doch hart neben all der Pracht und all dem Flitter das nackte Elend und seine noch viel schlimmere Schwester, die mühsam verhehlte Noth, wohnen Er führt uns in die Kreise der vornehmen Börsenspieler und Geschäftemacher, die den raffinirtesten Luxus wie das tägliche Brot anzusehen gelernt haben, aber er zeigt uns auch die bescheidenen Haushaltungen, in denen es nur durch unsägliche Anstrengungen gelingt, den Schein der Wohlanständigkeit aufrecht zu erhalten. Wir lernen den hamburgischen Kaufmann, der in Goa und Macao Banken gegründet hat, portugiesischer Graf geworden ist und sein Geld in der ville lumière verzehrt, so gut kennen, wie den schweren Frankfurter Geldmann, „der als Börsentechniker unschätzbar ist", und den schäbigen Mannheimer Remisier, der sich an den schwanken Zweigen des „Giftbaumes" eben über Wasser hält; wir werden dem ehemaligen Schiffskellner vorgestellt, der „irgendwo là bas" in Hinterindien Häuptling eines unbekannten Volkes wurde und nun in Paris sich als König von Laos aufspielt, Ordensbänder vertheilt, Briefmarken stechen läßt und die Leute anpumpt; wir beobachten die arme deutsche Gouvernante, die es nach abenteuerlichen Irrwegen zur echten Baronin und Gattin eines Mitgliedes der haute banque bringt; wir begegnen dem Militärattaché der deutschen Botschaft, „rothblond, schlank, mit aufgesträubtem Schnurrbart und dem Monocle vor dem stahlblauen Auge, sicher in der Haltung, verbindlich, doch kühl in der Rede, gewandt in den Bewegungen, unverkennbar zufrieden mit der Welt und sich selbst"; wir dringen in die Künstlerkreise ein und gewinnen einen tiefen Einblick in den Haushalt des ehemals reichen Mannes aus Nîmes, den Panama ruinirt hat und der nun mit Frau und zwei Töchtern nach Paris kommt, um in der Weltstadt gleichzeitig unbemerkt unterzutauchen und wieder in die Höhe zu kommen; wir lernen gleichzeitig zwei Lehrer von einem Berliner Realgymnasium kennen, die ihr Geschick nach Paris verschlägt und von denen der eine an einer Privatschule Stunden giebt und mit dem Omnibus fährt, wenn er Luxus treibt, während der andere — so ein Stück Dr. Cornelius Herz — in die Kreise der Hochfinanz gelangt, Baron wird und alles in Gold verwandelt, was er nur anrührt. Wir lernen die „ronds de cuir" bei der Polizei kennen und nehmen einen Cursus im Börsenwesen, der uns sofort zu den größten Aktionen befähigt; wir wohnen einer Privatvorstellung des „Parsifal" im Hotel eines Börsenfürsten bei, die hunderttausend Franken kostet, und wir besuchen einen alten Mathematiker in einem einsamen Gartenhause, der sich mit hundert Franken im Monat als Krösus dünkt. Und das alles lebt und bewegt sich vor unseren Augen, das schreitet fort und entwickelt sich, aus Kindern werden Erwachsene, wir erlebten ihre Entfaltung mit, wie wir die Schicksale und Seelenkämpfe ihrer Eltern miterlebt haben. Wir bewundern die sichere, kraftvolle Darstellung, die uns, bald in flüchtigen, scharfumrissenen großen Zügen, bald in liebevollster und sorgfältigster Kleinmalerei die Pariser Verhältnisse und eine Reihe von Menschen darstellt, die uns, ein jeder in seiner Art, zu interessiren, zu fesseln, zu rühren vermögen, sodaß wir ihr Geschick mit innerer Theilnahme verfolgen, mit ihnen uns freuen, so lange es ihnen gut geht, und mit ihnen leiden, als schließlich der große Krach eintritt, und, unbarmherzig wie der große Pan, eine Reihe erschlägt und eine Reihe verschont, scheinbar ohne Wahl und Rücksicht. „Es war in ihren Büchern geschrieben", Kismet. Der gehaltvolle Roman darf allen Freunden einer feinen Erzählungskunst angelegentlich empfohlen werden. Neben der Spannung, die Stoff und Darstellung an sich erzeugen, bietet er eine Reihe von Bemerkungen und Erwägungen, die zum Nachdenken anregen und auch dem noch Genuß und Anregung bieten, der im Allgemeinen kein Freund des Romanlesens ist. (Straßburger Post.)

Soeben erscheint:

Brandis, Dr. B. „Merkwürdige Geschichten." Novellen. Preis 3 Mark.

Georgy, Ernst. „Die Erlöserin". Roman. Preis 3 Mark.

Fried, A. H. „Das Tagebuch eines zum Tode Verurtheilten." Preis M. 2.—.

Friedmann, Dr. Alfred. „Die Zuverlässigen." Roman. Preis M. 2.—.

In Vorbereitung:

Günther, Dr. Reinhold. „Weib und Sittlichkeit."

Kretzer, Max. „Verbundene Augen". Roman.

Marholm, Laura. „Zur Psychologie der Frau." Zweiter Theil.

www.ingramcontent.com/pod-product-compliance
Lightning Source LLC
Chambersburg PA
CBHW032120230426
43672CB00009B/1804